兒童發展與輔導

劉明德・林大巧◎編著
張素貞・劉美足◎審定

準備要領

一、選擇一本基礎教科書，在充分瞭解其基礎理論，以建立完備核心概念後，再參考歷屆試題，互相參照，分招分式，系統分類。

二、由於歷屆試題為出題諸公重點之所在，所以應針對考古題加以歸納整理，系統分類，並親自動手做（DIY），以磨練答題技巧。

三、用考古題自我測驗，以瞭解自我實力，並作錯題分析及試題重點分析，以逐步求精並掌握命題重點。

四、高分答題秘訣

　（一）掌握試題重點，仔細推敲，以客觀立場，進行解析。

　（二）在最短時間內切中要害，找到問題之核心答案。

　（三）要能觸類旁通，舉一反三，活學活用。

五、未來命題趨勢：自民國八十七年起，考選部將高普考改為兩階段考試方式，並將「兒童保育」科系之考試科目，由「兒童保育」一科，區分為「兒童發展與輔導」及「兒童保育概要」二科，其中「兒童發展與輔導」在一、二試中均有試題，其考題形式在第一試均為選擇題，而第二試均為申論題，而四技二專及二技幼保類試題則均為選擇題（單選）。

六、本書特色

　（一）本書依據最新課程標準及最新考題趨勢編著，適合普考一試、二試、二技嬰幼兒保育系、四技、二專、科技大學兒童保育人員（幼保科系）各類考試使用。

　（二）本書每章均涵蓋：

　　1.重點綱要：將每章單元重點系統整理，加以分類，使考生能掌握各單元重點，以應付千變萬化的試題。

2.測驗評量：以多樣化的題庫模擬未來命題趨勢。

3.歷屆試題：蒐集歷屆「兒童發展與輔導」的試題（涵蓋四技二專、二技及普考一試），使考生深刻瞭解考試趨向，並在親自動手做（DIY)中，培養實戰經驗。

　　大哉乾元，一元復始，萬象更新，在新的年度開始，在此預祝廣大的考生，金榜題名，一試中第，滿分百分百，而成為嬰幼兒保育界一顆閃亮的星星，一閃一閃亮晶晶地照顧著國家未來的主人翁。

劉明德・林大巧

2002年6月於國立台灣大學醫學院

仁德醫護管理專校基礎醫學科

目錄

圖目錄

表目錄

第一章

概論

第一單元　重點綱要

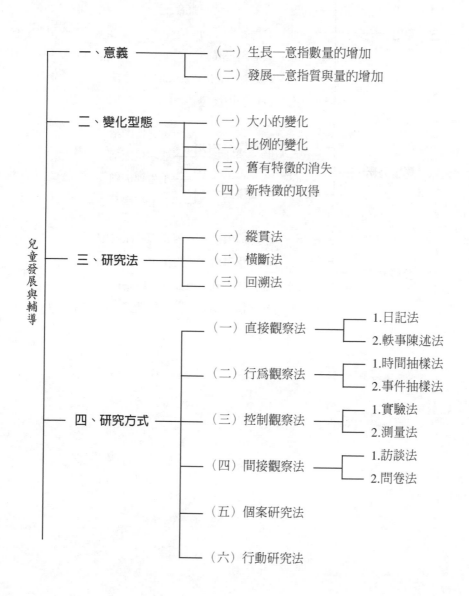

兒童發展與輔導

一、意義
- （一）生長—意指數量的增加
- （二）發展—意指質與量的增加

二、變化型態
- （一）大小的變化
- （二）比例的變化
- （三）舊有特徵的消失
- （四）新特徵的取得

三、研究法
- （一）縱貫法
- （二）橫斷法
- （三）回溯法

四、研究方式
- （一）直接觀察法
  - 1.日記法
  - 2.軼事陳述法
- （二）行為觀察法
  - 1.時間抽樣法
  - 2.事件抽樣法
- （三）控制觀察法
  - 1.實驗法
  - 2.測量法
- （四）間接觀察法
  - 1.訪談法
  - 2.問卷法
- （五）個案研究法
- （六）行動研究法

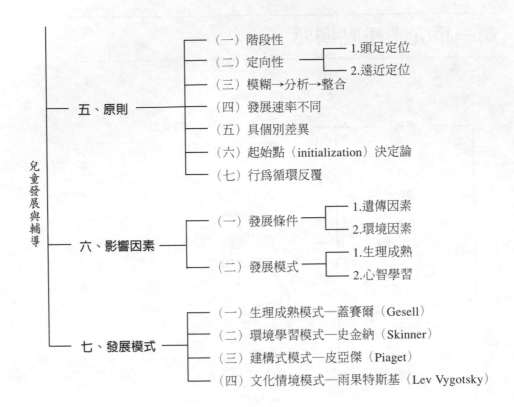

兒童發展與輔導

五、原則
- （一）階段性
- （二）定向性
  - 1.頭足定位
  - 2.遠近定位
- （三）模糊→分析→整合
- （四）發展速率不同
- （五）具個別差異
- （六）起始點（initialization）決定論
- （七）行為循環反覆

六、影響因素
- （一）發展條件
  - 1.遺傳因素
  - 2.環境因素
- （二）發展模式
  - 1.生理成熟
  - 2.心智學習

七、發展模式
- （一）生理成熟模式—蓋賽爾（Gesell）
- （二）環境學習模式—史金納（Skinner）
- （三）建構式模式—皮亞傑（Piaget）
- （四）文化情境模式—雨果特斯基（Lev Vygotsky）

第二單元　重點精析

一、幼兒的意義〔83保甄，79幼專，87北夜專〕

泛指滿2歲至6歲的兒童，具有下列兩大特色：

（一）可塑性大：有教育之可能性（education possibility）

（二）依賴性長：有生長之可能性（growth possibility）

二、幼兒期的特徵〔82幼專〕

（一）情緒隨著環境有強烈的反應。

（二）好奇心及探索心，尤其會用五官來探索。

（三）具有豐富的想像原動力，所以可以採具體、半具體、抽象教學。

（四）自我中心強，無法替他人設想，因此小班可採個別活動為主，大班則以團體活動為主。

三、兒童發展的意義（child development）

兒童發展係指兒童自出生開始，從個體生活期間內在生理與心理方面連續性與擴展性的改變，而改變係表示：

（一）過程：緩慢持續變化。

（二）方向：從簡單到複雜，分化到系統。

（三）條件：由學習到成熟之交互影響。

其範圍包括量的增加（例如，身高、體重）及質的改變（例如，智力及人格）兩方面，而這就是所謂的生理與心理的發展。

四、兒童發展之分期（the period of child development）

（一）產前期（prenatal period）從受精卵著床至出生前（胚胎；胎兒）約266天。

（二）新生兒期（newborn）從出生至滿1個月，此時是對環境異變的調適期。

（三）嬰兒期（infancy）從出生到滿週歲，特別注意營養及衛生保健，相當於托兒所托嬰階段。此時期之四大課題為：1.適應呼吸 2.溫度 3.營養 4.排泄。

（四）幼兒期（early childhood）約1歲至6歲又稱學前期兒童，相當於托兒所幼稚園階段，特別要重視營養與衛生之外，保健及福利服務也很重要。

（五）兒童期（childhood）6歲至12歲，相當於國小階段，此期兒童除營養、衛生、保健福利外，尤其教育也特別重要。

（六）青春期（teenagers）12歲至16歲，相當於國中，發育將近成熟，思維模式較為獨立。

五、兒童發展改變的現象〔85保甄〕

第三節曾提過幼兒發展的改變，是指生理及心理兩種改變，根據赫洛克（Hurlock,1978）論見曾提出幼兒發展變化有下列情形（type of change）：

（一）尺寸大小改變：身高及體重隨著年齡增加。而有不同的增長變化。從初生嬰兒到4歲時，體重的差異較身高的差異來的大。

（二）比例的改變：頭與全身的

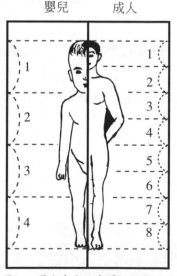

嬰兒　　　成人

圖1-1 嬰兒與成人身體比例對照圖

比例在胎兒2個月時是1：2，新出生兒是1：4，成人時則是1：8，腿與全身比例出生時是1：3，成人時是1：2。見圖1-1。
〔84，85保甄〕

（三）舊有特徵的消失：反射動作及有些身心特徵逐漸消失，例如，出生前胎毛掉落，兒童期乳齒脫落長恆齒以及嬰兒的動作語言消失。

（四）新特徵的取得：第一及第二性徵出現，例如，長恆齒，記憶增加，思考及認知逐漸發展明顯，至青春期，神經、骨骼、腺體等結構發育完成。

六、嬰兒期發展任務（development tasks）〔82幼專〕

在嬰兒期有五項發展極其重要：

（一）發展嬰兒基本動作，例如，爬行、走路、取物。
（二）學習瞭解語言，判定聲音來源。
（三）學習食用固體食物。
（四）完成生理機能的穩定，情緒的發展（愉快、悲傷、憤怒）。
（五）社會依附的發展，形成簡單的概念。

七、幼兒期發展任務

（一）基本動作及技能獲得。
（二）養成基本習慣。
（三）學習判斷是非，發展良知。
（四）形成對社會與身體的簡單概念。
（五）與親人、及其他人建立良好的情緒關係。

八、兒童期發展任務

在兒童發展研究中，認為幼兒的語言發展最容易受到環境影響。

（一）學習

1.遊戲的身體技巧。

2.扮演自我角色。

3.對社團及組織的態度。

4.與同儕相處。

（二）發展

1.日常生活所須基本概念。

2.道德與價值觀標準。

3.個人自主建立獨立。

4.讀、寫及算的技巧。

九、行為發展研究方式

（一）縱貫法〔82幼專，83保甄〕

指對不同年齡層、對象之行為模式進行觀察研究並做長期的追蹤，重視行為的前因後果關係，其優缺點如下：

1.優點

（1）可分析每位對象的發展過程。

（2）可研究行為特徵在質與量的增加。

（3）可研究文化及環境對兒童行為之影響。

2.缺點

（1）較費時：常常變動離散，無法同一實驗獨立完成。

（2）較昂貴：因追蹤曠日費時，較不經濟。

（3）資料不易處理：難以維持最初樣本。

（4）必須以追溯法補充。

◎例如，對同一人研究其智力發展，從7、8、9……歲開始。

（二）橫斷法（Horizontal method）〔87日專〕

在同時間觀察不同年齡層對象之行為模式及特徵，並進行多量、概括性的行為發展研究，此目的在求其一年齡組內的行為常模資料。其優缺點如下：

1.優點

（1）節省時間：做斷層式的研究，縮短追蹤的時間。

（2）節省經費：同時發展研究，不易重複施測。

（3）可以比較不同年齡層之行為特徵。

（4）可由實驗者獨立完成，資料易處理。

2.缺點

（1）其研究只是概略描述。

（2）無法考慮同齡之間的個別差異。

（3）無法考慮文化及環境對幼兒的影響。

◎練習題：不同年齡、不同人，例如，小佩（9歲）、小玲（5歲）對雲雲的看法？

十、兒童發展的研究方法

（一）自然觀察法〔87日專，83保甄〕

在自然情形下觀察幼兒行為，又分為：

1.日記法：規律性記錄每日發生事項。

2.軼事陳述：將感興趣或特殊發生事項記錄。

3.回溯法：倒推的方法。

4.檢測表。

（二）行為觀察法〔82幼專〕

1.時間取樣法。例如，3分鐘攻擊一次。

2.事件取樣法。

（三）控制觀察法

預設某種情形來影響幼兒行為，加以觀察，其方案如下：

1. 實驗法（experimental method）：利用實驗及控制方式來觀察自變項與依變項之間的相關分析，此自變項是「因」，而依變項是「果」。

2. 測量法（test method）：透由工具測驗標準化，獲得常模反應，例如，智力（IQ）測驗、人格測驗。

3. 個案研究法（case study）〔82保二專〕：針對幼兒利用各種研究收集一系列資料，其步驟如下：

發現問題

↓

收集資料

↓

分析與診斷

↓

深度輔導

十一、質與量的研究〔86日專，82高考〕

（一）質的研究（qualitative research）

以文字（literal）做記錄（record），例如，日記法、軼事陳述法、樣本描述法。

質的變化是指結構上、形狀上不同變化，例如，第二性徵出現，推理及情緒表徵。

（二）量的研究（quantitative research）

以數字（number）做顯示，例如，檢核表。量的增加稱為成長（growth），例如，身高、體重。

十二、人類行為發展與一般原則〔82-88保甄，85、87日專〕

（一）連續歷程中呈階段現象，而每一階段皆有顯著特徵

人類的行為發展，其實質上是連續性的，現在的行為與過去行為是相互延續性的，而且每階段的發展是循序漸進，而非跳躍的。

（二）定向性與相似性

人類的發展是遵循可預測的（predictable）模式，就生理與動作發展而言，從胎兒到嬰兒明顯發展模式：

1.由頭至尾的發展（抬頭→坐→爬→站→走→跳）。
2.由中心到邊緣的發展（抱→握→抓）。

（三）發展過程

由於嬰幼兒神經系統尚未成熟，一切行為都無法協調，而隨著年齡增加其活動，發展由籠統→分化→統合→形成一般→特殊→統合。

例如，嬰兒由抓握至五指與眼球分化發展，而後眼手協調活動，均可證實上述理論。

（四）不平衡性

幼兒身體各部門發展速度不一，通常先快後慢，尤其6歲以前神經系統發展最快，其次為淋巴型，最慢是生殖型。

十三、影響發展條件因素〔86南夜專〕

（一）遺傳、環境影響（發展條件）

1.遺傳：人類由父、母各23個染色體授精而成受精卵，基因在染色體中，染色體在細胞核內，決定了性別、胎數及個體行為。
2.環境：分為內環境—腺體分泌；外環境－子宮；產後環境－社會環境。
3.交互作用：利用生長環境促進遺傳的潛能發揮。

（二）成熟學習的影響（發展模式）

1.成熟：營養、衛生保健→由開始、發生變化到達最大變化。

2.學習：接受外在經驗。

3.成熟與學習相互作用。

十四、關鍵期（critical period）或敏感期〔79幼專〕

指個體在發展過程中有一段特殊期，其成熟度最適合學習某種行為，例如，幼兒學走路在9個月至14個月，語言訓練在12至18個月，而大小便訓練在2至5歲之間。

十五、銘印現象（imprinting）〔80幼專〕

由勞倫斯所提出。在某段特殊時間內，將首次出現在其眼前的物體視為母親並且繼續追隨，此一現象稱為銘印現象。例如，雛鴨面前出現母雞或其他動物時，雛鴨會將該眼前物體當成母親。

十六、兒童發展的理論

（一）心理分析理論（psychoanalysis）

其代表人物有：

1.佛洛依德（Sigmund Freud）

主張兒童發展人格分為五階段：（1）口腔（0～1歲）→（2）肛門（1～3歲）→（3）性器（3～6歲）→（4）潛伏（6～12歲）→（5）生殖器（12歲至成年期）。其中在性器階段會有強烈主動積極特性，並喜愛模仿大人行為，學習獨立自主，而這些人格特性均由本我（id）、自我（ego）超我（superego）所組成。

佛氏認為6歲為定性格。

2.艾力克森（Erik Erikson）

主張人是社會的產物，並非本能產物，所以命名為「社會發展

論」，艾力克森將人格發展分為八種時期：

（1）嬰兒期（出生～18個月）信任感與不信任感。

（2）幼兒期（18個月～3歲）：建立自主精神與羞怯、懷疑。

（3）學前期（3～6歲）：主動與內疚。

（4）就學期（6歲～12歲）：勤奮學習與自卑。

（5）青春期（12～18歲）：自我統合與角色混亂。

（6）成年期（18～25歲）：親密感與孤獨感。

（7）中年期（25～50歲）：活力感與停滯感。

（8）老年期：統整與絕望。

（二）機械環境理論（mechanistic perspective theory）

1.行為學派：又分為古典制約（classical reinforcement）及操作制約（operational reinforcement）二種理論，其代表人物有俄國巴夫洛夫（Pavlov）及美國史金納（B. F. Skinner），主張行為是學習而來的，外在的人物或經驗是影響發展的主要因素，此理論可稱為「行為學派」。

2.社會學習論：代表人物有班都拉（Bandura），主張人是主動且有選擇性的模仿其環境，具操作個性，屬「制約學派」。

3.有機觀理論（Organistic perspective theory）

其代表人物有：

（1）皮亞傑（J. Piaget）

認知發展階段分四個時期及三個原則：

A.四個時期

（A）感覺動作期（出生～2歲）：用身體感覺去瞭解周圍。

（B）前運思期（2歲～7歲）：自我中心，用簡單符號從事思考活動。其中運思期為2～4歲，直覺期為4～7歲。

（C）具體操作期（7～11歲）：用事實做推理，不願做假設性。

（D）形式運思期（11～15歲）：喜用假設推理，並做抽象邏輯思考。

　　B.三個原則

　　（A）組織（認知結構是否符合環境），認知的基本單位為
　　　　「基模」（schema）。

　　（B）順應（類化與調整）。

　　（C）平衡（調適符合自己的思維）。

　　除上述外，皮亞傑認為兒童保留概念順序是為質量（數量）→
　　重量→體積（容量）。

（2）布魯納（Bluner）

　　根據布魯納研究，兒童智商發展無確切之年，而這這些智能表
　　徵概念是透過經驗和行動產生關聯而獲得學習，又分三期如
　　下：

　　A.動作表徵期（6個月～2歲）：運用動作獲得結果。

　　B.形象表徵期（5～7歲）：運用感官、對事做出評斷，憑記憶
　　　做思考輔助。

　　C.符號表徵期（7歲～發育完成）：用符號及文字代表他的經
　　　驗。

　　例如，小明用感官瞭解的事物來想像世界，但卻不用文字或圖
　　形來表示，此時正是為「形象表徵期」。

（3）柯爾堡（Kohlberg）

　　兒童道德行為發展認為有三期六階段：

　　第一期：道德成規前期—「避罰服從」及「相對功利」階段。

　　第二期：道德成規期—「尋求認可」及「順從權威」階段。

　　第三期：道德自律期—「法制觀念」及「價值觀念」階段。

　　上述發展傾向順序為：避免懲罰→個人主義→好孩子傾向。

4.人本論（Humanistic theory）

　其代表人物如下：

（1）羅吉斯（Rogeres）表彰自我概念，尊重個人獨特性。

（2）馬斯洛（Maslow）認為人類最基本的需求是生理需求，除此之
　　外，主張需求層次理論分為五層：

　　A.生理。

B.安全。

C.愛及歸屬感。

D.自尊。

E.自我實現。

十七、兒童輔導的意義

　　經由專業輔導人員寶貴經驗及高度的服務情操，協助兒童自我瞭解，並充分讓兒童有發揮潛能的空間，使兒童有正確的發展。

第三單元　歷屆試題

（B）1.下列發展通則，何者不正確？（A）幼年期學到的口音，長大後不易改變（B）發展的歷程是連續且速度一致的（C）青春期開始時間受遺傳與環境的影響（D）發展過程在共同模式下仍有個別差異。〔嘉師83初研〕

（C）2.根據皮亞傑的認知發展階段理論，7至11歲兒童的智力發展階段應屬於（A）感覺動作期（B）前操作期（C）具體操作期（D）形式操作期。〔北市師82初研所〕

（D）3.想要瞭解兒童的心理危機，那位學者的理論最有幫助？（A）馬斯洛（B）史金納（C）班都拉（D）艾力克森。〔北市師82初研所〕

（A）4.身體和生理發展速度，大致可分為四個不同的週期，其次序為（A）迅速、緩慢、迅速、緩慢（B）迅速、迅速、緩慢、緩慢（C）緩慢、緩慢、迅速、迅速（D）緩慢、迅速、緩慢、迅速。〔82普保育〕

（C）5.嬰幼兒期的基本情緒，多受什麼因素影響？（A）遺傳（B）學習（C）成熟（D）環境。〔83普保育〕

（A）6.下列何種幼兒發展最易受環境的影響？（A）語言（B）身高（C）體重（D）智力。〔83普保育〕

（C）7.下列何者不是幼兒期的發展任務（developmental tasks）？（A）認識自己的性別（B）適當控制支配自己的身體（C）學習讀、寫、算基本技能（D）與親人同儕建立親密感情。〔83普保育〕

（A）8.根據艾力克森的觀點，嬰兒期的發展任務是（A）建立信任感（B）建立自信心（C）建立親密感（D）自我實現。〔83普保育〕

（A）9.父母應以何種態度來看待幼兒的反抗行為？（A）視為成長過程中的正常現象（B）強制的要求其服從父母的命令（C）給予適當的關懷（D）予以嚴格懲罰。〔83普保育〕

（D）10.下列哪一項有關兒童發展的敘述是錯誤的？（A）發展依賴成熟與學習（B）在發展過程中有個別差異存在（C）發展是連續的過程（D）晚期的發展比早期的發展重要。〔81普保育〕

（B）11.下列何者非發展的一般原則？（A）發展是由一般反應到特殊反應
（B）發展的速度是一定的（C）發展是連續的（D）發展中存有個
別差異。〔82普保育〕

（C）12.有關兒童發展的描述，下列何者為非？（A）始於個體自有生命開
始（B）生長通常指量的改變（C）發展偏重質的改變（D）發展
是由統整到分化的過程。〔82普保育〕

（B）13.下列何者為運思預備期，兒童認知發展的特徵？（A）能對事物分
類（B）自我中心（C）能有序列關係概念（D）有量的保留概
念。

（D）14.海威赫斯特（Havighurst）認為下列非幼兒期的發展任務？（A）
學習一般遊戲所必須具備的技巧（B）學習與同齡夥伴相處（C）
發展日常生活所必需的種種概念（D）完成生理機能的穩定。
〔82普保育〕

（D）15.下列何者非亞培格量表（Apgar scale）測量出生嬰兒之項目？（A）
膚色（B）心跳（C）呼吸（D）血壓。〔82普保育〕

（D）16.有關幼兒心理發展的特質，何者敘述有誤？（A）具有依賴性（B）
思考自我中心（C）富於模仿性（D）喜歡個別活動。
〔88南夜四技〕

（C）17.下列有關「時間取樣法」的描述何者正確？（A）收集的資料不易
量化（B）不需要當場觀察記錄，可於事後記錄（C）觀察前需對
觀察行為先行定義（D）不需準備觀察表格，只要空白紙張即可記
錄。〔88北夜專〕

（B）18.某位老師為探討幼兒爭吵行為的原因並尋求解決之道，每當幼兒
出現爭吵行為時，即開始觀察記錄，直至爭吵行為結束為止，請
問這位老師所採用的方法為何？（A）時間取樣法（B）事件取樣
法（C）軼事記錄法（D）評量表法。〔88北夜專〕

（C）19.欲取得幼兒行為「質」的資料，宜採用以下何種觀察法對幼兒行
為進行觀察與記錄？（A）時間取樣法（B）檢核表法（C）樣本
描述法（D）次數統計法。〔88中夜專〕

（B）20.想要在短時間內蒐集不同年齡幼兒的發展資料，以採用下列何種

方法爲宜？（A）縱貫研究法（B）橫斷研究法（C）個案研究法
（D）晤談法。

（B）21.下列敘述，何者爲「日記法」的特性？（A）觀察樣本較具有代表
性（B）耗時又費力（C）觀察者人選較不受限制（D）容易取得
大量樣本，作有意義的推論。〔88北夜專〕

（B）22.在單位時間內，觀察幼兒的某些行爲，加以記錄，時間的長短以
行爲性質來決定，是屬於哪一種幼兒保育研究法？（A）傳記法
（B）時間抽樣法（C）事件抽樣法（D）測量法。〔88南夜專〕

（D）23.有關遺傳與環境的關係，下列敘述何者不正確？（A）個體的發
展受到遺傳和環境的相互影響（B）越小的個體，成熟因素對其行
爲的支配力比環境的因素大（C）遺傳對於異常的身心特性影響較
大（D）受先天遺傳限制的幼兒，努力提供最好的後天環境，也
可使他變爲天才。〔88北夜專〕

（D）24.下列對遺傳、環境、成熟與學習的說明，何者正確？（A）環境
對智力、特殊才能影響較大；遺傳對語言、人格及社會行爲影響
較大（B）隨著個體的成長，學習因素對行爲的支配力逐漸比成熟
因素小（C）複雜高級心理機能，受遺傳及成熟的影響較大（D）
遺傳、環境、成熟與學習一直發生交互作用，此種交互作用隨個
體生長程度的改變而改變。〔86北夜專〕

（D）25.關於發展的敘述，何者有誤？（A）發展兼具連續性與階段性（B）
幼兒取物「抱——握——抓」的歷程是所謂的「近遠定律」（C）
發展的模式是可預測的（D）發展的速率是先慢後快。〔87日專〕

（A）26.欲取得幼兒行爲「質」的資料，採用下列何種觀察法最適合？
（A）樣本描述法（B）時間取樣法（C）檢核表（D）評量表。
〔86日專〕

（D）27.幼兒期通常是指幾歲期間的幼兒而言？（A）4至6歲（B）2至4歲
（C）1歲至4歲（D）2至6歲。〔79幼專〕

（D）28.下列有關幼兒發展的敘述，何者有誤？（A）幼兒身心的發展在
正常情況下具有一定的方向性和先後順序性（B）幼兒身體的發展
以軀幹爲先，四肢爲後（C）動作的發展最初用手握物，後來才會

用手指（D）幼兒發展因有共同的規律，所以無個別差異。
〔88保甄〕

（C）29.下列的敘述有關嬰幼兒期的輔導，哪一項有誤？（A）為培養生活的規律，所以要定時餵食和洗澡（B）為培養語言能力，即使嬰幼兒尚未能懂，也要時常和他說話（C）為培養獨立性，所以不可多抱他（D）因為刺激好奇心，要多給予視、聽、搖、捏的玩具。
〔88保甄〕

（C）30.個體身心特質的發展並非等速上升，而是呈波浪形向前推進，這是在說明人類發展過程中的（A）連續性（B）階段性（C）不平衡性（D）相似性。〔87保甄〕

（A）31.由籠統、整體、一般到特殊的歷程稱為（A）分化（B）特殊化（C）統整化（D）整體化。〔84保夜專〕

（C）32.幼兒開始會對成人權威表示不滿反抗的態度，行程個體在發展過程中第一個反抗期，大約是在（A）5～6歲（B）3～4歲（C）2～3歲（D）0～1歲。〔85中夜專〕

（D）33.進行幼兒行為觀察與記錄時，以下何者不是觀察者應有的基本原則？（A）坐下觀察（B）不妨礙教師注意力（C）二人同時觀察選不同地點（D）有問題立刻發問澄清。〔85南夜專〕

（D）34.下列有關幼兒行為的觀察記錄，何者最正確？（A）「王小華是個守秩序、有禮貌的孩子」（B）「王小華總是令人擔心」（C）「王小華哭起來，一發不可收拾」（D）「王小華今天早上大部分的時間單獨一個人玩」。〔86日專〕

（C）35.依據斯開蒙（Scammon）的發展取線圖，嬰幼兒期個體發展速率最快及最慢的系統為下列何者？（A）淋巴系、生殖系（B）神經系、普通系（C）神經系、生殖系（D）普通系、生殖系。
〔84日專〕

（C）36.研究直接與研究對象會面，用談話方式取得資料或查詢幼兒狀況，是下列何種研究法？（A）測量法（B）評定法（C）晤談法（D）問卷法。〔85日專〕

（A）37.下列何者不是研究幼兒發展之重點？（A）瞭解幼兒發展過程，

以培養資優兒童（B）提供幼兒生理及心理學的理論基礎（C）輔
助幼兒獲得最佳的發展（D）減低對幼兒不切實際的期望與教養行
為。〔84保夜專〕

（A）38.「幼兒由最初用雙手抱物，其次以手掌取物，最後才用手指抓物
的發展順序」，說明了以下哪一個發展方向法則？（A）由中心到
邊緣（B）由小至大（C）由細至粗（D）從頭到尾。〔85保甄〕

（D）39.發展過程的「循序漸進」特性，最能說明下列何種發展原則？
（A）發展的方向性（B）發展的統整性（C）發展的個別差異性
（D）發展的連續性與階段性。〔85日專〕

（C）40.下列哪一項不符合幼兒發展的一般原則？（A）發展速率是先快後
慢（B）發展速率不是固定一律（C）發展過程是由分化而統整
（D）發展有個別差異。〔82，83保甄〕

（C）41.小雞孵出後在關鍵期首次見到活動物體時，以後會繼續追隨它，
此現在稱為（A）投射（B）反射（C）銘印（D）基模。
〔80幼專〕

（A）42.下面的敘述有關幼兒發展的原則，那一項有誤？（A）發展過程
沒有共同的模式（B）發展是遺傳與環境交互作用的結果（C）發
展是身心兩方面繼續改變的歷程（D）發展的連續歷程中有階段
現象。〔87保甄〕

（C）43.有關幼兒保育研究法的敘述，何者有誤？（A）橫斷法比縱貫法更
容易在短時間蒐集較多的樣本（B）幼兒不常出現的行為採事件抽
樣比時間抽樣合適（C）日記描述法適合進行大樣本的研究（D）
實驗法比自然觀察法需要更周密地控制情境。〔87日專〕

（B）44.幼兒園老師最常用的幼兒保育研究法是（A）晤談法（B）自然觀
察法（C）實驗法（D）問卷法。〔87北夜專〕

（C）45.有關幼兒期的敘述何者為非？（A）學習成長的關鍵期（B）好動
好問時期（C）性徵發展時期（D）富可塑性與模仿性時期。
〔87北夜專〕

（A）46.下列何者非發展的一般原則？（A）發展速率是固定不變的（B）
發展受遺傳與環境交互作用的影響（C）發展遵循頭足定律及近遠

定律（D）發展過程由籠統→分化→統整。〔87北夜專〕

（C）47.人類神經系統的發展是先快後慢，而生殖系統的發育則為先慢後快，這是在說明人類發展過程中的（A）連續性（B）階段性（C）不平衡性（D）相似性。〔88保甄〕

（D）48.下列有關幼兒保育研究法的敘述，何者有誤？（A）欲瞭解年齡與某行為之間的關係可採用橫斷法（B）縱貫法常運用在幼兒生長或發展方面的研究（C）個案研究法是彙集各種研究法的方法（D）日記描述法易於實施，記錄省時又省力。〔86南夜專〕

（B）49.幼兒身心發展的過程，依循著下列哪一種順序？（A）籠統→統整→分化（B）籠統→分化→統整（C）統整→籠統→分化（D）分化→籠統→統整。〔82保二專〕

（A）50.幼兒期的兩大特性是下列何者？（A）可塑性與依賴性（B）可塑性與本能性（C）本能性與學習性（D）學習性與依賴性。〔79幼專〕

（A）51.幼兒生理發展歷程最主要的特性是什麼？（A）連續性的（B）跳躍式的（C）突變性的（D）無規則性的。〔80幼專〕

（C）52.在固定的時間間隔內，觀察預先選定的行為，這種觀察法稱為（A）軼事記錄法（B）事件樣本法（C）時間樣本法（D）行為描述法。〔82幼專〕

（B）53.在同一時間之內研究不同年齡之嬰幼兒的發展，是在運用哪一種方法？（A）縱貫法（B）橫斷法（C）診斷法（D）個案研究法。〔82幼專〕

（C）54.依我國現行保育制度，「幼兒」乃指哪段年齡的孩子？（A）出生至2個月（B）出生至6足歲（C）出生1個月至未滿6歲（D）出生1個月至2足歲〔83保甄〕

（D）55.個體在發展過程中，有一個特殊的時期其成熟最適合學習某種行為，此即為下列何者？（A）轉型期（B）轉換期（C）學習期（D）關鍵期。〔79幼專〕

（C）56.從事幼兒保育的研究時，若研究者的方法是以一個幼兒為對象，有系統的蒐集研究對象的一切資料，以瞭解他的整個性格、行

爲，以及形成此種性格、行爲的因素。此種研究方法稱作（A）觀
察法（B）實驗法（C）個案研究法（D）評定法。〔82保二專〕

（A）57.用日記法記錄幼兒的行爲發展是何種研究方法？（A）直接觀察
法（B）控制觀察法（C）橫斷法（D）實驗法。〔83保甄〕

第四單元　測驗評量

（C）1.兒童福利法所稱的兒童係指幾歲的人？（A）6歲以下者（B）6到12歲者（C）未滿12歲者（D）未滿15歲者。〔81普考兒保〕

（D）2.幼兒最初拿筷子是用握的方式，進而會用拇指、食指、中指，此一發展歷程可用下列何種原則來描述？（A）由統整到分化（B）由簡單到複雜（C）由頭到尾（D）由中心到邊緣。
〔85普考兒保、87普考兒發〕

（C）3.依艾力克森的心理社會學說，幼兒期所要努力完成的任務為：（A）信任性格（B）自我認同（C）自主能力（D）自動性格。
〔81普考兒保〕

（C）4.關於幼兒輔導工作的敘述，下列何者錯誤？（A）教師可採用行動研究法來進行輔導工作（B）對年齡較小的兒童，通常可採用遊戲治療或遊戲投射法（C）團體輔導限用於成人不適應兒童（D）實施團體輔導時，常採用角色扮演方式。〔85四技二專〕

（D）5.建立五歲兒童的生長常模，最好使用何種研究法？（A）日記法（B）實驗法（C）縱貫法（D）橫斷法。〔87普考兒發〕

（D）6.關於兒童「發展」一詞的意義，下列敘述何者正確？（A）個體受環境的影響而不受學習的影響（B）個體改變的過程是先慢後快（C）不具個別差異（D）個體改變的範圍包括生理和心理兩方面。
〔88普考兒保〕

（B）7.發展過程的「循序漸進」特性，最能說明下列何種發展原則？（A）發展的統整性（B）發展的連續性與階段性（C）發展的方向性（D）發展的個別差異。〔88普考兒保〕

（A）8.就佛洛依德的發展理論而言，下列哪一個時期是一般幼兒接受大小便訓練的時期？（A）肛門期（B）性器期（C）口腔期（D）兩性期。〔88普考兒保〕

（B）9.獎賞孩子以促進學習源自下列何種理論？（A）人文主義學派理論（B）行為主義學派理論（C）發展成熟理論（D）心理動力理論。
〔88普考兒保〕

（B）10.小英喜歡以扮鬼臉的方式來引起別人注意，老師為了消除此種行為，在小英扮鬼臉的時候，便裝做沒看見，不理他，此種方式從行為主義學派的觀點而言，係屬於哪一種改變技術？（A）抑制（B）削弱（C）懲罰（D）正增強。〔88普考兒保〕

（B）11.若想瞭解兒童在不同年齡階段道德發展情形，針對同一群對象從3歲觀察到10歲，則運用下列何種研究法最適合？（A）橫斷法（B）縱貫法（C）回溯法（D）實驗法。〔88普考兒保〕

（B）12.馬斯洛認為人類最基本的需求是下列那一項？（A）安全的需求（B）生理的需求（C）自尊的需求（D）愛與隸屬的需求。
〔88普考兒保〕

（A）13.關於輔導兒童的基本原則，下列何者不是德瑞克（Dreikurs）所提出的理論觀點？（A）多用獎賞與懲罰（B）鼓勵（C）迴避（D）平時多訓練。〔88普考兒保〕

（D）14.下列何者非對幼兒橫斷研究的優點？（A）節省研究時間（B）節省研究經費（C）可由一個實驗者完成（D）可分析每位幼兒的發展過程。〔82普考兒保〕

（B）15.研究兒童行為時，可用以確立變項與因果關係的研究方法是（A）觀察法（B）實驗法（C）診斷法（D）問卷法。〔84普考兒保〕

【分析】實驗法可在控制情境下操控自變項與因變項，觀察期所發生的行為，探究變項間的因果關係。

（A）16.如果想要探究變項間的因果關係，應採用何種研究方法？（A）實驗法（B）調查法（C）觀察法（D）診斷法。〔87原住民特考〕

（C）17.在兒童發展的研究方法中，下列哪一種最能夠提供因果關係的推論？（A）觀察法（B）個案研究法（C）實驗法（D）調查法。
〔85普考兒保〕

（A）18.下列何者為客觀的兒童行為觀察記錄？（A）安安一言不發，用腳踢倒美美的積木（B）安安喜歡攻擊別人，破壞別人的作品（C）安安是個問題孩子，常常出手打人（D）安安很頑皮，用水彩顏料潑得美美一身都是顏色。〔87原住民特考〕

【分析】客觀的兒童行為觀察記錄是對事不對人，僅就行為過程加以記

錄，不涉及主觀的評判（subjective Criticism）。

（D）19.下列有關幼兒的觀察，何者係較客觀的記錄？（A）安安很頑皮，常在教室裡跑來跑去（B）安安不喜歡跟陽陽玩（C）安安個性活潑好動常常坐不住（D）洋洋把安安面前一塊積木拿走，安安立刻把積木搶回來。〔87普考兒保〕

（C）20.在單位時間內觀察預先界定的幼兒行為並加以記錄的研究方法是（A）傳記法（B）標本描述法（C）時間抽樣法（D）事件抽樣法。〔86普考兒保〕

（B）21.只要幼兒靜靜坐在圖書區看書，老師就停止對幼兒的責備，根據學習論的觀點，這是由於何種作用？（A）正增強（B）負增強（C）懲罰（D）削弱。〔83普考兒保〕

【分析】將負增強物（老師的責備）去除，以提高反應（response）（例如，幼兒安靜地看書）的現象稱為負增強（negative reinforcement）。

（C）22.強調「楷模學習」是源自於下列何種理論？（A）自然成熟論（B）心理分析論（C）社會學習論（D）認知發展論。〔87普考兒保〕

【分析】社會學習論以班都拉為代表人物，認為兒童是透過觀察與模仿來學習。

（C）23.主張行為的學習是透過觀察而來的理論派別是（A）古典制約論（B）工具制約論（C）社會學習論（D）心理社會發展論。〔85殘障特考〕

（A）24.根據皮亞傑的認知發展學說，一般滿5歲的幼兒，其認知發展正處於那一期？（A）準備運思期（B）感覺動作期（C）形式運思期（D）具體運思期。〔81普考兒保〕

（B）25.學前兒童的認知發展相當於皮亞傑認知發展理論的那一個時期？（A）感覺動作期（B）運思前期（C）具體運思期（D）形式運思期。〔85普考兒保〕

【分析】2～6歲學前兒童的認知發展相當於皮亞傑認知發展理論的前運思期（或稱為運思預備期，2～6歲）。

（C）26.在托兒所中，大班的小朋友能以圖片、影像來學習某事物，布魯

納將之歸於那一期？（A）感覺表徵期（B）動作表徵期（C）影像表徵期（D）符號表徵期。〔82普考兒保〕

【分析】影像（image）表徵期是運用感官（小朋友看到圖片、影像）對事物所得的形象來瞭解環境。

（D）27.海威赫斯特認為幼兒期的發展任務為（A）學習一般遊戲所需的身體技巧（B）學習與同齡夥伴相處（C）發展日常生活所必須的種種概念（D）完成生理機能的穩定。〔82普考兒保〕

（C）28.下列何者不是幼兒期的發展任務？（A）認識自己性別（B）適當控制支配自己身體（C）學習讀、寫、算基本技能（D）與親人同儕建立親密情感。〔83普考兒保〕

（B）29.學習基本生活技能的關鍵期是（A）嬰兒期（B）幼兒期（C）兒童期（D）青春期。〔85殘障特考〕

【分析】海威赫斯特認為幼兒期的發展任務主要在學習走路、學習食用固態食物、完成生理機能穩定等基本生活技能。

（C）30.下列何者是縱貫研究法的特徵？（A）相同研究時間（B）不同研究對象（C）可獲得精確發展資料（D）適合蒐集常模性資料。〔85殘障特考〕

【分析】縱貫研究法是針對同一群兒童（相同研究對象），在不同時期（不同研究時間）加以反覆追蹤觀察，能分析每一兒童發展過程中質（qualitative）量（quantitative）的變化，且能顧及個別差異、環境差異並追溯因果關係，故可獲得較精確的發展資料。

（B）31.在一段時間之內對於相同對象間隔而重複的研究，並由此獲得發展的資料，這種方法是（A）橫斷法（B）縱貫法（C）連續比較法（D）診斷法。〔87原住民特考〕

（D）32.建立五歲兒童的生長常模，最好使用何種研究方法？（A）日記法（B）實驗法（C）縱貫法（D）橫斷法。〔87普考兒發〕

【分析】橫斷研究法是在同一時期（相同研究時間），觀察數組不同年齡的兒童（不同研究對象），藉此獲得不同資料的典型特徵，以求取發展歷程中的常模特徵。

（C）33.建國是個非常具有攻擊性的人，根據佛洛依德的理論，是因為他

有一很強的（A）超我（B）自我（C）本我（D）理想我。〔85殘障特考〕

【分析】本我為人格的原始基礎，包括許多本能性（instinct）的慾望和衝動，無法控制自己情緒，因此容易產生攻擊行為。

（C）34.佛洛依德認為，3至6歲幼兒正值下列何種人格發展階段？（A）口腔期（B）肛門期（C）性器期（D）潛伏期。〔85普考兒保〕

（A）35.根據艾力克森的觀點，嬰兒期的發展任務是（A）建立信任感（B）建立自信心（C）建立羞恥心（D）建立親密感。〔83普考兒保〕

（B）36.下列何者不主張發展階段論的觀點？（A）佛洛依德（B）史金納（C）皮亞傑（D）艾力克森。〔85普考兒保〕

【分析】佛洛依德、皮亞傑、艾力克森均將發展區分成「階段」，但史金納卻認為行為是個體的自發性反應，如能帶來有效的後果，則該反應會因強化而被保留，此稱為「操作制約」。

（B）37.持有被動發展觀的理論是（A）認知論（B）學習論（C）心理分析論（D）訊息處理論。〔85普考兒保〕

（C）38.幼保人員常用貼紙、乖寶寶等方式鼓勵幼兒的學習和常規的管理，這種方式源自於下列何種學派？（A）心理分析學派（B）人文主義學派（C）行為學派（D）認知發展學派。〔84普考兒保〕

【分析】發展的速率並非一成不變，而是呈波浪狀進行。

（B）39.發展的定義，下列何者為正確的敘述？（A）發展是指量的增加，生長則包括質與量的改變（B）發展歷程是由受精開始到死亡（C）環境對生理特質的發展沒有影響（D）發展的階段因人而異。〔87普考兒發〕

（D）40.「興趣」是如何發展的？（A）與生俱來（B）自行發現（C）成人告知（D）學習經驗。〔85殘障特考〕

（C）41.下列各項行為的獲得，何者是經由成熟而發展的？（A）讀、寫、算（B）價值觀（C）坐、爬、站（D）態度。〔84普考兒保〕

（B）42.葛賽爾和湯普遜（Gesell＆Thompson）同卵雙生子爬樓梯的實驗，支持何種發展理論？（A）心理分析理論（B）自然成熟論（C）學習論（D）認知論〔87普考兒保〕

【分析】葛賽爾和湯普遜以46週大的同卵雙生子為研究對象，讓哥哥先學習爬樓梯，而弟弟則在個體較為成熟時練習。研究發現雖然哥哥先學會爬到頂端，但弟弟練習時間比哥哥短，成績卻比哥哥好，等兄弟54週大，個體達真正成熟階段時，兩人爬樓梯的成績已非常接近。

（B）43.根據佛洛依德的人格理論，下列何者可以幫助我們控制自己的情緒？（A）本我與自我（B）自我與超我（C）本我與超我（D）只有超我。〔84普考兒保〕

（C）44.兒童福利法中之「兒童」涵蓋下列哪一年齡層之兒童？（A）出生至6歲（B）出生至8歲（C）出生至12歲（D）出生至14歲。〔85殘障特考〕

【分析】兒童福利法第二條（民國82年2月5日修訂公布）：本法所稱兒童，指未滿12歲之人士。

（B）45.學齡前期與下列那個階段相似？（A）嬰兒期（B）幼兒期（C）兒童期（D）青春期。〔86普考兒保〕

（A）46.個體的發展始於何時？（A）受精時（B）胚胎期（C）胎兒期（D）誕生期。〔85普考兒保〕

【分析】卵細胞與精細胞結合而成受精卵（受精作用），為生命的起源，也是個體發展的起點。

（D）47.下列那一項有關兒童發展的敘述是錯誤的？（A）發展依賴成熟與學習（B）發展過程中有個別差異存在（C）發展是連續的過程（D）晚期的發展比早期的發展重要。〔81普考兒保〕

【分析】早期的發展比晚期的發展重要。

（D）48.有關兒童發展的描述，下列何者為非？（A）始於個體自有生命開始（B）生長通常指量的改變（C）發展偏重質的改變（D）發展是由統整到分化的過程。〔82普考兒保〕

（B）49.下列何者非發展的一般原則？（A）發展是由一般反應到特殊反應（B）發展的速率是一定的（C）發展是連續（D）發展中存有個別差異。〔82普考兒保〕

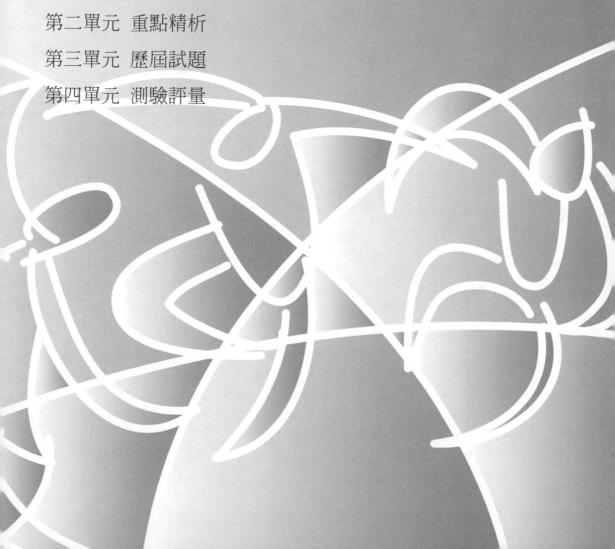

第二章

身體與動作

第一單元　重點綱要

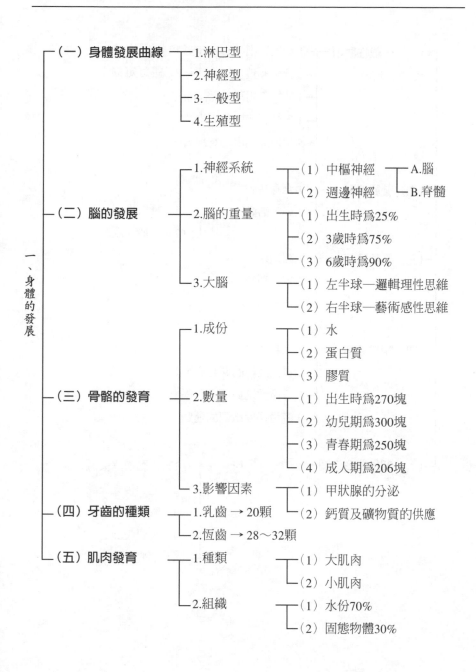

一、身體的發展

（一）**身體發展曲線**
- 1.淋巴型
- 2.神經型
- 3.一般型
- 4.生殖型

（二）**腦的發展**
- 1.神經系統
  - （1）中樞神經
    - A.腦
    - B.脊髓
  - （2）週邊神經
- 2.腦的重量
  - （1）出生時為25%
  - （2）3歲時為75%
  - （3）6歲時為90%
- 3.大腦
  - （1）左半球—邏輯理性思維
  - （2）右半球—藝術感性思維

（三）**骨骼的發育**
- 1.成份
  - （1）水
  - （2）蛋白質
  - （3）膠質
- 2.數量
  - （1）出生時為270塊
  - （2）幼兒期為300塊
  - （3）青春期為250塊
  - （4）成人期為206塊
- 3.影響因素
  - （1）甲狀腺的分泌
  - （2）鈣質及礦物質的供應

（四）**牙齒的種類**
- 1.乳齒 → 20顆
- 2.恆齒 → 28～32顆

（五）**肌肉發育**
- 1.種類
  - （1）大肌肉
  - （2）小肌肉
- 2.組織
  - （1）水份70%
  - （2）固態物體30%

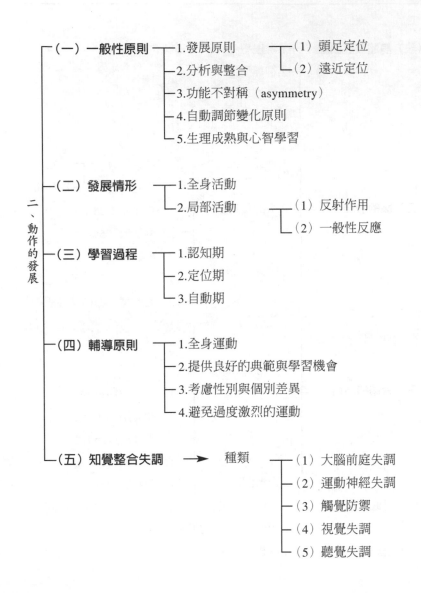

二、動作的發展

（一）一般性原則
1.發展原則 ─ （1）頭足定位 （2）遠近定位
2.分析與整合
3.功能不對稱（asymmetry）
4.自動調節變化原則
5.生理成熟與心智學習

（二）發展情形
1.全身活動
2.局部活動 ─ （1）反射作用 （2）一般性反應

（三）學習過程
1.認知期
2.定位期
3.自動期

（四）輔導原則
1.全身運動
2.提供良好的典範與學習機會
3.考慮性別與個別差異
4.避免過度激烈的運動

（五）知覺整合失調 → 種類
（1）大腦前庭失調
（2）運動神經失調
（3）觸覺防禦
（4）視覺失調
（5）聽覺失調

第二單元　重點精析

一、身體的發展

（一）身體發展的時間週期

1.幼兒發展階段：「幼兒發展」包含從出生至6歲前，生、心理及社會的的成長過程稱之，以幼兒年齡可分為三大主要發展階段。

表2-1　幼兒發展三大階段

三大階段	時間	成長過程
產前期 （prenatal period） 受精～出生前 約266天	胚種期（受精～第二週）	受精卵殖於子宮內壁吸收養分，至第二週受精卵初次分化為內胚層（endoderm）、中胚層（meso-derm）、外胚層（ectoderm），每一胚層續分化為細胞。
	胚胎期（第三週～第八週	體內部分組織、器官的形成及運作，胚胎已形成有頭有尾的形體。
	胎兒期（第九週～出生）	此期為胚胎生命的重要發展期，肌肉、中樞神經發展健全，很多外層組織紛紛出現。
嬰兒期 （infancy）	出生～2歲	為適應完全陌生環境的第一年，從出生至六個月中，嬰兒易快速成長，故此期間的營養相當重要。
幼兒期 （early childhood）	先學前期（2～3歲）	為托兒所期，是學習能力最強的階段。
	學齡前（3～6歲）	幼兒園期，幼兒必須適應與他人相處及其關係，為進入團體生活作些準備。

幼兒期後，隨之而來的有兒童期（6～12歲）；青少年期（青春期
～20歲）；成年期前期（20～40歲）；中年期（40歲～65歲）；老
年期（65歲以上）。

2.發展週期：幼兒在發育期間是以波浪式成長，而可分為四個明顯階
段（Hurlock,1978）：

　（1）迅速生長期：從出生～2歲，幼兒開始學習爬行、走路、說
　　　　話，消耗能量大，故體力的補充十分重要，此期個體會快速成
　　　　長吸收。

　（2）生長緩慢期：1週歲時，需適應環境會流失水分，此時生長較
　　　　緩，2歲～青春期前，發展較緩。

　（3）第二迅速生長期：青春期（約10到11歲時）因體內及外表的特
　　　　徵明顯成長，吸收較快，直到15、16歲為巔峰。

　（4）第二生長緩慢期：到了16、17歲時，正是「性」發展成熟，故
　　　　之後成長較趨緩慢。

（二）幼兒身體發展特徵

　　「身體發展」為身體與生理因發育與成長以致成熟。安德遜
（Anderson）強調：「發展不僅是身體形體的改變，或者身體各部分比例
的增減，也不是身高的增加或體力漸壯，發展實際上須集合許多構造與功
能的複雜過程。」故其實發展一詞以廣義來說，集生理、心理、身體的發
展成熟，此談及狹義的生理、身體的發展。以下為身高、體重、骨骼、牙
齒、神經系統、感覺器官、肌肉之生理特徵一一介紹。

　1.身高
　（1）身高比例的增加小於體重的比例增加。
　（2）出生時的前半年，軀幹和四肢成長速度加快，但頭部生長稍
　　　　緩，與出生時的頭重腳輕明顯不同。
　（3）女嬰成長較男嬰慢。
　2.體重
　（1）出生的五天中，為適應外界環境應而流失一些身體水份，體重

會減少百分之七至十。

（2）週歲時體重爲出生時的三倍左右。

（3）出生後9個月，因嬰兒慢慢地學爬、坐走的動作，耗些能量，此時體重增加緩慢。

（4）男嬰成長較女嬰慢。

3.骨骼

（1）骨骼可保護內臟及支撐身體的功能。

（2）出生第一年發育較第二年爲快。

（3）幼兒骨骼膠質含量多，鈣量少，富彈性，不易骨折、骨裂。

（4）出生第一年發生骨化，嬰兒全身由270塊骨骼，到6歲增加爲300塊骨骼，經青春期（250塊骨骼），完成骨化現象至206塊（先增後減）。

（5）因女童青春期早於男童，故骨化女早於男，大骨架早於小骨架。

4.牙齒

（1）幼童出生6到8月內會長出第一顆乳齒「暫時齒」，週歲時約8顆，到2歲半的時間，20顆乳牙長出。

（2）5、6歲後，乳牙會脫落，此時恆齒長出，共有32顆。

（3）牙齒生長「順序」比「時間」重要。

表2-2 牙齒生長的順序

部位 乳齒名	上　齒	下　齒
門牙	8～10月	6～8月
側門牙	8～12月	10～14月
犬齒	12～16月	12～16月
小臼齒	16～20月	16～20月
大臼齒	20～30月	20～30月

5.神經系統

（1）成長速度依年齡由快而慢。

（2）新生兒腦重約成人的四分之一，2歲為成人四分之三，4歲為成人五分之四，6歲為成人的十分之九，20歲時停止成長。

（3）新生兒頭部較大，而頭頂上的頭蓋骨有未結合稱為囟門。囟門又分前囟門（大囟門）；後囟門（小囟門），前者在嬰兒出生後12至18個月才完全閉合，後則出生6～8星期可閉合。

6.感覺器官

（1）視覺：出生時，新生兒發育未完成，三個月後，眼肌能互相協調，發展完全。

（2）聽覺：嬰兒出生前，由於羊水阻塞至中耳，致使發展較慢。

（3）味覺：感覺敏銳，特別是甜味，一般成人食物對於幼童而言，口感較重，故成人要特別注意幼童飲食。

（4）觸覺：感覺敏銳，對壓、痛及溫度變化相當敏感。

（5）嗅覺。

（6）膚覺：最慢發展。

7.肌肉

（1）胚胎時期，大肌肉發展迅速，直到3歲完全成熟，小肌肉則須6到7歲才會發展。

（2）肌肉隨年齡增長會變得較堅實有力，肌腱的長度、寬度、厚度會增加。

（三）個體各系統發展的速率

人體各系統的發展速度不同，依照斯開蒙（Scammon）的理論把身體的發展分為四個曲線型：

1.淋巴系統

（1）是由淋巴腺、扁桃腺、腸的分泌腺等分泌組織的發育系統，主要功能可殺菌、強化身體健康。

（2）因新生兒抵抗力較弱，而淋巴系統能抗菌保護健康。

（3）11、12歲幼兒具有相當免疫力，達成率百分之二百。

（4）12歲後，其他系統逐漸發展成熟，而淋巴系統則緩慢成長。

2 神經系統

（1）是由腦髓、脊髓、感覺器官所組成，控制一切行為發生。

（2）出生後急速成長，6歲時為成人百分之九十，12歲時接近百分之百。

3 一般系統

（1）是由骨骼、肌肉、內臟器官組成的系統。

（2）依「頭尾定律」成長，頭部→頸部→軀幹→下肢。

（3）1至2歲快速成長，兒童期（6～12歲）較緩，青春期加快，20歲時達到百分之百。

4 生殖系統

（1）睪丸、卵巢、子宮之生殖器官的系統。

（2）自出生到青春期前，成長緩慢，青春期後快速發展，20歲時完全成熟。

（四）影響幼童身體發展的因素

1.遺傳因素：「遺傳決定論」為高爾頓（F. Gulton）所創。受精之時，各含有雙親基因的組合，父母的特徵會傳給下一代。生理變化的過程，如，身材、皮膚、高矮、毛髮顏色、胖瘦、鼻挺、眼皮及眼睛的大小，以及一些遺傳的疾病等，故雙親結合前，須做健康檢查，才能生出可愛健康的寶寶。

2.環境因素：「環境決定論」為華生（J. B. Watson）所創。產前的母體環境或者產後的環境品質，對於受精卵或胚胎乃至於胎兒、幼兒童、成人，都有很深的影響，故母胎內環境（母體情緒）、外界環境（輻射與否及汙染環境）均必須十分注意。

3.教養方式：除了先天遺傳及不可變環境因素，能夠影響幼兒身體發展的一項重要後學因子，是父母及親人教導，養成良好習性，自然能夠發育健康。

（五）促進幼兒身體發展的途徑

1.營養：幼兒在發育期間，吸收能力強，故要攝取足夠的營養及均衡飲食。

2.運動、活動並進：提供適當的活動空間、時間、讓幼童藉運動以達身心發展及強身。

3.睡眠：睡眠長短視年齡而有不同，初生的幼兒，有半天都在睡眠，愈大其睡眠會縮減，每天活動時還須適當休息，以避免疲勞。

4.衣著：幼兒體弱，抗壓能力小，故選擇衣服以寬鬆舒服為原則。

5.衛生保健：幼兒抵抗力弱，對環境滋生的細菌、病原體免疫力較差，因此乾淨食物、水、新鮮空氣、居家、社區衛生不可忽略，培養幼兒好習慣、按時預防針的注射也是必要的。

6.避免意外傷害：幼兒好動，且對新事物好奇，須注意食物、藥物、遊戲、交通等的安全，避免意外傷害，確保身體正常發展。

（六）身高與體重

1.頭與全身比例在胎兒2個月時為1：2；出生時為1：4；成人時為1：8。〔84保甄〕

2.從出生到成人的發育過程中，頭增長了一倍，軀幹增長了兩倍，上肢增長了三倍，下肢增長了四倍。〔87保甄〕

3.在托兒所，通常每個月測量一次體重，每半年測量一次身高。〔87保甄〕

（七）身體發展曲線〔82保甄、保育二專〕

斯開蒙認為身體各部門的發展，依其發育曲線，可分為淋巴型、神經型、一般型及生殖型四種型式，如圖2-1所示。

（八）腦的發育〔88保甄〕

1.神經系統包含中樞神經與周圍神經，中樞神經包含腦與脊髓兩類；3歲之前腦的發展為最重要。

2.柏隆姆認為腦的重量4歲時為成人的50％，8歲時為成人的80％，若

不常用腦，則每年會下降1.5%。

3. 大腦分為左右兩個半球，左半球稱為「理性腦」（Rational Brain）
（或稱為語言或邏輯腦），右半球稱為「感性腦」（Emotional Brain）
（或稱為育樂或創意腦），左右腦藉著胼胝體互相溝通。

（九）骨骼的發展

1. 一般在初生時，全身有270塊骨骼，幼兒期（大約6歲左右）有300
塊骨骼；青春期有250塊，成年時有206塊，其中以幼兒期骨骼最
多。〔88年保甄〕

2. 人類的頭由五塊頭蓋骨所組成，在初生時各骨頭之間都有空隙，俗
稱「囟門」，可分為大囟門及小囟門，大囟門為菱形，平均在12個
月至18個月之間密合，若在2歲時尚未密合，則會造成智能不足，
小囟門為三角形，平均在幼兒6～8週時密合。〔86北夜專〕

（十）牙齒的發育（第一顆長出來的牙為「下門齒」）

1. 一個人在一生中有兩批牙齒，一為乳齒，共有20顆（門牙8顆，犬
齒4顆，臼齒8顆），6歲時會掉牙，另一批為恆齒（即永久齒），共
有28～32顆。〔82保二專，85北夜專〕

2. 造成齲齒的原因是由醣類或澱粉所形成的「乳酸」所造成，故可在
飲水中加1ppm以下的氟，以防止齲齒。

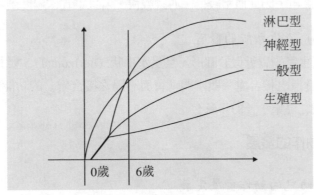

圖2-1 斯開蒙發展曲線圖

3.從3歲開始，每年應定期檢查牙齒二次。〔83保甄〕

（十一）肌肉的發展

1.由肌肉的組織成分來看，幼兒時期約有70％的水分，30％為固態物，青春期以後水分佔66％，其中固態物佔34％。〔86年保甄〕
2.在5～6歲之間的青春期為肌肉生長最快速的時期。
3.幼兒眼球、手肌肉（小肌肉）、骨骼、神經系統尚未發展成熟，故不宜教幼兒寫字。

（十二）嬰兒呼吸的特徵〔83保二專，86北夜專〕

1.嬰兒在早期時實施腹部呼吸，約在一年後才實施胸式呼吸。
2.新生兒呼吸數每分鐘為40～55次，幼兒為30～45次，成人為16～18次。〔88保甄〕
3.第一聲哭聲代表肺功能開始運行。

（十三）循環系統的發育〔85日專〕

1.新生兒的脈搏數每分鐘為120～160次，幼兒每分鐘脈搏數為120～140次，成人脈搏數每分鐘為70～80次。〔88保甄〕
2.幼兒的脈搏數為成人的兩倍。
3.幼兒時期血管所佔的比例較大，心臟較小，血管較粗，而靜脈比動脈粗，因此血壓較低，心跳較快，所以不宜作過度劇烈的運動。

（十四）消化系統的發育

新生兒的胃近似於圓形，且呈水平狀（horizontal），嬰兒由於「賁門」（胃與食道之接合處）與幽門（胃與小腸之接合處）的功能尚未完備，故常有溢乳現象。〔83保甄〕

二、動作的發展

（一）幼兒的動作發展定義

經過神經中樞傳導，肌肉、神經的協調，為連續且完整的過程。

（二）胎兒到幼兒的動作發展

2個月時：人體雛形，在母體內有微弱的活動能力。

4個月時：胎兒會移動身體，轉動小臀部，小雙腿，舒展一番。

嬰兒期：因好奇試探並嘗試適應周圍環境所發展的一連串動作，稱為「反射動作」。

7、8個月時：嬰兒獨自學會坐、自己爬行。

1歲後：自行行走，且可用手指拿取。

2到4歲：走路平穩，其他動作，如，跑跳、倒退等動作隨之而來。

5歲時：基本動作已熟練。

（三）「反射動作」的定義

個體受外界刺激，即時無意識地發生短暫，機械性動作，此動作具有覓食、防禦、適應外界的功能，有以下幾種類型：

1. 巴賓斯基反射動作（Babinsky reflex）：為足底反射，只要輕輕撫摸嬰兒腳掌，其腳趾便會向外伸張，同時腿也跟著搖動，此種反射出生就會發生，4個月後就會慢慢減緩。

2. 達爾文反射（Darwinian reflex）：為拳握反射，只要用手或其他物品輕碰嬰兒小手心，嬰兒小手心會蜷曲，手中握有東西時會緊緊握住不放，數月後逐漸消失。

3. 摩羅反射（Moro embrace reflex）：為驚嚇反射，當嬰兒突然感受到痛、光、強音的刺激，會產生四肢衝擊運動，兩腳舉高兩手腕向內側彎曲作擁抱狀，一出生即有，直到4個月以後慢慢消失，6個月後若又發生，可能中樞神經異常，須請醫生檢試之。

4. 退縮反射（withdrawal reflex）：以大頭針輕輕地刺激嬰兒的腳掌，嬰兒會有雙腳縮回的反應。

5. 搜尋與吸吮反射（rooting and sucking reflexes）：用手指輕撫嬰兒臉頰，嬰兒的臉會轉向刺激方向，並開始用嘴去吸吮手指。

（四）左利的意義及成因〔85北夜專，80幼專〕

Gesell認為到底是左利還是右利，到4～5歲才能決定。

1.左手優勢（左利，left-hand dominance）：指幼兒慣用左手，可能與腦部右半球較為發達或早期學習有關。幼兒慣用左手不利於右手優勢的社會，所以最好加以矯正，矯正時宜採循序漸進（continuous improvement）原則，以免使幼兒發生語言或情緒上的不適應，若幼兒不願意矯正時，千萬不可強迫幼兒更正。

2.原因：

（1）遺傳說：認為腦的右半部較為發達，則會慣用左手。

（2）習慣說：認為完全由學習而來。

第三單元　歷屆試題

Part I 身體的發展

（B）1.出生後不久嬰兒看到一物體想抓取，會以手臂揮動，經歷幾個月或幾年之後才慢慢會用手去握取，用手指去取拿，此種在發展的一般原則上是屬於 （A）個別差異（B）由統整到分化（C）由頭到尾的發展（D）發展的不平衡性。〔88中夜專〕

（A）2.嬰兒手部動作的發展順序：1舉起兩手臂擺動2用拇指和食指中段取物3使用全部手指抓握4用拇指和食指尖抓物，依其發展的先後順序，下列何者為正確？（A）1324（B）3124（C）2314（D）4321。〔88中夜專〕

（B）3.幼兒動作能力包括：1翻身2以拇指和食指抓物3自己坐著4堆兩塊積木，下列動作發展的順序何者正確？（A）1→3→4→2（B）1→3→2→4（C）3→1→4→2（D）3→1→2→4。〔88北夜專〕

（A）4.下列何者非訓練幼兒手指靈活的教材？（A）走線（B）幾何嵌圖版（C）串珠遊戲（D）衣飾框。〔88南夜專〕

（C）5.維維出生已經三個月了，依照動作發展的能力判斷，下列敘述何者有誤？（A）頭部可以穩穩的直立（B）身體可以自由側臥而成仰臥的姿勢（C）手眼略能調整，可以接受爸爸手中的玩具，並放入口中（D）眼睛能隨著媽媽手中的奶瓶移動，而轉移視線。
〔88日專〕

（D）6.關於嬰幼兒動作發展的敘述，下列何者正確？（A）由局部的特殊活動發展到整體的全身性活動（B）新生兒的反射動作是個體最早學習到的身體活動（C）新生兒所有的反射動作都會持續到3歲以後消失（D）幼兒手指動作發展順序，是會使用剪刀先於會繫鞋帶。
〔86日專〕

（B）7.關於幼兒不宜過早寫字的原因，下列哪個是錯誤的？（A）容易造成寫字姿勢不良（B）大肌肉的發展尚未健全（C）容易因為不好

而造成挫折（D）筆順容易錯誤。〔82保二專〕

（A）8.慣用左手的孩子很可能具有下列何者傾向？（A）優勢右半腦（B）優勢左半腦（C）雙腦平衡（D）智能發展遲滯。〔79幼專〕

（B）9.小芳目前可以仿效的畫一直線、用三塊積木造塔、可以很快地變換坐與站的姿勢，但還不會雙腳交替上下樓梯，請問小芳最可能是什麼年齡？（A）15～18個月（B）24～30個月（C）36～42個月（D）48個月以上。〔87日專〕

（B）10.有關幼兒慣用左右手的問題，何者敘述有誤？（A）1歲以下的嬰兒是左右手交互使用的（B）用手習慣在2歲時固定（C）左腦發達者慣用右手（D）輔導左利者最晚在6歲前完成。〔87北夜專〕

（B）11.幼兒看到物體，伸手順利拿取，這是動作發展中哪一階段所能表現的？（A）籠統（B）統整（C）分化（D）反射。〔88保甄〕

（A）12.關於嬰幼兒動作發展之敘述，何者正確？（A）嬰兒平均在7、8個月時可以單獨坐（B）平均1、2個月的嬰兒，頭部控制良好（C）平均10個月大的嬰兒才會腹部著地的爬（D）幼兒先學會下樓梯，才會上樓梯。〔85南夜專〕

（C）13.關於嬰幼兒反射動作之敘述，下列何者正確？（A）嬰兒所有的反射動作，最後都會隨著年齡的增長而完全消失（B）反射動作是受個體內在所控制，同時也是短暫又機械的動作（C）反射動作消失的時間，可以作為神經系統是否成熟或有無障礙的指標（D）瞳孔收放、眨眼、打呵欠等反射動作是屬於生存反射。〔88中夜專〕

（D）14.人類動作發展受成熟及學習因素的影響，下列何者受學習因素影響較多？1走路2跳芭蕾舞3爬樓梯4抓東西5繫鞋帶6寫字（A）123456（B）1256（C）2456（D）256。〔84日專〕

（C）15.關於3歲幼兒，下列何者描述有誤？（A）會騎三輪車（B）會用語表達自己的需要（C）會進行合作遊戲（D）缺乏忍耐及等待輪流的觀念。〔84日專〕

（C）16.幼兒軀幹發展在先，四肢發展在後；越近軀幹的部分，動作發展越早，越遠則越晚。此種發展的原則稱為（A）頭尾定律（B）分化定律（C）近遠定律（D）成熟定律。〔84保夜專〕

（B）17.幼兒喜歡繩索攀爬的遊樂設備，可幫助那部位的發展？（A）小肌肉（B）大肌肉（C）大小肌肉（D）不隨意肌肉。〔84保甄〕

（C）18.依一般兒童動作發展的順序，下列何者發展最早？（A）下樓梯（B）上樓梯（C）半走半跑（D）雙腳齊跳。〔80幼專〕

（C）19.依照幼兒的動作發展的順序，下列何種動作通常最後出現？（A）踏步動作（B）手扶物站立（C）獨自上下樓梯（D）獨自走。〔82幼專〕

（B）20.按照一般幼兒動作發展的順序，下列何者最後出現？（A）手扶物站立（B）獨自上下樓梯（C）單獨走（D）踏步動作。〔81保甄〕

（C）21.按照幼兒的動作發展，幼兒對於自身肌肉的控制，開始於（A）頸部（B）肩部（C）頭部（D）腰部。〔83保甄〕

（B）22.個體在嬰幼兒階段的動作發展，下列敘述何者最正確？（A）短期實驗證實可以經由訓練，提早作出某種動作（B）發展過程主要受基因的成熟時間表決定（C）養育方式不同，動作發展成熟次序就不同（D）男女動作發展成熟次序不同。〔80幼專〕

（A）23.出生後的嬰兒，先學會控制頭部，然後坐，週歲以後學會走路，這是遵循何項發展原則來進行的？（A）頭尾定律（B）近遠定律（C）由整體到特殊（D）對稱原則。〔85南夜專〕

（C）24.依照一般幼兒動作發展的順序，下列何種行為出現最晚？（A）會轉動門把（B）會使用剪刀（C）會繫蝴蝶結（D）會使用湯匙進食。

（D）25.輔導幼兒動作的發展，應採用何種方法？（A）幼兒安全的維護（B）提供幼兒正確的示範（C）鼓勵幼兒集中注意力（D）以上皆是。〔84保夜專〕

（C）26.嬰兒拿取動作發展內容包含：1用手抓取2用手掌握取3用手腕握取4用手掌握穩。下列何者是正確的發展順序？（A）2→3→4→1（B）2→1→3→4（C）3→2→4→1（D）3→2→1→4。〔85日專〕

（C）27.學習運動技能的關鍵期是（A）嬰兒期（B）幼兒期（C）兒童期（D）青春期。〔85普考〕

（B）28.嬰幼兒最初拿筷子是用握的方式，進而會用拇指、食指、中指，

由此發展歷程而言，其特徵可用下列何者原則來描述？（A）由頭到尾（B）由中心到邊緣（C）由簡單到複雜（D）由統整到分化。〔85普考〕

（B）29.有關幼兒動作發展，下列敘述何者為是？（A）幼兒動作發展出現的順序是爬、坐、站、走（B）幼兒手部拿取的動作發展是手掌→手指（C）動作發展的歷程是分化→籠統→統整（D）慣用右手者，通常右半腦發達。〔85中夜專〕

（D）30.關於嬰幼兒精細動作發展的敘述，何者不正確？（A）5個月嬰兒會伸手想拿物品（B）拿取物品的發展順序是，先以手掌拿→拇指與四指拿→拇指與食指拿（C）約1歲左右可以以拇指與食指取物（D）約於1歲～1歲半時會轉動門把。〔85南夜專〕

（D）31.下列哪些活動是屬於小肌肉動作？（A）走路、爬行（B）擲球、接球（C）跑步、跑跳（D）剪貼、握筆。〔84保夜專〕

（B）32.下列何者為真？（A）一般2歲幼兒能以雙腳交替的方式上下樓梯（B）嬰幼兒爬行動作的發展出現於獨坐之後（C）一般4個月大的嬰兒已能注視物品，並伸手取握物品（D）幼兒到5歲時才會模仿成人將三塊積木堆搭成橋。〔84保甄〕

Part II 動作的發展

（B）1.下列何者為幼兒動作發展方向？（A）由頭到尾，由邊緣到中心（B）由頭到尾，由中心到邊緣（C）由尾到頭，由邊緣到中心（D）由尾到頭，由中心到邊緣。〔79幼專〕

（C）2.下列動作發展（以最早出現的時間為準）其先後順序為（請以代號排序為準）：A扶物站立B獨自行走C翻身D跑步E以爬行的方式上樓梯（A）C→E→A→B→D（B）C→A→B→E→D（C）C→A→E→B→D（D）A→C→E→B→D。〔83保甄〕

（D）3.下列何者是幼兒期動作常見的發展模式？（A）從小至大（B）由遠到近（C）由粗至細（D）從頭到尾。〔83保甄〕

（A）4.下列哪些活動是屬於小肌肉動作？（A）剪貼、握筆（B）擲球、

接球（C）跑步、跑跳（D）走路、爬行。〔79幼專〕

（C）5.下列關於幼兒動作發展的敘述，何者有誤？（A）由頭至尾的發展
　　　（B）過程由籠統到分化，進而統整（C）由邊緣到中心的發展（D）
　　　其發展有賴於成熟學習。〔83保夜專〕

（B）6.左撇子比一般人容易遭遇下列何種問題？（A）智能發展易受阻
　　　（B）不容易找到適用器具（C）容易生病（D）人格發展易發生問
　　　題。〔80幼專〕

（A）7.幼兒身體的哪一個部位最容易受傷？（A）頭部（B）軀幹（C）手
　　　臂（D）腿與腳。〔82保二專〕

（A）8.幼教學者主張幼兒不宜太早執筆寫字是因（A）幼兒小肌肉尚未發
　　　展（B）幼兒大肌肉尚未發展（C）幼兒大小肌肉皆尚未發展（D）
　　　幼兒大小肌肉皆已發展。〔83保甄〕

（D）9.下列動作發展的先後順序為何？A踩三輪車B獨立行走C翻身D獨坐
　　　E爬行（A）DCEBA（B）DCBEA（C）CDBEA（D）CDEBA。
　　　〔85保甄〕

（D）10.就呼吸系統的發展而言，以下敘述，何者有誤？（A）胎兒的肺
　　　　部在懷孕中的第6個月起快速發展（B）嬰兒是行橫隔膜式的腹式
　　　　呼吸法（C）1歲左右的嬰兒改為胸式呼吸（D）嬰兒的呼吸速率
　　　　較成人淺快，約50～60次／分鐘。〔88中夜專〕

（B）11.幼兒的牙齒以多久做一次定期檢查為宜？（A）每3個月一次（B）
　　　　每6個月一次（C）每年一次（D）每2年一次。〔88北夜專〕

（A）12.嬰兒長出的第一顆牙齒為（A）下門牙（B）上門牙（C）大臼齒
　　　　（D）小臼齒。〔88北夜專〕

（D）13.有關幼兒肌肉發展的描述，下列何者不正確？（A）大肌肉發展
　　　　在3歲左右成熟（B）小肌肉發展在6歲以後才漸趨成熟（C）大肌
　　　　肉發展是小肌肉發展的基礎（D）幼兒期以發展小肌肉為主，大
　　　　肌肉為輔。〔88北夜專〕

（B）14.6歲前幼兒身體各部位的發展，下列何者最快速？（A）淋巴腺
　　　　（B）腦、脊髓與周緣神經系統（C）身高、體重（D）生殖器
　　　　官。〔88北夜專〕

（A）15.個體頭與身長的比例，胎兒、初生兒、成人依序分別是（A）1：2，1：4，1：8（B）1：3，1：5，1：7（C）1：2，1：4，1：6（D）1：3，1：4，1：5。〔88南夜專〕

（C）16.第一顆恆齒通常是（A）犬齒（B）門齒（C）第一大臼齒（D）小臼齒。〔88南夜專〕

（B）17.為維護牙齒健康，以下原則何者正確？（A）多吃甜食代替三餐（B）吃完東西，應於15分鐘內刷牙（C）每2年至牙醫處檢查一次（D）飲用適量氯化飲水。〔88南夜專〕

（D）18.一般而言，嬰兒之第一顆乳齒及兒童第一顆恆齒長出的位置分別是？（A）上門牙、大臼齒（B）下門牙、門齒（C）上門牙、犬齒（D）下門牙、大臼齒。〔88中夜專、日專〕

（D）19.構成骨骼和牙齒的重要成分是（A）鐵、納（B）鉀、碘（C）氟、氯（D）鈣、磷。〔88南夜專〕

（B）20.有關骨化的敘述何者正確？（A）骨骼吸收蛋白質與維生素的歷程（B）開始於1歲前（C）到6歲時全部完成（D）身體各部分的骨化進行過程是相同的。〔88南夜專〕

（C）21.人類胚胎發展期最早也最迅速的是（A）消化系統（B）循環系統（C）大腦神經系統（D）呼吸系統。〔87北夜專〕

（A）22.嬰幼兒大腦重量的增加不是因為（A）腦神經細胞數大量增殖（B）腦神經細胞結構複雜化（C）腦神經纖維的長度增加（D）腦神經細胞突觸數量的增加。〔88保甄〕

（B）23.人生各階段骨骼塊數最多的是（A）新生嬰兒期（B）幼兒期（C）青春期（D）成人期。〔88保甄〕

（B）24.5、6歲的幼兒與其呼吸脈搏分別為（A）140，50（B）95，23（C）23，95（D）17，75。〔88保甄〕

（A）25.人類的大腦發育在6歲時，已達成人的（A）90％（B）80％（C）75％（D）65％。〔87保甄〕

（B）26.下列何項是幼兒骨骼容易變形的原因？（A）鈣質多，膠質少，韌帶緊（B）鈣質少，膠質多，韌帶鬆（C）鈣質多，膠質少，韌帶緊（D）鈣質多，膠質少，韌帶鬆。〔88保甄〕

（D）27.關於嬰幼兒消化系統發展，何者敘述正確？（A）2歲左右開始有
流涎現象（B）牛奶比母奶易消化（C）幼兒期供應點心可預防低
血壓（D）嬰兒易吐奶之因是賁門、幽門尚未發育完全。

（C）28.嬰兒容易有溢奶或嘔吐現象，是因為何種器官作用尚未完全？（A）
胃（B）小腸（C）賁門（D）食道。〔88中夜專〕

（D）29.下列何者正確？（A）新生兒的頭與身長的比例4：1（B）嬰兒的
骨骼塊數較成人少（C）幼兒最早長出的乳牙為上門牙（D）小囟
門較大囟門早閉合。〔88中夜專〕

（C）30.幼兒大肌肉、小肌肉分別於幾歲左右時成長完成？（A）1歲歲
（B）2歲、4歲（C）3歲、7歲（D）5歲、9歲。〔88南夜專〕

（B）31.下列有關幼兒生理發展特質的敘述，何者有誤？（A）幼兒期因從
母體得來的免疫體逐漸消失，所以發生的疾病很多（B）幼兒血管
粗，心臟小，所以血壓高（C）幼兒頭重腳輕，所以容易跌倒（D）
幼兒期神經系統和統小肌肉尚未發達，所以需加強大肌肉的發
展。〔88保甄〕

（A）32.兒童身體各部位的發展，哪一種描述是錯誤的？（A）淋巴系統
與生殖系統同時發育到12歲時達最高峰（B）神經系統在初期發展
最快在12歲已接近成人之值（C）淋巴系統在6～8歲時已達成人
之值12歲時達到最高峰（D）生殖系統最初幾年幾無生長，至12
歲後才有急速的發展。〔82保二專〕

（B）33.關於學齡前兒童的發展，下列何者最為迅速？（A）生殖系統（B）
神經系統（C）淋巴系統（D）消化系統。〔80幼專〕

（B）34.幼兒應該每隔多久，至牙醫處檢查牙齒一次？（A）1年（B）半
年（C）9個月（D）1年半。〔80保二專〕

（A）35.下列何者為眞？（A）嬰兒身高增加的比例小於體重的增加（B）
人腦的重量愈重則人的智商愈高（C）嬰兒最早長出的乳齒是上顎
的中心門齒（D）人的心臟重量之比以出生時最小。〔83保甄〕

（D）36.嬰兒大約在幾個月後，才會用胸式呼吸？（A）3個月（B）6個月
（C）9個月（D）12個月。〔83、86保甄〕

（D）37.幼兒的牙齒宜多久做一次定期檢查？（A）每年一次（B）每3個

月一次（C）每4個月一次（D）每半年一次。〔83保甄〕

（B）38.乳齒及恆齒各有幾顆？（A）20顆、26顆（B）20顆、28顆（C）28顆、20顆（D）26顆、20顆。〔84保甄、85日專〕

（B）39.幼兒園對幼兒身高和體重的測量最好是多久實施一次？（A）每星期（B）每個月（C）每學期（D）每學年。〔87保甄〕

（D）40.人從出生到成熟的發育過程中，身體各部位增長倍數最多的是？（A）頭部（B）軀幹（C）上肢（D）下肢。〔87保甄〕

（D）41.對嬰幼兒發展的輔導，下列哪一個敘述是正確的？（A）越早學習走路，越能促進腿部骨骼的發展（B）越早用手做精密的工作，越能促進腿部骨骼的發展（C）嬰幼兒食物經調味後，較能促進味覺的發展（D）多與嬰幼兒說話，多讓他聽音樂，較能促進聽覺的發展。〔87保甄〕

（B）42.人類從出生到成熟，哪一階段的骨骼塊數最多？（A）新生兒（B）兒童期（C）青春期（D）成人期。〔86保甄〕

（C）43.下列對幼兒大小便訓練的說明，何者正確？（A）大便訓練比小便訓練晚且慢（B）幼兒控制小便比控制大便容易（C）男孩比女孩在小便訓練上進步得慢（D）愈早嚴格訓練愈能及早建立幼兒對排便的控制力、自信心及安全感。〔86南夜專〕

（C）44.下列有關幼兒身體發展與輔導的敘述，何者為正確？（A）為協助幼兒養成衛生習慣，如廁訓練越早越好（B）幼兒大腦屬於自主神經系統（C）幼兒3歲前，肌肉成長速度為骨骼的兩倍（D）幼兒大腦重量增加很快，是神經細胞大量增殖的結果。〔86保甄〕

（C）45.關於新生兒生理發展的敘述，下列何者正確？（A）頭和全身身常的比例為1：2（B）腦的重量已達成人的1/2（C）舌頭上的味蕾分佈比成人廣，並對甜味刺激有喜愛吸吮的反應（D）心臟跳動比成人快，血壓也比成人高。〔86日專〕

（C）46.有關幼兒大小便的訓練，下列敘述何者錯誤？（A）對幼兒而言，控制大便比小便容易（B）通常女孩比男孩在小便訓練上進步得快（C）開始訓練的年齡有很大的個別差異（D）小便訓練主要是訓練膀胱的控制能力。〔86日專〕

（C）47.幼兒體重增加率的季節為（A）春（B）夏（C）秋（D）冬。
〔86保甄〕

（C）48.下列對囟門的敘述，何者正確？（A）大囟門呈三角形，小囟門呈
菱形（B）大囟門閉合的時間較小囟門為早（C）囟門具有減輕液
體滯留腦部所造成過度壓力的功能（D）大囟門一直未閉合，是為
正常的現象。〔86南夜專〕

（D）49.下列敘述何者正確？（A）嬰兒的呼吸速率較成人淺而快，約120
～140次／分鐘（B）幼兒的血壓較成人高，心跳較成人慢（C）
含有大量的礦物質，所以能抵抗壓力與拉力（D）母奶較牛奶容
易消化，是因為牛奶有較多的脂肪，不易為嬰兒消化吸收。
〔86南夜專〕

（C）50.下列何者為真？（A）幼兒乳齒共24顆（B）父母應從兒童的第二
生齒期起開始注意兒童的牙齒保健（C）一般嬰兒約在出生後6～8
個月大時開始長牙（D）嬰兒最早長出的乳齒是上顎的中心門齒。
〔85保甄〕

（C）51.有關幼兒身體之發展，下列敘述何者為非？（A）正常新生兒頭部
佔全身的1/4（B）初生嬰兒的呼吸採腹式呼吸（C）正常幼兒的囟
門約在3歲時完全閉合（D）幼兒的大腦發育在6歲時已達成成人
的90%。〔85中夜專〕

（B）52.關於幼兒視力的敘述，何者正確？（A）6歲幼兒有斜視是正常的
（B）6歲前幼兒為遠視（C）幼兒弱視不需治療會在6歲前會自行
痊癒（D）3歲前的幼兒一般為色盲。〔85南夜專〕

（C）53.人的第一顆永久齒約在幾歲左右萌長？（A）2歲（B）4歲（C）6
歲（D）8歲。〔85保甄〕

（D）54.有關幼兒牙齒的發展，下列敘述何者為非？（A）6歲始長第一顆
恆齒（B）長牙時間的遲早與嬰兒的健康、遺傳、性別有關（C）
乳齒約在2歲半～3歲之間長齊（D）嬰兒約在1歲左右長第一顆乳
齒。〔85中夜專〕

（B）55.關於1歲前嬰兒生理發展特質的敘述，何者正確？（A）頭圍的增
加在出生後6個月內速度緩慢（B）採腹式呼吸（C）1歲時的體重

出生時體重的五倍（D）第一顆乳齒平均在1歲時長出。

〔85南夜專〕

（C）56.以下對於新生兒生理狀況之敘述，何者有誤？（A）心跳平均每分鐘約120～160次（B）由於體表面積大，體溫容易受外界溫度影響（C）出生後幾天，體重會比出生時的重量減少約20～30％（D）胎便約在出生1～2天內排出。〔85南夜專〕

（D）57.在小肌肉發展不完全時，教幼兒寫字，將產生何種影響？（A）可激發小肌肉發展（B）可提昇寫字能力（C）增加求知的動機（D）增加心靈負擔，產生挫折感。〔84保夜專〕

第四單元　測驗評量

Part I 身體的發展

（B）1.下列何者所擁有的骨骼塊數最多？（A）新生兒（B）6歲幼兒（C）青少年（D）成人。〔83保夜專〕

（C）2.下列何者為正確的乳齒生長順序？（A）第一門齒→第一臼齒→第二門齒→犬齒→第二臼齒（B）第一門齒→第二門齒→犬齒→第一臼齒→第二臼齒（C）第一門齒→第二門齒→第一臼齒→犬齒→第二臼齒（D）第一門齒→第二門齒→第一臼齒→第二臼齒→犬齒。〔82保夜專〕

（C）3.下列關於身體生長的敘述，何者有誤？（A）心臟重量佔體重的比例逐漸下降（B）骨骼中礦物質所佔的比例逐漸增加（C）骨化始於胎兒期終於青春期（D）肌肉中水份所佔的比例逐漸下降。〔83保二專〕

（B）4.什麼時期的骨骼數最多？（A）嬰兒期（B）幼兒期（C）青春期（D）成人期。〔88保甄〕

（C）5.下列關於新生兒的敘述，何者有誤？（A）呼吸急促而不規律（B）胃近似圓形且呈水平（C）採胸式呼吸（D）胃幽門與賁門的作用仍未完全。〔83保二專〕

（C）6.有關嬰兒視覺之發展，下列何者正確？（A）新生兒都是遠視，要看遠的東西（B）一定要色彩鮮豔的物體才會引起嬰兒的注意（C）嬰兒都喜歡光亮會移動的物體（D）在吸引嬰兒的注意上，刺激的複雜性要比刺激的意義來的重要。〔84保夜專〕

（B）7.下列的牙齒缺陷何者需要做牙髓治療？（A）牙齒咬合不正（B）蛀牙（C）牙齦發炎（D）口臭。〔84保夜專〕

（C）8.新生兒頭與身長的比例為（A）1：1（B）1：2（C）1：4（D）1：8。〔84保甄〕

（C）9.關於一般新生兒的循環系統之敘述，下列何者錯誤？（A）循環系

統的主要器官是心臟和血管（B）全身的血液重量約爲體重的十九
分之一（C）心跳每分鐘約爲60～80次（D）血壓通常較成人爲
低。〔85日專〕

Part II 動作的發展

（A）1.下列關於幼兒爬樓梯動作發展的敘述何者正確？（A）會先上一
　　腳，另一腳靠上，然後才會兩腳交替行走（B）下樓梯的動作，先
　　會正著爬，然後才會倒退爬下（C）通常兩歲的幼兒可和成人一樣
　　地上下樓梯（D）幼兒在尚未能走路前，不會開始爬樓梯。
　　〔84夜幼二專〕

（A）2.下列何者是辨認兒童身體成熟程度最好的指標？（A）骨骼（B）
　　肌肉（C）神經系統（D）循環系統。〔83普保育〕

（C）3.幼兒如果害怕被觸碰臉部，討厭洗澡，有可能是何種失調症狀？
　　（A）視覺（B）聽覺（C）觸覺（D）運動覺。

（C）4.兒童的第一顆恆齒是（A）犬齒（B）門齒（C）第一大臼齒（D）
　　第二大臼齒。〔83普保育〕

（A）5.兒童乳齒尚未脫落而已長出恆齒，爲將來齒列的整齊，應該如何處
　　理？（A）趕快請醫生拔去該乳齒（B）不必管乳齒，隨自然發展
　　就對了（C）請醫生長出的恆齒拔掉（D）等恆齒完全長出了，再
　　請醫生拔去乳齒。〔81普保育〕

（C）6.依據斯開蒙的發展曲線圖，嬰幼兒期個體發展速率最快及最慢的系
　　統爲下列何者？（A）淋巴系、生殖系（B）神經系、普通系（C）
　　神經系、生殖系（D）普通系、生殖系。〔84四技二專〕

（A）7.幼兒身體哪一部位最容易受傷？（A）頭部（B）軀幹（C）手臂
　　（D）腿與腳。〔82保二專〕

（B）8.關於幼兒視力的敘述，何者正確？（A）6歲前幼兒一般爲輕度近視
　　（B）出生2、3個月的嬰兒出現斜視的現象是正常的（C）5歲前的
　　幼兒出現散光是正常的現象（D）3歲前的幼兒一般爲色盲。
　　〔83四技二專〕

（D）9.關於1個月大的嬰兒哭泣所代表的意義，下列何者有誤？（A）最初的發音練習（B）表達生理的需求（C）一種全身運動（D）表達情感的需求。〔84四技二專〕

（C）10.嬰兒生長期速度極快，下列何者為其輔導重點？（A）養成良好習慣（B）指導遊戲（C）增進遊戲（D）發展社會性。〔84四技二專〕

（B）11.幼兒應每隔多久，至牙醫處檢查牙齒一次？（A）一年（B）半年（C）九個月（D）一年半。〔82保二專〕

（B）12.嬰幼兒階段通常約何時發生心理學家所謂的認生現象？（A）3個月（B）6個月（C）18個月（D）24個月。〔84四技二專〕

（B）13.關於幼兒牙齒保健，下列何者有誤？（A）乳牙採用橫刷法即可（B）3歲起每一年檢查一次（C）6歲以內幼兒應由成人協助刷牙及使用牙線（D）飲水中添加氯2ppm以下，以加強保護牙齒。〔84四技二專〕

（C）14.第一顆長出的恆齒為（A）犬齒（B）內門齒（C）第一大臼齒（俗稱六歲齒）（D）第二大臼齒。〔84夜幼二專〕

（C）15.剛出生的嬰兒，頭圍與胸圍之比如何？（A）頭圍比胸圍小（B）頭圍和胸圍相同（C）頭發展比胸圍大（D）頭圍和胸圍之比例因幼兒而有個別差異。〔81普保育〕

（B）16.下列各項對幼兒生理特質的敘述，何者是不正確的？（A）身體的構造以水分較多（B）從意外或疾病發生的比例而言，以幼兒時期佔最低（C）感覺器官大部分已發育完成（D）腦的重量約為成人的80％。〔85普保育〕

（A）17.一般而言，下列何部位，幼兒最容易受傷？（A）頭部（B）軀幹（C）手部（D）腳部。〔82普保育〕

（C）18.下述心理學家哪一位認為兒童的發展不呈階段性？（A）佛洛依德（B）艾力克森（C）史金納（D）皮亞傑。〔82保二專〕

（C）19.新生兒能以抓握方式懸起身體的反射動作稱為（A）吸吮反射（B）摩羅反射（C）達爾文反射（D）巴賓斯基反射。〔83夜幼二專〕

（B）20.提供幼兒繩索攀爬的遊樂設備，主要是訓練兒童哪一部位的發

展？（A）小肌肉（B）大肌肉（C）大小肌肉（D）不隨意肌。
〔81普保育〕

（C）21.達爾文反射乃指嬰兒的哪一種表現？（A）嬰兒突然被移動身體或
恐懼時，會將兩手及手指向外伸直再收縮抱緊（B）嬰兒仰臥時頭
偏向一邊，同側的手腳會隨之伸直，另一側的手腳則會彎曲（C）
嬰兒的手掌若受到刺激則立即抓握（D）嬰兒被抓癢時會發出呵呵
笑聲。〔81普保育〕

（C）22.初生至週歲的嬰兒對大、小便的控制，純屬（A）自主行為（B）
自控行為（C）不自主行為（D）全自動行為。〔84保甄〕

（C）23.以手指碰觸新生兒面頰，新生兒的臉會轉向刺激方向，並開始用
嘴去吸吮手指。以上描述指的是何種反射動作？（A）巴式反射
（B）達爾文反射（C）搜尋反射（D）抓握反射。〔84保甄〕

（B）24.初生嬰兒頭與身長的比例為（A）1：2（B）1：4（C）1：6（D）
1：8。〔85普保育〕

（E）25.嬰兒在出生以後，必須完成下述哪項適應工作？（A）溫度變化的
適應（B）呼吸的適應（C）排泄的適應（D）吸吮與吞嚥的適應
（E）以上皆是。〔78高公幼〕

（A）26.下列敘述何者正確？（A）小囟門較大囟門早閉合（B）腦部愈重
幼兒愈聰明（C）新生兒的骨骼塊數比成人少（D）幼兒最早長出
的乳牙為上門牙。〔84夜幼二專〕

（D）27.下列有關新生兒的敘述何者正確？（A）血壓值較成人低，收縮
壓／舒張壓約為100／70mmHg（B）採胸式呼吸（C）呼吸與脈搏
均較成人為慢（D）胃部呈水平且近乎圓形。〔84夜幼二專〕

（B）28.正常的兒童完整的大便訓練約在幾歲左右可完成？（A）1歲至1
歲半（B）3歲至3歲半（C）5歲至5歲半（D）7歲至7歲半。
〔82四技二專〕

（A）29.對嬰兒而言，牛奶比母奶難消化，是因為牛奶中含有何種營養素
較多所造成的？（A）脂肪（B）醣類（C）蛋白質（D）礦物
質。〔83夜幼二專〕

（B）30.嬰兒最初拿筷子是用握的方式，進而會用拇指、食指、中指，由

此發展歷程而言，其特徵可用下列何者原則來描述？（A）由頭到尾（B）由中心到邊緣（C）由簡單到複雜（D）由統整到分化。〔85普保育〕

（A）31.個體的發展始於（A）受精時（B）胚胎期（C）胎兒期（D）誕生時。

（D）32.在感覺動作期中兩個最主要的基模是（A）吸吮基模和分類基模（B）序列基模和數量基模（C）分類基模和序列基模（D）抓握基模和吸吮基模。〔84夜幼二專〕

（B）33.下列何者是幼兒準備「寫字」前必須具備和寫字密切相關的能力？（A）半規管系統發展健全（B）已經確定優勢手（C）能控制面部肌肉（D）拇指和無名指二指能協調合作。〔84夜幼二專〕

（C）34.依照幼兒的動作發展情況下，下列何者動作出現的年齡最晚？（A）踏步（B）上樓梯（C）下樓梯（D）行走。〔83普保育〕

（C）35.下列各項行為的獲得，何者是經由成熟而發展的？（A）讀、寫、算（B）價值觀（C）坐爬站（D）態度。〔84普保育〕

（C）36.輕觸新生兒腳掌時，及腳指會成扇般活動，然後又彎曲，而腿也跟著動，此種反射為（A）摩羅反射（B）達爾文反射（C）巴賓斯基反射（D）搜尋反射。〔83四技二專〕

（D）37.人類動作發展受成熟及學習因素的影響，下列何者受學習因素影響較多？1走路2跳芭蕾舞3爬樓梯4抓東西5繫鞋帶6寫字（A）123456（B）1256（C）2456（D）256。〔84四技二專〕

（C）38.學習運動技能的關鍵期是（A）嬰兒期（B）幼兒期（C）兒童期（D）青春期。〔85普保育〕

（B）39.下列何者屬於大肌肉活動？（A）拼圖（B）攀爬滑竿（C）摺紙（D）編織。〔82四技二專〕

（B）40.下列關於雙生子的敘述，何者正確？（A）異卵雙生子性別一定相同（B）同卵雙生子性別一定相同（C）性別相同的雙生子一定是同卵雙生（D）雙生子的基因一定相同。〔83四技二專〕

（C）41.下列關於新生兒的敘述，何者錯誤？（A）呼吸急促而不規律（B）胃近似圓且呈水平（C）採胸式呼吸（D）胃幽門與賁門的作用仍

未完全。〔83四技二專〕

（B）42.關於幼兒不宜過早寫字的原因，下列哪一個是錯誤的？（A）容易造成寫字姿勢不良（B）大肌肉的發展尚未健全（C）容易因為寫不好而造成挫折（D）筆順容易錯誤。〔82保二專〕

（D）43.伸手與抓握動作的發展達到成熟需（A）神經系統的成熟（B）多提供操作的機會（C）肩到手指的轉動能力增加手眼協調（D）以上皆是。〔81北公幼〕

（B）44.按照一般幼兒動作發展順序，下列何者最後出現？（A）手扶物站立（B）獨自上下樓（C）單獨走（D）踏步動作。〔81保甄〕

（C）45.一般而言，幼兒如廁訓練的關鍵期是（A）滿月後至6個月（B）6個月至1歲（C）1歲半至3歲（D）3歲至4歲半。

（B）46.有關嬰兒動作發展順序，下列何者為真？（A）獨坐→爬行→獨走→自立（B）扶住起立→牽引而行→自立→獨走（C）下額提起→伸手取物→爬行→獨坐（D）扶住坐起→獨坐→爬梯→牽引而行。〔82普保育〕

（D）47.當新生兒突然受到痛、光、強音的刺激，或失去支托時，會兩腳舉高、兩手腕向內彎曲作擁抱狀，稱為（A）巴賓斯基反射（B）達爾文反射（C）退縮反射（D）摩羅反射。〔82普保育〕

（D）48.根據研究，幾歲以前是感覺統合發展的關鍵年齡，也是神經可塑性最高的時期？（A）5歲（B）6歲（C）7歲（D）8歲。

（C）49.當中樞皮膚已成熟，如何呈現反射，如摩洛反射，是表示（A）發展速率慢（B）個體是在不適當的狀態下被測量（C）可能是中樞神經系統損害（D）這是個別差異使然。〔84普保育〕

（C）50.嬰幼兒使用左手或右手的習慣約在幾歲定型？（A）2歲（B）4歲（C）6歲（D）8歲。〔84普保育〕

（D）51.下列何者是屬於小肌肉的練習活動？（A）溜滑梯（B）走平衡木（C）盪鞦韆（D）穿線遊戲。〔83夜幼二專〕

（C）52.小雞孵出後在關鍵期首次見到活動物體時，以後會繼續追隨它，此現象稱為（A）投射（B）反射（C）銘印（D）基模。〔80幼二專〕

第三章

智力與認知的發展

第一單元　重點綱要

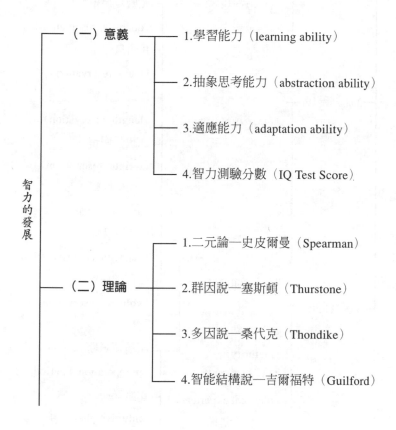

智力的發展
- （一）意義
  - 1.學習能力（learning ability）
  - 2.抽象思考能力（abstraction ability）
  - 3.適應能力（adaptation ability）
  - 4.智力測驗分數（IQ Test Score）
- （二）理論
  - 1.二元論—史皮爾曼（Spearman）
  - 2.群因說—塞斯頓（Thurstone）
  - 3.多因說—桑代克（Thondike）
  - 4.智能結構說—吉爾福特（Guilford）

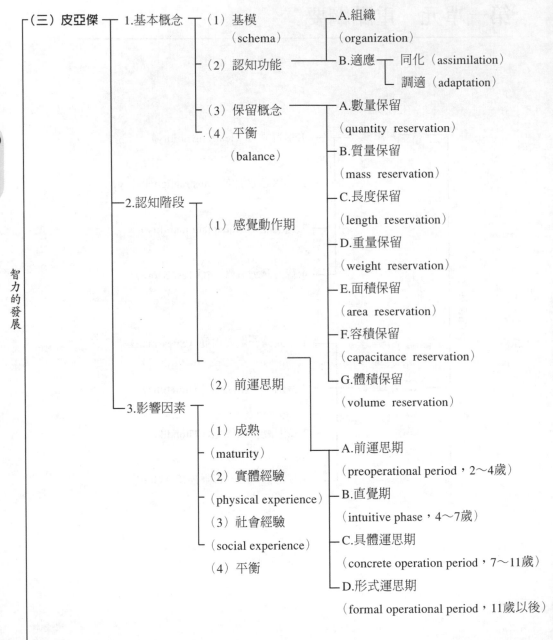

智力的發展

（三）皮亞傑 ─ 1.基本概念 ─ （1）基模
　　　　　　　　　　　　　　　（schema）

　　　　　　　　　　　　─ （2）認知功能

　　　　　　　　　　　　─ （3）保留概念

　　　　　　　　　　　　─ （4）平衡
　　　　　　　　　　　　　　　（balance）

　　　　　　A.組織
　　　　　　（organization）

　　　　　　B.適應 ─ 同化（assimilation）
　　　　　　　　　　└ 調適（adaptation）

　　　　　　A.數量保留
　　　　　　（quantity reservation）

　　　　　　B.質量保留
　　　　　　（mass reservation）

　　　　　　C.長度保留
　　　　　　（length reservation）

　　　　　　D.重量保留
　　　　　　（weight reservation）

　　　　　　E.面積保留
　　　　　　（area reservation）

　　　　　　F.容積保留
　　　　　　（capacitance reservation）

　　　　　　G.體積保留
　　　　　　（volume reservation）

　　　　─ 2.認知階段 ─ （1）感覺動作期

　　　　　　　　　　　　　（2）前運思期

　　　　└ 3.影響因素 ─ （1）成熟
　　　　　　　　　　　　　（maturity）

　　　　　　　　　　　　─ （2）實體經驗
　　　　　　　　　　　　　（physical experience）

　　　　　　　　　　　　─ （3）社會經驗
　　　　　　　　　　　　　（social experience）

　　　　　　　　　　　　　（4）平衡

　　　　　　A.前運思期
　　　　　　（preoperational period，2～4歲）

　　　　　　B.直覺期
　　　　　　（intuitive phase，4～7歲）

　　　　　　C.具體運思期
　　　　　　（concrete operation period，7～11歲）

　　　　　　D.形式運思期
　　　　　　（formal operational period，11歲以後）

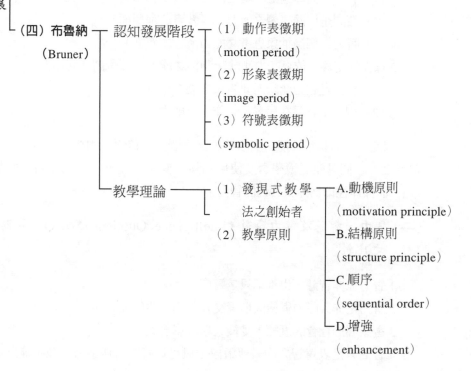

第二單元　重點精析

一、智力

(一) 定義

一般分為概念性及操作性兩種來探討：

1.概念性定義：傾向於「天賦的潛能」，不能測量而得。

　(1) 智力是個體適應環境之能力。（生物學面）

　(2) 智力是個體學習之能力。（教育心理學面）

　(3) 智力是個體抽象思考之能力。（本質面）

2.操作性定義：依靠智力測驗所測得之能力，即所謂「智商」。

　(1) 智力是智力測驗所要衡量之能力。

　(2) 智力是表現在學業、工作上之能力。

因此，智力是遺傳能力與環境經驗之間的一種恆常的相互作用，在這作用之下，個體能記憶學習及使用知識。其中，概念性即為「廣義的智力」，而操作性即為「狹義性的智力」。

(二) 智力、智慧及智力商數（Intelligence Quotient 簡稱IQ，智商）之比較

1.智力並非智慧，也不單只是智商。

2.智力是先天能力與後天環境交互作用產生的能力。

3.智慧屬於社會的歷練，受後天環境影響大。

4.智商只是表達智力的一種指標，只可以將之當作參考，並不能就此決定一個人的智力。

(三) 智力商數（IQ）

1.比率智商

（1）計算公式

$$智商（IQ）= \frac{心理年齡（Mental\ Age）（M.A）}{生理年齡（Chronological\ Age）（C.A）} \times 100$$

（2）西比量表即採用「比率智商」。

（3）M.A→Mental Age（智力年齡）依兒童智力發展程度所定的。

C.A→Chronological Age（生理年齡，又稱實足年齡），指個體由出生之日算起的年齡。

發展到一定程度後，年齡越大，智力發展速度越慢，若以「比率智商」來計算，所得到之智商將年年降低，故目前多改用離差智商。

2.離差智商

（1）計算公式

$$智商離差（IQ－Variance）= \frac{IQ－該年齡平均IQ}{該年齡IQ的標準差} \times 本題標準$$

（2）魏氏學前智力量表即採用「智商離差」。

二、兒童智力相關理論

（一）目 的

為測得智商，必須先分析智力的構成因素。因此為探討智力結構的理論有四：1.二因論（史皮爾曼）；2.多因論（桑代克）；3.群因論（塞斯頓）；4.智能結構（吉爾福特）。

（二）智力二因論

1.人物：英國心理學家——史皮爾曼（Spearman）

2.主張：任何心智活動只包括兩種因素

（1）普通因素（G因素）：代表個人普通能力，一切心智活動的主體。

（2）特殊因素（S因素）：代表個人某種或某些特殊能力。

（三）智力群因論

1.人物：美國測驗學家——塞斯頓（Thurstone）
2.主張：認為智力是由七種彼此獨立的「基本心智能力」構成，包括：：
（1）語文理解（V）。
（2）詞語流暢（W）。
（3）數字運算（N）。
（4）空間關係（S）。
（5）機械記憶（M）。
（6）知覺速度（P）。
（7）一般推理（R）。

（四）智力三元論（Sterberger）

即「組合」、「經驗」與「實用性」。

（五）智力形態論

由Cartel Horn 所創立。

（六）智力多元論（Howard Gardner）

即多元智慧（Multiple Intelligence），分為：語文、邏輯、數理、空間、音樂、運動、人際、自我解析能力。

三、常態分配圖（normal distribution）

人類智力的分配為常態分配，如圖3-1。

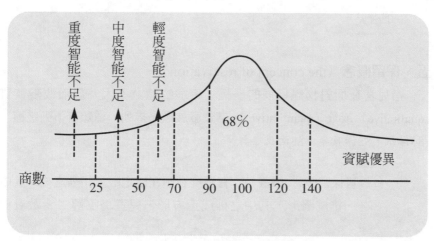

圖3-1 智商常態分配圖

四、前運思期（pre-operational period，2～7歲）

（一）前運思期（pre-operational period，2～4歲）

此時幼兒的主要特徵是以自我為中心（egocentric），從不替他人設想，思想常不合邏輯，矛盾叢生。

（二）直覺期（intuitive phase，4～7歲）

此時期幼兒尚無「保留」（conservation）的概念，此時期的發展特徵大致如下：

1. 自我中心：例如，媽媽生日時，美美送媽媽洋娃娃。〔83保甄〕
2. 只會作單向思考（one-way thinking）：缺乏可逆性概念（irreversibility），例如，多多是小美的哥哥，但並不瞭解小美是多多的妹妹。〔87北夜專〕
3. 缺乏保留的概念：缺乏質量、重量、容量保留等概念。
4. 具有泛靈思想（animism）的生命概念：認為許多無生物都是活的。〔85南夜專〕
5. 用直覺來判斷事物：尚不能作抽象思考。〔85中夜專〕
6. 作直接推理（direct reasoning）：例如，媽媽帶傘，就直接認為是

下雨天。

五、保留概念（the concept of reservation）

指兒童在面對物體轉換的歷程，瞭解物體並不因外形而改變其質（qualitative）或量（quantitative），其依發展順序排列，種類有下列幾種：〔83保甄，83保夜專，88南夜專〕

(一) 數量保留概念（7歲）：有兩排石頭在確定數量相等之後，其中之一排成圖形，其中之排成正方形，兒童仍瞭解二者數量相等。

(二) 質量保留概念（7～8歲）：有兩個一樣多的泥球在確定一樣多之後，其中一個變成長條狀，另一個變成圓形狀，兒童仍瞭解兩者質量相等。

(三) 長度保留概念（8歲）：兩排長棒，一排為直線，另一排變成曲線，兒童仍瞭解兩排的長度相同。

(四) 重量保留概念（9～10歲）：有兩個一樣重的泥球，其中一個變成大煎餅，兒童仍瞭解兩個一樣重。

(五) 容量保留概念（11歲）：兩個同樣的試管裝一樣多的水，將其中一個試管的水倒入較細長的試管，兒童仍能瞭解兩個試管中的水一樣多。

(六) 面積保留概念（11～12歲）：兩座同面積的草地，其中一座草地排列在一起，另一座任意分散排列，兒童仍瞭解動物所吃的草一樣多。

(七) 體積保留概念：同樣數目的積木，所排的形狀不一樣，但體積仍然相同。

六、布魯納認知發展理論要義〔87年保甄，88年中夜專〕

認知表徵方式，隨年齡發展有下列三種方式，其理論稱為表徵理論，其階段為：

（一）動作表徵期（motion representation period）：3歲以下的幼兒，用動作來瞭解周圍世界，他用手去摸，用口去嚐，僅靠動作的結果獲得經驗，其與皮亞傑的感覺動作期類似。

（二）形象表徵期（image representation period）：兒童可適用感官對事物所得的形象（image），以瞭解周圍的世界，例如，他可以憑記憶說出某種東西的形狀，作為思考的輔助工具，此與皮亞傑之具體運思期類似。

（三）符號表徵期（symbol representation period）：在思想較接近成熟時，兒童能運用文字、數學、圖形等符號來代表其經驗與知識，此與皮亞傑之形式運思期（formal operational period）相類似。

七、布魯納教學原則〔88北夜專〕

布魯納教學理論稱為發現式教學法（discovery teaching），其教學原則如下：

（一）動機原則（motivation principle）：學習要有動機，才有效果。

（二）結構原則（structure principle）：教材結構要配合幼兒學習心理，才有效果。

（三）順序原理（sequential principle）：教材應由具體（concreteness）至抽象（abstraction），由簡單（simplicity）至複雜（complexity），由動作表徵到符號表徵，課程應採螺旋式（spiral）、開放型（open-ended）及建構啟發式（constructive heuristics）課程。

（四）增強原則（enhancement principle）：增強並不是外控，而是內發的，故教學宜採啟發式，使幼兒有興趣，自己發現原理及原則，而能茅塞頓開、觸類旁通，進而舉一反三、興趣盎然。

第三單元　歷屆試題

（B）1.按照皮亞傑的認知發展理論，個體改變其認知結構的歷程稱爲（A）同化（B）調適（C）適應（D）組織。〔82幼二專〕

（A）2.開始瞭解「物體在看不見或摸不到時，還是存在」的事實是屬於皮亞傑認知發展理論中的那一階段（A）感覺動作期（B）前操作期（C）具體操作期（D）形式操作期。〔82台公幼〕

（A）3.下例何者是3、4歲幼兒認知發展特徵？（A）自我中心（B）具有保留概念（C）能抽象思考（D）具序列概念。〔80幼二專〕

（D）4.幼稚園的幼兒，其認知發展階段，屬於皮亞傑所謂的（A）形式運思期（B）具體運思期（C）感覺運思期（D）運思預備期。〔80幼學分班〕

（D）5.下列何種認知特徵不常出現在學齡前幼兒時期？（A）自我中心（B）唯靈思想（C）集中性（D）可逆性。〔80幼學分班〕

（C）6.皮亞傑將兒童改變其認知結構的歷程，稱爲（A）基模（B）同化（C）調適（D）適應。〔81保甄〕

（A）7.幼兒相信故事書中的動物和樹不可互相對話，此乃因幼兒的那一種認知特徵？（A）泛靈觀（B）自我中心（C）直接推理（D）心理意象。〔82台公幼〕

（B）8.屬於運思預備期的兒童，在認知上的特徵是（A）具保留概念（B）以直覺的思考爲主（C）物體恒久性概念開始發展（D）脫離自我中心的語言方式。〔82保二專〕

（D）9.「反應由外界所引導」的發展特徵，係皮亞傑所語認知發展的（A）形式運思期（B）具體運思期（C）運思預備期（D）感覺動作期。〔80北公幼〕

（B）10.皮亞傑的認知發展論中，兒童以直覺來瞭解世界，往往知其一不知其二的心理特質是屬於何期？（A）實用智慧期（B）前操作期（C）具體操作期（D）抽象操作期。

（D）11.結合兩種以下非連續性的心理結構－基模，成爲較高層次較穩定功能之基模的心理歷程稱之爲（A）調適（B）同化（C）平衡

（D）組織。〔81台公幼〕

（D）12.根據皮亞傑的理論，加速學習是（A）認知結構「調適」作用的表現（B）「同化」作用的表現（C）「社會交互作用」的結果（D）不合幼兒認知發展的做法。〔78高公幼〕

（C）13.布魯納的表徵系統論應用在教學上，就是（A）問題教學法（B）設計教學法（C）啟發式教學（D）發表學教法。〔82保二專〕

（A）14.小明說：「我沒有睡午覺，所以現在不是下午」，這是受到前操作期認知發展的何種限制？（A）直接推理（B）自我中心（C）同一概念（D）保留。〔82幼學分班〕

（A）15.皮亞傑說：「兒童決非具體而微的成人。」是因為皮亞傑認為（A）兒童與成人思考本質不同（B）成人所累積的知識遠多於兒童（C）兒童的興趣和需求與成人不同（D）兒童的體態和成人不同。〔82保二專〕

（B）16.下列何者為運思預備期，兒童認知發展的特徵（A）對事物分類（B）自我中心（C）能有序列關係概念（D）有量的保留概念。〔79北公幼〕

（B）17.根據皮亞傑的觀點，調適是（A）一種外顯變化的過程，由外在環境刺激來決定（B）主動形成新基模、新經驗的認知過程（C）一種內在變化的過程跟外在環境刺激無關（D）符合舊經驗的認知過程。〔79北公幼〕

（C）18.以皮亞傑的認知發展論觀點看幼兒學習的輔導方式，下列何者為佳？（A）利用編序教學法（B）利用觀察楷模行為（C）採用發現學習法（D）採用貼紙與獎品鼓勵幼兒。〔84普保育〕

（B）19.持有被動發展觀點的理論是（A）認知論（B）學習論（C）心理分析論（D）訊息處理論。〔85普保育〕

（A）20.根據皮亞傑的認知發展學說，一般滿5歲的幼兒，其認知發展正處於那一期？（A）準備運思期（B）感覺動作期（C）形式運思期（D）具體運思期。〔81普保育〕

（B）21.皮亞傑與布魯納對兒童認知發展的看法最大共同點是什麼？（A）都承認兒童的認知發展是用獨立不同的階段承接發展的（B）都強

調認知發展須由動作經驗出發（C）都認爲由已知到未知可分四個階段（D）都覺得認知發展就是語言的發展。〔81普保育〕

（B）22.皮亞傑的認知發展理論中，兒童以直覺來瞭解世界，往往知其一不知其二的心理特質是屬於何期？（A）實用智慧期（B）前操作期（C）具體智慧期（D）抽象智慧期。〔82普保育〕

（C）23.個體因吸取外界的訊息而修正現有的認知結構，此種歷程稱爲（A）組織（B）同化（C）調適（D）適應。〔83普保育〕

（D）24.下列何種認知特徵不常出現在學齡前幼兒時期（A）自我中心（B）唯靈思想（C）單向思考（D）質量保留概念。〔79幼二專〕

（C）25.在托兒所中，大班的小朋友能以圖片、影片來學習某事物，布魯納將之歸於那一期？（A）感覺表徵期（B）動作表徵期（C）形象表徵期（D）符號表徵期。

（C）26.皮亞傑的兒童教育理論，以發展幼兒的實用智能爲主，非常注重其（A）理性（B）靈性（C）知性（D）感性　的訓練。
〔79幼學分班〕

（A）27.按皮亞傑的認知發展理論，幼兒玩辦家家酒的扮演遊戲是屬於（A）同化作用（B）調適作用（C）平衡作用（D）組織作用。
〔82幼二專〕

（C）28.皮亞傑認爲處於運思預備期的幼兒，其思考特徵是（A）思考的可逆性（B）有保留概念（C）自我中心（D）以上皆是。
〔82幼學分班〕

（B）29.嬰兒嘗試從鈴鐺上吸吮牛奶，這是皮亞傑所說的（A）調整作用（B）同化作用（C）模倣作用（D）平衡作用。〔78高公幼〕

（B）30.皮亞傑的自我中心運作在下列那一階段？（A）感覺動作期（B）運思預備期（C）具體運思期（D）形式運思期。〔80中公幼〕

（A）31.依皮亞傑的認知發展理論來看，講述法最主要的缺點是什麼？（A）不能讓幼兒獲得具體的生活經驗（B）教師是主動，幼兒是被動（C）抹殺幼兒個體潛能的發展（D）教師費神多而收效少。
〔80幼二專〕

（C）32.跟皮亞傑比較的布魯納認知發展理論（A）受年齡因素影響（B）

比較不受環境影響受成熟因素影響（C）受環境影響很大較不受生理成熟限制（D）認為發展必須按一定秩序。〔79北公幼〕

（D）33.幼兒玩辦家家酒，角色扮演是皮亞傑所謂的（A）平衡作用（B）調適作用（C）認知失調作用（D）同化作用。〔79公幼〕

（C）34.薇薇在媽媽生日時送了一個洋娃娃給媽媽當生日禮物，這表示薇薇的那一種認知性質？（A）萬物有靈（B）集中心思（C）自我中心（D）社會認知。

（D）35.皮亞傑認為約幾歲以後，兒童的唯靈思想可以和成人相同？（A）6歲（B）7歲（C）9歲（D）11歲。〔84夜二專〕

（A）36.小英看到所有穿白衣服的人都以為是醫生而感到害怕，這是什麼作用引起的結果？（A）類化作用（B）凝固作用（C）調適作用（D）反射作用。〔83四技二專〕

（D）37.某幼兒能運用感官對事物所得的心象來瞭解世界，但卻不能以文字與圖形來認知事物，則其處於（A）動作表徵期（B）形式運思期（C）符號表徵期（D）形象表徵期。〔83中夜二專〕

（B）38.個體以既有的認知結構去認識外在事物與世界的歷程為（A）基模（B）同化（C）調適（D）可逆性。〔83中夜二專〕

（C）39.最早主張兒童的主動積極適應環境者且思考方式與成人不同的學者是（A）葛賽爾（B）艾力克森（C）皮亞傑（D）史金納。〔84普保育〕

（C）40.下列問題，何者最能引導幼兒回答問題？（A）你是不是好幫手，會幫忙媽媽買菜？（B）告訴老師，你的新鞋是什麼顏色？（C）你為什麼喜歡這本故事書？（D）你的新鞋真漂亮？誰給你買的。〔84普保育〕

（C）41.下列關於皮亞傑認知發展階段論的途述，何者錯誤？（A）四個階段依序進展，順序不可改變（B）四個階段依序進展，不可遺漏（C）每階段的差異性在於量的不同而非質的改變（D）各階段的發展，皆有賴於成熟與學習。〔83四技二專〕

（C）42.媽媽買了山竹給小華吃，他從未見過這種水果，以為是百香果，但是剖開一看，發現內部的果肉與風味都和預期的不同，他感到

很吃驚，百思不解。後來經進一步探索，終於認識了這種水果。此過程為（A）可逆性（B）同化（C）調適（D）基模。〔83四技二專〕

（D）43.在感覺動作期中兩個最主要的基模是（A）吸吮基模和分類基模（B）序列基模和數量基模（C）分類基模和序列基模（D）吸吮基模和抓取基模。

（B）44.下列有關動作技能學習和智力的關係，何者是正確？（A）智力愈高，動作技能學習愈慢（B）智力愈高，動作技能學習愈快（C）智力愈低，動作技能學習愈快（D）智力與動作技能學習無關。〔83普保育〕

（C）45.一個小女孩有害怕蛇的經驗，以後對草繩等的物體也會害怕是由於（A）增強作用（B）制約作用（C）類化作用（D）辨別作用。〔83普保育〕

（C）46.小明的實足年齡是4歲，測得的心理年齡是5歲6個月，試問小明的智力商數是（A）90（B）115（C）138（D）148。〔83普保育〕

（C）47.一個4歲幼兒，有5歲兒童的心理年齡，那麼其智商為（A）105（B）115（C）125（D）135。〔84普保育〕

（A）48.強調幼兒時期為智能發展的關鍵期，並針對「智能是固定不變」之觀念提出質疑的學者是（A）布魯姆（B）皮亞傑（C）佛洛依德（D）蒙特梭利（Montessori）。〔78高公幼〕

（C）49.要求幼兒用「五個等大的半圓形，可以排成什麼圖形？」這是哪一類型的問題（A）記憶性問題（B）聚斂性問題（C）擴散性問題（D）評鑑性問題。〔80幼教〕

（C）50.一個實足年齡5歲的幼兒，在智力測驗上能通過一般六種認知發展的特徵？（A）有分類能力（B）物體恆存（C）直接推理（D）具保留能力。〔86南夜專〕

（A）51.認為幼兒階段處於形象表徵期的學者是（A）布魯納（B）班都拉（C）皮亞傑（D）艾力克森。〔86日專〕

（C）52.雅雅，今年2歲半，在和爸爸通電話時，不說一句話，只猛點頭和

搖頭，此仍何種現象？（A）同化作用（B）調適作用（C）自我
中心作用（D）運思期作用。〔88中夜專〕

（D）53.布魯納認為個體心智能力的發展是經由三種思考方式循序漸進的
歷程，這個歷程是（A）符號表徵→形象表徵→動作表徵（B）形
象表徵→動作表徵→符號表徵（C）動作表徵→符號表徵→形象表
徵（D）動作表徵→形象表徵→符號表徵。〔87保甄〕

（C）54.布魯納認為個體心智的發展是經由三種方式循序漸進的歷程，不
包含下列何者？（A）動作表徵期（B）形象表徵期（C）認知發
展期（D）符號表徵期。〔88中夜專〕

（C）55.教師面對著幼兒舉出左手，需要告訴幼兒舉出他們的右手，這是
顧慮幼兒在運思前期認知發展的哪一項特徵？（A）具體化（B）
直接推理（C）以自我為中心（D）缺乏可逆性思考能力。
〔88保甄〕

（A）56.就皮亞傑的認知理論而言，嬰兒出現部分物體恆存的概念，能夠
找尋部分被藏住的東西，此項認知能力出現在下列哪個年齡階
段？（A）4至8個月（B）8至12個月（C）12至18個月（D）18至
24個月。〔88北夜專〕

（D）57.下列何者不是布魯納的表徵系統論所提出的原則（A）動機原則
（B）結構原則（C）增強原則（D）義務原則。〔88北夜專〕

（A）58.拿二個大小相同的泥球讓幼兒確認，將其中一個形狀改變成香腸
狀，再問幼兒二者是否一樣多，若幼兒回答不一樣，則此幼兒缺
乏何種概念（A）質量保留概念（B）容量保留概念（C）數的保
留概念（D）面積保留概念。〔88南夜專〕

（C）59.皮亞傑認為直覺期兒童智能發展的特徵是（A）多靠身體動作認知
（B）能邏輯思考（C）有分類及數量概念（D）可提出假設並驗
證。〔88南夜專〕

（C）60.小寶看圖片或故事書時，常倒著看或橫著看，看得津津有味，全
不注意周圍的關係。這是在說明小寶仍在智力發展階段？（A）形
式運思期（B）具體運思期（C）運思預備期（D）感覺動作期。
〔86保甄〕

（C）61.下列敘述何者爲非？（A）皮亞傑認爲幼兒對數字保留概念的建立必須到6、7歲左右才會較成熟（B）運思前期中幼兒的注意力呈現局部集中的狀態（C）蒙特梭利認爲幼兒不能擁有太多的自由（D）兒童語言發展的巔峰是在1歲半至3歲左右。〔86保甄〕

（D）62.下列何者非皮亞傑的主張？（A）集體獨語是兒童最常見的一種自我中心語言（B）幼兒必須具有「物體恆存概念」之後，才能將所觀察的事物銘記於心，然後行成「形象」（C）幼兒透過適應（同化、調適）與平衡的歷程去認識外在的事物或事件（D）善於判斷、善於理解、善於推理，爲智力的三要素。〔86南夜專〕

（D）63.「牧場上蓋有兩間農舍，農舍外有一匹馬正在吃草。」某幼兒瞭解無論這兩間農舍如何排列，該匹馬可以吃草的範圍仍一樣多，表示該幼兒具有何種保留概念？（A）質量保留（B）重量保留（C）量保留（D）面積保留。〔86南夜專〕

（A）64.以下爲一成人與一幼兒的對話：「成人：『你有沒有弟弟？』幼兒說：『有。』成人：『叫什麼名字？』幼兒：『東東。』成人：『東東有沒有哥哥？』幼兒：『沒有。』」由以上對話可知此幼兒缺乏下列何種能力？（A）可逆性（B）保留概念（C）序位概念（D）物體恆存概念。〔87北夜專〕

（A）65.皮亞傑認爲運思預備期的幼兒，在認知發展上有下列何種特徵？（A）能分類，但尚不能正確地建立分類層次，以區分大類和小類（B）能理解可逆性，但不具保留概念（C）有序列關係的概念，但無法憑直覺思考（D）能從別人觀點看事情，但無法作客觀分析。〔88保甄〕

（C）66.就皮亞傑的理論而言，下列何者不是運思預備期的特徵？（A）自我中心（B）憑直覺判斷事實（C）思考具可逆性（D）從兩個東西相對比較而瞭解「多於」、「大於」等概念。〔88北夜專〕

（C）67.大雄的實足年齡是5歲，測得的心理年齡是6歲3個月，請問大雄的智力商數（IQ）是（A）123（B）126（C）125（D）127。〔85中夜專〕

（A）68.兒童能由甲大於乙而推測到乙小於甲的事實，則此時期的兒童爲

皮亞傑所認為的（A）具體運思期（B）感覺動作期（C）運思預
備期（D）形式運思期。〔85中夜專〕

（D）69.依皮亞傑道德認知發展階段，5歲到8歲是屬於（A）無律階段（B）
道德前期（C）自律階段（D）他律階段。〔85南夜專〕

（C）70.關於皮亞傑認知發展學說的敘述，何者錯誤？（A）同化是指新經
驗被納入既有的結構中（B）幼兒經過與環境的互動後，便發展出
基模（C）幼兒是被動的個體（D）順應是改變既有的結構。
〔85南夜專〕

（A）71.以下那項敘述不屬於皮亞傑提倡的理論？（A）加速學習（B）認
識發展理論（C）基模為認知的基本單位（D）2歲到7歲的運思準
備期。〔85中夜專〕

（A）72.方小弟正在與外婆講電話，他告訴外婆說：「你看我新買的機器
人。」由以上的對話可以推斷方小弟認知發展是何種特徵？（A）
以自我中心（B）缺乏保留概念（C）直接推理（D）缺乏可逆性
思考。〔85南夜專〕

（A）73.下列敘述可者是對的？（A）2～7歲幼兒思考缺乏可逆性（B）具
體運思期的幼兒具有抽象概念（C）具體運思期的幼兒能瞭解別人
的觀念（D）2～7歲幼兒無法注意力集中某一點。〔85中夜專〕

（C）74.物體恆存性的概念，約於幼兒多大時建立（A）6個月（B）8個月
（C）1歲（D）2歲。〔85南夜專〕

（B）75.教師教學前需有充分的準備，必須考慮幼兒的動機與興趣，使用
的教材教法要配合幼兒的智力發展。這是說明布魯納對幼兒教保
活動所提出的哪一個原則？（A）動機原則（B）結構原則（C）
順序原則（D）增強原則。〔86保甄〕

（D）76.皮亞傑對幼兒教育的貢獻，下列何者正確？（A）將特殊幼兒的
教育法，運用於教具設計上（B）主張認知的內容和過程一樣重要
（C）提倡母親學校（D）強調幼兒不是成人的縮影。〔84日專〕

（D）77.在智力結構理論中，下列何者提倡「多因論」？（A）比奈（B）
史皮爾曼（C）塞斯頓（D）桑代克。〔85保甄〕

（B）78.皮亞傑認為幼兒應在以下哪一個認知階段中獲得「物體恆久性」

的概念？（A）運思預備期（B）感覺動作期（C）形式運思期
（D）具體運思期。〔85保甄〕

（C）79.依據皮亞傑的說法，大多數7歲兒童尚未具有下列何種保留概念？
（A）重量及質量保留概念（B）質量及體積保留概念（C）重量及
體積保留概念（D）重量、質量及體積保留概念。〔85日專〕

（A）80.下列那一個階段是以感覺與動作的協調及語言的溝通為主要發展
任務？（A）0～2歲（B）3～6歲（C）7～12歲（D）13～18歲。
〔85日專〕

（A）81.下列何者最能幫助幼兒發展「表徵能力」？（A）娃娃（B）益智
（C）圖書（D）美勞。〔84日專〕

（D）82.下例何者不是運思預備期幼兒認知發展的特徵？（A）以自我為
中心（B）直接推理（C）缺乏可逆性的思考能力（D）具有保留
概念。〔85保甄〕

（A）83.下列何者是幼兒感覺動作期所獲得的認知概念？（A）物體恆存
概念（B）泛靈論（C）自我中心（D）質量保留概念。〔85日專〕

（A）84.幼兒以自我為中心來推測周遭的事物，只注意到物體的一面，而
不注意另一面，思想常不合邏輯。吾人推測他在認知發展屬於
（A）運思預備期（B）感覺動作期（C）形式運思期（D）具體運
思期。〔85中夜專〕

（D）85.智力的結構提出立體模式說的是（A）桑代克（B）史皮爾曼（C）
塞斯頓（D）吉爾福特。〔85中夜專〕

（B）86.當大人將東西當著幼兒的面藏在枕頭下面，幼兒卻不會想到從枕
頭下找到該物時，這種現象我們稱這個幼兒沒有什麼概念？（A）
質量恆定（B）物體恆定（C）自我中心（D）以上皆非。
〔78高公幼、82台公幼、幼教系、84日專〕

（C）87.坐在學步車裡的寶寶將玩具推到地上，寶寶就不尋找該物品，這
表示寶寶尚未發展下列何種概念？（A）質量保留概念（B）空間
概念（C）物體恆存概念（D）方向概念。〔84保夜專〕

（A）88.幼兒以感官和動作來認識外在環境，吾人可推測其在認知發展屬
於（A）感覺動作期（B）運思前期（C）具體運思期（D）形式

操作期。〔84保夜專〕

（A）89.3歲的華華與媽媽散步時告訴媽媽，月亮也在陪他們散步，月亮是他的好朋友，此爲何概念的表現？（A）萬物有靈觀（B）投射作用（C）退行性行爲（D）內化作用。〔84保夜專〕

（B）90.皮亞傑認爲5歲的幼兒通常其認知發展屬於哪一階段？（A）感覺動作期（B）運思預備期（C）具體運思期（D）形式運思期。〔84保甄〕

（B）91.下列何者爲「運思預備期」，兒童認知發展的特徵？（A）能對事物分類（B）自我中心（C）能有序列關係概念（D）有量的保留概念。〔84保夜專〕

（A）92.皮亞傑認爲「幼兒常以爲別人的想法和他自己是一樣的」這表示幼兒思考的哪一特性？（A）自我中心觀（B）泛靈觀（C）人爲觀（D）世界觀。〔84保甄〕

（C）93.以下爲一名成人與一名女童之間的對話：成人問女童：「你有沒有弟弟？」女童回答說：「有，我有一個弟弟，他叫東東。」成人又問女童：「那東東有沒有姊姊？」女童回答說：「沒有。」由以上對話可以推斷該女童缺乏下列何種能力？（A）以自我爲中心（B）直接推理（C）可逆性的思考能力（D）保留概念。〔84保甄〕

（A）94.依照布魯納的看法，如果要幼兒自動自發的學習，幼兒的學習活動要符合哪四個原則？（A）動機原則、結構原則、順序原則及增強原則（B）動機原則、結構原則、順序原則及獎勵原則（C）訓練原則、結構原則、順序原則及增強原則（D）訓練原則、結構原則、順序原則及獎勵原則。〔86保甄〕

（C）95.物體恆存性的概念，約在下列那一個年齡階段開始發展？（A）出生至4個月（B）4個月至8個月（C）8個月至12個月（D）12個月至18個月。〔83保夜專〕

（A）96.按照皮亞傑的認知發展理論，幼兒玩辦家家酒的扮演遊戲，是屬於（A）同化作用（B）調適作用（C）平衡作用（D）組織作用。〔82幼專〕

（B）97.按照皮亞傑的認知發展理論，個體改變其認知結構的歷程，稱爲（A）同化（B）調適（C）適應（D）組織。〔82幼專〕

（B）98.爲鼓勵幼兒思考，下例何者做法最好？（A）規定習題作業（B）供給抉擇機會（C）給予正確答案（D）少讓幼兒爭論。〔82幼專〕

（D）99.某幼兒能運用感官對事物所得心象來瞭解世界，但卻仍不能以文字與圖形來認知事物，則其處於（A）動作表徵期（B）形式運思期（C）符號表徵期（D）形象表徵期。〔83保夜專〕

（D）100.某幼兒在無意中發現搖動繫在風鈴上的繩子便可聽到叮叮聲，他感到很有趣，於是便一直重複地去拉繩子。此種遊戲稱爲（A）象徵性遊戲（B）建構性遊戲（C）平行遊戲（D）功能性遊戲。〔83夜保專〕

（B）101.個體以既有的認知結構去認識外在事物與世界的歷程稱爲（A）基模（B）同化（C）調適（D）可逆性。〔83保夜專〕

（D）102.根據皮亞傑的實驗結果，幼兒在各種概念保留性的發展次序爲下例何者？（A）數、長度、量、面積（B）長度、數、量、面積（C）量、數、面積、長度（D）數、量、長度、面積。〔79幼專〕

（C）103.媽媽買了山竹給小華吃，他從未見過這種水果，認爲它是百香果。但是剖開一看，發現內部的果肉與風味都和預期的不同，他感到很吃驚，百思不解。後來經由進一步探索，終於認識了這種水果。此過程爲（A）可逆性（B）同化（C）調適（D）基模。〔83保二專〕

（A）104.皮亞傑強調兒童決非具體而微的成人，是因爲皮亞傑認爲（A）兒童與成人的思考本質不同（B）成人所累積的知識遠多於兒童（C）兒童的興趣和需求與成人不同（D）兒童的體能與成人不同。〔82保二專〕

（B）105.皮亞傑認爲5歲的幼兒其對規則的意識屬哪一發展階段？（A）無律階段（B）他律階段（C）自律階段（D）非律階段。〔83保甄〕

（B）106.屬於運思預備期的兒童，在認知上的特徵是（A）具有保留概念
（B）以直覺的思考為主（C）物體恆久性概念開始發展（D）脫
離自我中心的語言方式。〔82保二專〕

（D）107.下列何者為處於具體運思期兒童的認知發展特徵？（A）憑直覺
思考與推理（B）未具備運用語文抽象符號的能力（C）具有唯
靈思想的生命概念（D）具有序列及分類的能力。

（A）108.幼兒相信故事書的動物和樹木可互相對話，此乃因幼兒的哪一種
認知特徵？（A）萬物有靈論（B）自我中心觀（C）直接推理
（D）心理意象。〔83保甄〕

（A）109.皮亞傑認為下列何者是幼兒在感覺動作期中所獲得最重要的認知
概念？（A）物體恆存概念（B）萬物有靈論（C）自我中心觀
（D）質量保留概念。〔83保甄〕

（C）110.皮亞傑認為組成智力結構的基本單位是（A）同化（B）調適（C）
基模（D）運思。〔82幼專〕

（C）111.如果問一個幼兒：「你有沒有哥哥？」他回答說：「有。」你再
問他：「你哥哥有沒有弟弟？」他即無法回答，表示此幼兒的思
考尚未具有（A）具體概念（B）自我中心觀（C）可逆性（D）
泛靈觀。〔83保夜專〕

（D）112.根據皮亞傑（Piaget）認知發展理論，下列關於3～6歲幼兒認知
發展特徵的描述，何者錯誤？（A）認為當自己上床睡覺時，星
星也去睡覺了（B）認為洋娃娃掉到地上時，會痛也會哭（C）
認為鉛球比籃球小，因為鉛球的重量比籃球輕（D）知道即使將
等量的水倒入大小不同的容器，水量仍是相同的。〔86日專〕

（A）113.「桌上有兩個杯子，左邊的杯子裝6個大石頭，右邊的杯子裝6個
小石頭，問幼兒哪一邊的石頭多？」這是屬於下列哪一種數的活
動？（A）數的保留（B）數的序列（C）數的集合（D）數的分
解。〔83保夜專〕

（A）114.下列何者為運思預備期的幼兒思考特徵？（A）自我中心（B）
理解數學上的可逆性（C）抽象思考（D）瞭解成語的意義。
〔83保夜專〕

（A）115.下列何者是3、4歲幼兒的認知發展特徵？（A）自我中心（B）具有保留概念（C）能抽象思考（D）有序列概念。〔80幼專〕

（D）116.下列何種認知特徵不常出現在學齡前幼兒時期？（A）自我中心（B）唯靈思想（C）單向思考（D）質量保留概念。〔79幼專〕

（D）117.15個月大的幼兒以「汪－汪」來指狗，接著以此來代替所有四隻腳的動物，因為他第一次見到牛時，同樣稱它為「汪－汪」，此為皮亞傑所謂的（A）平衡作用（B）調適作用（C）物體恆存（D）同化作用。〔80幼專〕

（C）118.皮亞傑將兒童改變其認知結構的歷程，稱為（A）基模（B）同化（C）調適（D）適應。〔81保甄〕

（C）119.幼兒的保留概念隨著年齡的增長而發展，其最先呈現的保留概念為（A）重量（B）容量（C）數學（D）面積。〔83保甄〕

（C）120.布魯納的表徵系統論應用在教學上，就是（A）問題教學法（B）設計教學法（C）啟發式教學法（D）發展教學法。〔82保二專〕

（A）121.皮亞傑稱「兒童改變其認知結構以處理新訊息和新情境的過程」為（A）調適（B）基模（C）同化（D）塑成。〔83保甄〕

第四章

創造力、圖畫及遊戲

第一單元 重點綱要

一、創造力（creativity）

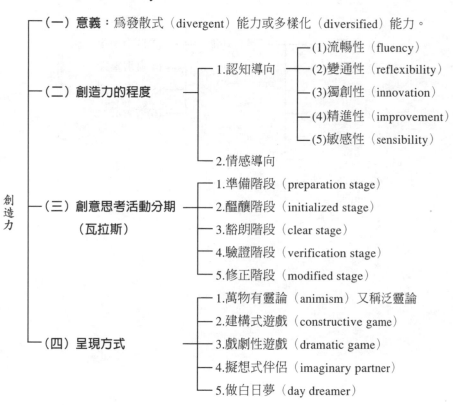

創造力
- （一）**意義**：為發散式（divergent）能力或多樣化（diversified）能力。
- （二）**創造力的程度**
  - 1.認知導向
    - (1)流暢性（fluency）
    - (2)變通性（reflexibility）
    - (3)獨創性（innovation）
    - (4)精進性（improvement）
    - (5)敏感性（sensibility）
  - 2.情感導向
- （三）**創意思考活動分期（瓦拉斯）**
  - 1.準備階段（preparation stage）
  - 2.醞釀階段（initialized stage）
  - 3.豁朗階段（clear stage）
  - 4.驗證階段（verification stage）
  - 5.修正階段（modified stage）
- （四）**呈現方式**
  - 1.萬物有靈論（animism）又稱泛靈論
  - 2.建構式遊戲（constructive game）
  - 3.戲劇性遊戲（dramatic game）
  - 4.擬想式伴侶（imaginary partner）
  - 5.做白日夢（day dreamer）

二、圖畫（Picture）

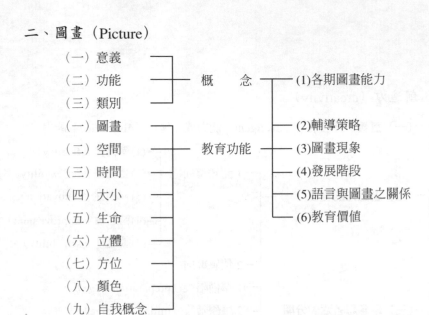

（一）意義
（二）功能 ——— 概　念 ——— (1)各期圖畫能力
（三）類別

（一）圖畫 ——— (2)輔導策略
（二）空間 ——— 教育功能 ——— (3)圖畫現象
（三）時間 ——— (4)發展階段
（四）大小 ——— (5)語言與圖畫之關係
（五）生命 ——— (6)教育價值
（六）立體
（七）方位
（八）顏色
（九）自我概念

三、遊戲發展（Game Development）

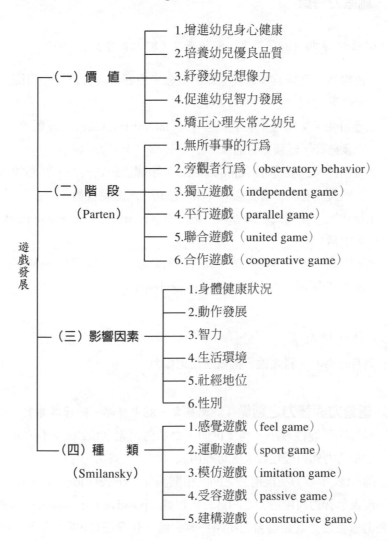

遊戲發展

（一）價　值
1.增進幼兒身心健康
2.培養幼兒優良品質
3.紓發幼兒想像力
4.促進幼兒智力發展
5.矯正心理失常之幼兒

（二）階　段（Parten）
1.無所事事的行為
2.旁觀者行為（observatory behavior）
3.獨立遊戲（independent game）
4.平行遊戲（parallel game）
5.聯合遊戲（united game）
6.合作遊戲（cooperative game）

（三）影響因素
1.身體健康狀況
2.動作發展
3.智力
4.生活環境
5.社經地位
6.性別

（四）種　類（Smilansky）
1.感覺遊戲（feel game）
2.運動遊戲（sport game）
3.模仿遊戲（imitation game）
4.受容遊戲（passive game）
5.建構遊戲（constructive game）

第二單元 重點精析

一、創造力特質

(一) 認知導向〔82保二專，83保夜專，87北夜專〕

1. 流暢性：又稱為多產性，即數量愈多愈好，可分為文字與觀念之流暢性兩大類。
2. 變通性：又稱為「水平式思考」（lateral thinking），即類別（class）愈多愈好，能觸類旁通或舉一反三。
3. 獨創性：即獨特性（uniqueness），指解法新穎獨特，匠心獨運，想出別人沒有的嶄新概念，而能一枝獨秀，冠蓋群倫。
4. 精進性：使解法或構思，持續改善（continuous improvement），逐步求精。
5. 敏感性：觀察事物入微，具有針對問題，解決問題（problem solving）的開創性核心能力（core capability）。

(二) 情感導向

具有好奇心、冒險性、挑戰性及想像力。

二、創造力與智力之關係〔88北夜專，88中夜專，83保二專〕

智力的可變性較小，其多由個人之遺傳因素（heritage factor）所決定，而創造力的可變性較大，可經由教育方法培養之。

圖4-1表示智力與創造力之間的相關關係（correlation relation），整個三角形表示智力與創造力之間具有正相關（positive correlation）的趨勢，但智力愈高者，其創造力的相關係數愈低，智商在130以上者，其創造力分數甚為分散（有的相當高，有的相當低），此現象說明了智力高者未必具有較高的創造力，但創造力極高的學生，必定有中等以上的智力。

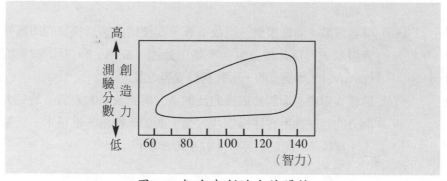

圖4-1 智力與創造力的關係

三、實踐式遊戲 〔83保甄，83保二專，85日專，88保甄，88北夜專〕

實踐式遊戲(pragmatic game，出生～1歲半）又稱為功能性遊戲或練習性遊戲，在感覺動作期中的幼兒，拿到手搖鈴，則會重複地搖動它，並反複作出同樣的動作，此種遊戲，漫無目的，亦無主題（Theme），只是自然發生的練習動作而已。

四、規則式遊戲 〔84日專，82保甄，84保甄〕

規則式遊戲（regular game，7歲以後），例如，捉迷藏、打棒球。

五、幼兒遊戲的種類 〔85保甄，86日專〕

（一）感覺式遊戲：運用感覺而獲得快感的遊戲。
（二）運動式遊戲：因運動四肢、身體而感到快樂的遊戲，稱為運動遊戲，例如，溜滑梯、玩翹翹板、騎三輪車等皆屬於大肌肉活動。
（三）模仿式遊戲：幼兒模仿周圍生活而感到快樂的遊戲，例如，辦

家家酒。

（四）受容遊戲：看圖畫書、聽故事等，而使幼兒感到快樂的即為受
容遊戲，因為此種遊戲並不是主動的（active），而是被動的
（passive）、承受式的，因此稱為受容遊戲。

（五）建構式遊戲：即對於組織力及創造力感到快樂的遊戲。幼兒大
部分的時間都用在建構東西方面，例如，繪畫、堆積木、玩黏
土、穿珠子、剪貼紙等。〔87年北夜專〕

第四章　第二單元　重點精析

第三單元　歷屆試題

part I 創造力

（D）1.哪一種活動可以幫助幼兒暫時克服形狀顛倒的困難？（A）跳（B）跑（C）走（D）爬。〔80幼教〕

（D）2.幼兒寫數字時容易將「9」寫成「P」，將「3」寫成「ε」，這是因為幼兒什麼知覺尚未發展成熟所致？（A）大小知覺（B）深度知覺（C）形狀知覺（D）方位知覺。〔83台公幼〕

（B）3.下列何種用語在指導幼兒畫圖時，較為適當？（A）你畫的人怎麼只有頭，沒有身體？這裡要加上身體才像人（B）告訴老師你畫的是什麼？（C）世界上沒有綠色的花，只有綠色的葉子，下次要注意（D）這些地方怎麼沒有塗色？來！我替你塗！〔82幼二專〕

（B）4.「蝌蚪人」的畫法是屬於？（A）塗鴉期（B）前圖式期（C）象徵期（D）圖式期。〔82幼教學分班〕

（B）5.輔導幼兒繪畫時，下述哪一種做法不適當？（A）供給紙筆以滿足塗鴉的慾望（B）告訴幼兒「畫得很像」或「畫得不像」（C）提供豐富的視覺刺激（D）介紹不同的繪畫方法以引發繪畫的興趣。〔82保二專〕

（D）6.老師指導幼兒畫圖時，下列何種指導的話最恰當？（A）「嗯！畫得很好。」（B）「為什麼不把背景塗滿了呢？」（C）「人不應該畫倒過來喔！」（D）「這個機器人臉畫得真有趣。」〔80幼二專〕

（A）7.當幼兒在紙上畫滿了垂直的紅色彎曲線時，下列何種問話，最能引發幼兒思考？（A）「這是什麼？」（B）「你是在畫雨嗎？」（C）「彎彎的線是毛毛蟲還是水？」（D）「你能告訴我這些紅色的線條嗎？」〔79幼二專〕

（D）8.下列何者最有助於幼兒對於數字的理解？（A）畫畫（B）抄寫練習（C）看圖說話（D）操作實物。〔83普保育〕

（A）9.給兒童兩塊同樣大小的黏土球，將其中一條搓成長條狀後，兒童知

道兩塊黏土是一樣多，此表示兒童具有何種保留概念？（A）質量
（B）重量（C）體積（D）長度。〔83普保育〕

（B）10.在空間向度形容方面，兒童最先獲得的是（A）粗細（B）大小
（C）長短（D）高低。〔83普保育〕

（C）11.當幼兒繪畫時，喜歡畫人物，而所畫的人常呈現蝌蚪的樣子，這
是屬於哪一個時期的繪畫（A）塗鴉期（B）配置期（C）前圖式
期（D）圖式期。〔82保二專〕

（B）12.3～5歲幼兒的繪畫發展，在哪一個階段？（A）象徵期（B）前圖
式期（C）圖式期（D）寫實前期。〔80中公幼〕

（A）13.幼兒相信故事中的動物和樹木可以對話，此乃因幼兒的哪一種特
徵？（A）泛靈觀（B）自我中心（C）直接推理（D）心理意
象。〔82台公幼〕

（A）14.給幼兒一堆具有大小、形狀、顏色、厚薄四種特徵的積木，要他
分類，他只能顧到（A）大小（B）形狀（C）顏色（D）厚薄。
〔81台公幼〕

（A）15.幼兒能區分「以前」、「以後」、「左右」，這種能力的發展約在
（A）7歲（B）6歲（C）5歲（D）4歲。〔81北公幼〕

（C）16.當小華畫圖時，把某些花朵著上黑色，這時候老師最恰當的口頭
反應方式為（A）「小華，很特別的花，是不是？」（B）「小華，
你見過黑色的花嗎？」（C）「小華，為什麼畫黑色的花呢？」（D）
「小華，這世界沒有黑色的花。」〔80幼二專〕

（B）17.6個月大的嬰兒不願爬過看似懸崖的有格地板，因為他們已有（A）
平面知覺（B）深度知覺（C）遠近知覺（D）視覺偏好。
〔83幼教系〕

（D）18.幼兒在發展書寫技能之前，需先具備什麼能力？（A）仿繪圖形
（B）知覺能力（C）手眼協調（D）以上皆是。〔82幼二專〕

（C）19.當幼兒在紙上畫出沒有軀幹的「蝌蚪人」，是屬於繪畫能力發展的
什麼期？（A）圖式期（B）塗鴉期（C）前圖式期（D）以上皆
非。〔82幼二專〕

（B）20.幼兒繪畫畫個大圓圈說「這是爸爸」，這是屬於幼兒繪畫期的（A）

塗鴉期（B）象徵期（C）前圖式期（D）圖式期。〔81台公幼〕

（C）21.幼兒時間概念的發展，其順序為（A）現在→過去→未來（B）過去→現在→未來（C）現在→未來→過去（D）過去→未來→現在。〔82保二專〕

（C）22.下列何者不是輔導幼兒繪畫的正確方法？（A）提供幼兒紙筆滿足其塗鴉的慾望（B）增進幼兒生活體驗（C）活動中大量使用著色畫冊（D）供給幼兒豐富的視覺刺激物。〔83保夜二專〕

（A）23.幼兒繪畫的塗鴉期，通常是在哪個年齡階段？（A）1歲半至2歲半（B）1歲至3歲（C）2歲半至4歲（D）2歲至3歲半。〔83保甄〕

（B）24.將兩團等量的黏土分別揉成細長型與粗短型，幼兒會以為細長型的黏土較短型黏土多，顯示尚未發展下列那種保留概念？（A）數目（B）質量（C）形狀（D）體積。〔80幼教學分班〕

（B）25.（A）重量（B）數量（C）容量（D）形狀　哪一個是幼兒最早出現的保留概念？〔80北公幼〕

（A）26.幼兒顏色概念發展的順序為（A）紅→黃→藍→綠（B）紅→綠→藍→黃（C）綠→黃→紅→藍（D）綠→紅→黃→藍。〔83保二專〕

（A）27.4到6歲左右的幼兒，其繪畫由塗鴉漸轉變為心象符號表現，此期稱為（A）前圖式期（B）錯畫期（C）想像期（D）圖式期。〔83保甄〕

（B）28.幼兒畫條直線說「這是火車」表示已進入繪畫發展的（A）塗鴉期（B）象徵期（C）前圖式期（D）圖式期。〔83北公幼〕

（A）29.幼兒的保留概念隨年齡的增長而發展，其最初呈現的保留概念為（A）數量（B）容量（C）重量（D）面積。〔79幼教學分班〕

part II 圖畫

（A）1.教師問幼兒：「一個水桶有什麼用？」在一定時間內甲幼兒說出10種用途，乙幼兒說出6種用途，表示甲幼兒在創造力的哪一方面優於乙幼兒？（A）流暢性（B）敏感性（C）獨創性（D）精進性。

（A）2.創造力與何者較有關？（A）右腦（B）左腦（C）左右腦一樣（D）與左右腦無關。〔82幼專〕

（B）3.下列敘述何者正確？（A）智力和創造力受遺傳因素影響甚大（B）創造力高者必須具有中等以上智力（C）創造力高的兒童，從眾行為多（D）創造力和智力是同義字。〔84日專〕

（D）4.下列何種玩具較能讓幼兒充分發揮創造力？（A）拼圖（B）大富翁（C）遙控汽車（D）積木。〔84日專〕

（C）5.輔導幼兒創造力的方法，下列何者不正確？（A）提供豐富的感官經驗（B）激發幼兒的想像力（C）強調考試成績的重要（D）尊重幼兒的觀念與潛能。〔84保夜專〕

（D）6.「舉一反三」顯示創造力特質中的（A）獨創性（B）精進性（C）流暢性（D）變通性。〔84保甄〕

（B）7.幼兒在一定時間內，能對某事務的用途或觀點作較多的聯想，代表何種意義？（A）變通力高（B）流暢力高（C）獨創力高（D）精進力高。〔84日專〕

（D）8.下列何者不是創造性和發問技巧？（A）假如你是一隻鳥，想飛到哪些地方？（B）汽車和火車有什麼不一樣？（C）下雨時若沒有雨傘，可用什麼代替？（D）西瓜可以在冬天吃嗎？〔84日專〕

（B）9.教師問幼兒「小水桶有什麼用途？」甲幼兒回答「當玩具、當帽子、當花盆、當椅子」。乙幼兒回答：「裝水、裝土、裝玩具、裝糖果。」若依據托倫斯（Torrance）創造力思考測驗，則甲幼兒的何種特質優於乙幼兒？（A）流暢性（B）變通性（C）敏覺力（D）歸納性。〔85日專〕

（D）10.盪→盪秋千→千→牽牛花→花→花蝴蝶……。請問這首兒歌具有創造性的哪一種特性？（A）精進性（B）獨創性（C）變通性（D）流暢性。〔85中夜專〕

（A）11.下列何者不是創造思考的特性？（A）辨別（B）敏覺（C）精進（D）流暢。〔85日專〕

（C）12.「將兩項事物、觀念或人物作直接比較，以產生新觀念」，是屬於

創造性發問技巧的哪一種？（A）列舉（B）替代（C）類推（D）假設。

（B）13. 下列何者不是輔導幼兒創造力發展的原則？（A）鼓勵幼兒提出任何意見及想法（B）採權威式的管理（C）教學遊戲化（D）提供幼兒豐富的感官經驗。〔85南夜專〕

（A）14. 關於創造力的敘述，何者不正確？（A）創造力是聚斂性思考能力（B）幼兒若能「舉一反三」則其變通性大（C）幼兒會想像動物作玩伴，這是創造力的表現之一（D）智商高者未必具有高的創造力。〔85南夜專〕

（A）15. 下列對智力與創造力兩者的說明，何者有誤？（A）智力特高者必具有特高的創造力（B）智力的可變性小，創造力的可變性大（C）智力受遺傳因素的影響較大，創造力受環境因素的影響較大（D）創造力可經由教育的方式培養。〔86南夜專〕

（A）16. 下列何種問話，屬於創造性發問技巧？（A）「杯子除了用來喝水外，還可以做什麼？」（B）「紅紅屁股，愛爬樹的是哪一種動物？」（C）「什麼顏色的燈亮了，才能過馬路？」（D）「桌子和椅子有什麼不同？」〔86日專〕

（B）17. 幼兒在畫「我的爸爸」時，把爸爸裝飾得很豐富，打領帶、戴眼鏡、戴金錶……等，此種現象是表達幼兒在創造力特質中的（A）流暢性（B）精進性（C）獨創性（D）變通性。〔86保甄〕

（C）18. 下列何種玩具最能促進幼兒聚斂性的思考？（A）積木（B）黏土（C）拼圖（D）布娃娃。〔86日專〕

（B）19. 幼兒回答曬衣架（鐵線製）的用途，下列答案何者可見其「變通性」最大？（A）「掛毛巾、掛褲子、掛衣服、掛襪子」（B）「掛毛巾、綁東西、趕小狗、做成人型」（C）「掛衣服、做成星星、做成花朵、綁東西」（D）「掛衣服、掛毛巾、勾糖果、勾玩具」。〔88北夜專〕

（B）20. 有關智力與創造力的描述，下列何者不正確？（A）一般而言，智力與學業成績有正相關（B）智力特高者，未必具有特高的創造力（C）創造力高者，智力多為中上者（D）智力比創造力受環境因

素影響更大。〔88北夜專〕

（B）21.關於創造力的敘述，下列何者正確？（A）智力高的人其創造力一定較高（B）創造力高者其智力亦高（C）創造力是來自遺傳（D）創造力不可能無中生有，必先獲取足夠的知識。〔88中夜專〕

（D）22.下列敘述描述智力與創造力的關係，何者有誤？（A）智力與創造力是兩種不同的能力（B）智商與創造力並非同義字（C）高智力者未必具有高的創造力（D）智力與創造力完全無關。
〔87保甄〕

（A）23.兩位幼兒比單字聯想遊戲，在三分鐘內，甲幼兒想出的字詞比乙幼兒多，表示甲幼兒在托倫斯的創造思考測驗中的哪一方面優於乙幼兒？（A）流暢性（B）敏覺性（C）獨創性（D）精進性。
〔87日專〕

（C）24.為培養幼兒的創造力，教師應（A）多讓幼兒使用坊間創意美勞習作本（B）多做不同的造型讓幼兒模仿（C）鼓勵幼兒利用日常生活剩餘物質，讓幼兒自由發揮想像與創造（D）多購買昂貴的美勞材料供幼兒使用。〔88保甄〕

（D）25.3歲的偉偉告訴友伴說：「聖誕老公公到過我們家耶！」此現象是何種創造力的表現方式？（A）假想玩伴（B）建構遊戲（C）泛靈論（D）想像謊言。〔87北夜專〕

（C）26.下列何者是開放性的發問？（A）蘋果好吃嗎？（B）喜歡去動物園，還是兒童樂園？（C）遇到地震時怎麼辦？（D）你愛穿紅色的衣服嗎？〔87北夜專〕

（C）27.下列何種行為，顯示幼兒真正有數學的概念？（A）能順序唱數1至10（B）能辨認1至10的數字（C）能一一計數實物說出其總數（D）能寫出1至10的數字。〔83保甄〕

（C）28.幼兒塗鴉發展的順序為（A）點錯畫→橫線錯畫→圓形錯畫→波浪形錯畫→錯綜混合錯畫（B）點錯畫→橫線錯畫→波浪形錯畫→縱線錯畫→圓形錯畫→錯綜混合錯畫（C）點錯畫→橫線錯畫→縱線錯畫→波浪形錯畫→圓形錯畫→錯綜混合錯畫（D）點錯畫→縱線錯畫→橫線錯畫→圓形錯畫→波浪形錯畫→錯綜混合錯畫。

（D）29.幼兒繪畫能力時期的發展，依照順序為（A）塗鴉期－象徵期－圖式期－寫實期（B）象徵期－塗鴉期－寫實期－圖式期（C）象徵期－塗鴉期－圖式期－寫實期（D）塗鴉期－圖式期－象徵期。〔84普保育〕

（B）30.下列何者為4至6歲幼兒繪圖能力的發展時期？（A）塗鴉期（B）圖式期（C）寫實期（D）象徵期。〔84普保育〕

（B）31.下列何者不是幼兒展現創作的方法？（A）白日夢（B）著色畫（C）戲劇性遊戲（D）建構性遊戲。〔83保二專〕

（C）32.下列何者較能培養幼兒學習興趣、啓發幼兒的創造思考能力？（A）電影、電視（B）模型標本（C）沙箱沙盤（D）實物圖片。〔80幼專〕

（A）33.下列敘述何者錯誤？（A）創造力和智力成正比（B）創造力可經由教育的方式啓發（C）想像的伴侶為幼兒創造的表現方式之一（D）一般人都具有創造潛力。〔83保夜專〕

（C）34.幼兒的創造力發展曲線是隨年齡而如何？（A）上昇（B）下降（C）有時上昇有時下降（D）呈水平狀態。〔83保夜專〕

（A）35.在創造力思考的教學法中，輔導幼兒產生很多聯想或觀念，是針對那一種創造的特質？（A）流暢性（B）普通性（C）獨創性（D）精進性。〔82保甄〕

（A）36.在創造力發展的特性中，聯想或觀念的數量很多，是指（A）流暢性（B）變通性（C）獨創性（D）精進性。〔82幼專〕

（D）37.某問題的反應為：答案的量很多，內容很平凡，但在細節上描述得很仔細。則他的創造力特質為：（A）高流暢性，低獨創性，低變通性（B）高變通性，高獨創性，高精進性（C）高流暢性，低變通性，低精進性（D）高流暢性，低獨創性，高精進性。〔83保二專〕

（C）38.要觀察幼兒的創造力，可從幼兒思考能力的哪四個特質去著手？（A）流暢性變通性獨創性及統整性（B）持續性、變通性、獨創性及統整性（C）流暢性、變通性、獨創性及精進性（D）結構

性、變通性、獨創性及持續性。〔82保二專〕

part III 遊戲

（C）1.下列何者是開放性的發問？（A）蘋果好吃嗎？（B）喜歡去動物園，還是兒童樂園？（C）遇到地震時怎麼辦？（D）你愛穿紅色的衣服嗎？〔87北夜專〕

（B）2.幼兒回答曬衣架（鐵線製）的用途，下列答案何者可見其「變通性」最大？（A）「掛毛巾、掛褲子、掛衣服、掛襪子」（B）「掛毛巾、綁東西、趕小狗、做成人型」（C）「掛衣服、做成星星、做成花朵、綁東西」（D）「掛衣服、掛毛巾、勾糖果、勾玩具」。
〔88北夜專〕

（D）3.有關智力與創造力的描述，下列何者不正確？（A）一般而言，智力與學業成績有正相關（B）智力特高者，未必具有特高的創造力（C）創造高者，智力多為中上者（D）智力比創造力受環境因素影響更大。〔88北夜專〕

（B）4.關於創造力的敘述，下列何者正確？（A）智力高的人其創造力一定較高（B）創造力高者其智力亦高（C）創造力是來自遺傳（D）創造力不可能無中生有，必先獲取足夠的知識。〔88中夜專〕

（D）5.下列敘述描述智力與創造力的關係，何者有誤？（A）智力與創造力是兩種不同的能力（B）智商與創造力並非同義字（C）高智力者未必具有高的創造力（D）智力與創造力完全無關。〔87保甄〕

（A）6.兩位幼兒比單字聯想遊戲，在三分鐘內，甲幼兒想出的字詞比乙幼兒多，表示甲幼兒在托倫斯的創造思考測驗中的哪一方面優於乙幼兒？（A）流暢性（B）敏覺性（C）獨創性（D）精進性。
〔87日專〕

（C）7.為培養幼兒的創造力，教師應（A）多讓幼兒使用坊間創意美勞習作本（B）多做不同的造型讓幼兒模仿（C）鼓勵幼兒利用日常生活剩餘物質，讓幼兒自由發揮想像與創造（D）多購買昂貴的美勞材料供幼兒使用。〔88保甄〕

（D）8. 3歲的偉偉告訴友伴說：「聖誕老公公到過我們家耶！」此現象是何種創造力的表現方式？（A）假想玩伴（B）建構遊戲（C）泛靈論（D）想像謊言。〔87北夜專〕

（D）9. 盪→盪秋千→千→牽牛花→花→花蝴蝶……。請問這首兒歌具有創造性的哪一種特性？（A）精進性（B）獨創性（C）變通性（D）流暢性。〔85中夜專〕

（A）10.下列何者不是創造思考的特性？（A）辨別（B）敏覺（C）精進（D）流暢。〔85日專〕

（C）11.「將兩項事物、觀念或人物作直接比較，以產生新觀念」，是屬於創造性發問技巧的哪一種？（A）列舉（B）替代（C）類推（D）假設。.

（B）12.下列何者不是輔導幼兒創造力發展的原則？（A）鼓勵幼兒提出任何意見及想法（B）採權威式的管理（C）教學遊戲化（D）提供幼兒豐富的感官經驗。〔85南夜專〕

（A）13.關於創造力的敘述，何者不正確？（A）創造力是聚斂性思考能力（B）幼兒若能「舉一反三」則其變通性大（C）幼兒會想像動物作玩伴，這是創造力的表現之一（D）智商高者未必具有高的創造力。〔85南夜專〕

（A）14.下列對智力與創造力兩者的說明，何者有誤？（A）智力特高者必具有特高的創造力（B）智力的可變性小，創造力的可變性大（C）智力受遺傳因素的影響較大，創造力受環境因素的影響較大（D）創造力可經由教育的方式培養。〔86南夜專〕

（A）15.下列何種問話，屬於創造性發問技巧？（A）「杯子除了用來喝水外，還可以做什麼？」（B）「紅紅屁股，愛爬樹的是哪一種動物？」（C）「什麼顏色的燈亮了，才能過馬路？」（D）「桌子和椅子有什麼不同？」〔86日專〕

（B）16.幼兒在畫「我的爸爸」時，把爸爸裝飾得很豐富，打領帶、戴眼鏡、戴金錶……等，此種現象是表達幼兒在創造力特質中的（A）流暢性（B）精進性（C）獨創性（D）變通性。〔86保甄〕

（C）17.下列何種玩具最能促進幼兒聚斂性的思考？（A）積木（B）黏土

（C）拼圖（D）布娃娃。〔86日專〕

（A）18.教師問幼兒：「一個水桶有什麼用？」，在一定時間內甲幼兒說出10種用途，乙幼兒說出6種用途，表示甲幼兒在創造力的那一方面優於乙幼兒？（A）流暢性（B）敏感性（C）獨創性（D）精進性。〔83保夜專〕

（A）19.創造力與何者較有關？（A）右腦（B）左腦（C）左右腦一樣（D）與左右腦無關。〔82幼專〕

（B）20.下列敘述何者正確？（A）智力和創造力受遺傳因素影響甚大（B）創造力高者必須具有中等以上智力（C）創造力高的兒童，從眾行為多（D）創造力和智力是同義字。〔84日專〕

（D）21.下列何種玩具較能讓幼兒充分發揮創造力？（A）拼圖（B）大富翁（C）遙控汽車（D）積木。〔84日專〕

（C）22.輔導幼兒創造力的方法，下列何種不正確？（A）提供豐富感官經驗（B）激發幼兒的想像力（C）強調考試成績的重要（D）尊動幼兒的觀念與潛能。〔82保二專〕

（D）23.「舉一反三」顯示創造力特質中的（A）獨創性（B）精進性（C）流暢性（D）變通性。〔84保甄〕

（B）24.幼兒在一定時間內，能對某事物的用途或觀點做較多的聯想，代表何種意義？（A）變通力高（B）流暢力高（C）獨創力高（D）精進力高。〔84日專〕

（D）25.下列何者不是創造性和發問技巧？（A）假如你是一隻鳥，想飛到那些地方？（B）汽車和火車有什麼不一樣？（C）下雨時若沒有雨傘，可用什麼代替？（D）西瓜可以在冬天吃嗎？〔84日專〕

（B）26.教師問幼兒「小水桶有什麼用途？」甲幼兒回答「當玩具、當帽子、當花盆、當椅子」。乙幼兒回答：「裝水、裝土、裝玩具、裝糖果。」若依據托倫斯創造力思考測驗，則甲幼兒的何種特質優於乙幼兒？（A）流暢性（B）變通性（C）敏覺力（D）歸納性。〔85日專〕

第四單元　測驗評量

（B）1.下列何者不是遊戲的特徵（A）內發的動機（B）著重結果不重過程（C）主動參與（D）一再重複。〔84普保〕

（C）2.兒童遊戲發展的順序如何？（A）單獨遊戲→平行遊戲→團體遊戲→聯合遊戲（B）單獨遊戲→聯合遊戲→平行遊戲→團體遊戲（C）單獨遊戲→平行遊戲→聯合遊戲→團體遊戲（D）單獨遊戲→團體遊戲→平行遊戲→聯合遊戲。〔81普保育〕

（C）3.幼兒群性行為的發展，其順序如何？（A）獨自遊戲－平行遊戲－團體遊戲－旁觀（B）獨自遊戲－旁觀－團體遊戲－平行遊戲（C）獨自遊戲－旁觀－平行遊戲－團體遊戲（D）獨自遊戲－團體遊戲－旁觀－平行遊戲。〔83普保〕

（C）4.嬰兒期遊戲的特徵可稱為（A）模仿遊戲（B）想像遊戲（C）練習遊戲（D）建構遊戲。〔85普保〕

（C）5.讓幼兒閉目摸索聽音找人的遊戲是屬於（A）表演遊戲（B）模仿遊戲（C）感覺遊戲（D）律動遊戲。〔82普保育〕

（A）6.幼兒反覆地抓取東西或無目的地操弄玩具，是屬於哪一種類遊戲？（A）功能遊戲（B）建構遊戲（C）象徵遊戲（D）規則遊戲。〔82幼二專〕

（A）7.幼兒的遊戲比較不強調（A）比賽勝負（B）和同伴合作（C）安全舒適（D）生活經驗。〔83北公幼〕

（D）8.下列何者不是輔導幼兒遊戲的方法？（A）讓幼兒自行地玩（B）使每個幼兒都有參與遊戲的機會（C）當幼兒重複遊戲時，不要干預（D）教導玩法直到幼兒完全做對。〔83普保育〕

（A）9.何項遊戲最有助於創造力的發展？（A）戲劇性遊戲（B）規則性遊戲（C）認知性遊戲（D）操縱性遊戲。〔83普保育〕

（D）10.下列哪一個敘述是有關兒童遊戲的錯誤輔導方式？（A）不要干涉孩子的玩法（B）最好讓孩子重複玩，以熟練動作技巧（C）不苛求玩法多予鼓勵（D）要求孩子穿著整齊，不要弄髒。

（A）11. 1平行遊戲2聯合遊戲3合作遊戲，其發展依次應為（A）123（B）

132（C）321（D）312。〔80幼教系〕

（B）12.兩位兒童在一起，空間上的距離很近，各人玩各人的玩具，兩者間沒有溝通，這種遊戲稱（A）單獨遊戲（B）平行遊戲（C）合作遊戲（D）以上皆非。〔81幼教系〕

（B）13.幼兒對玩具的喜好與其年齡成（A）反比（B）正比（C）沒有差異（D）因個別差異而不同。〔76保甄〕

（A）14.下列何種遊戲活動，是幼兒最初期的社會行為發展型態（A）聯合遊戲（B）獨立遊戲（C）規則遊戲（D）合作遊戲。

〔79幼教學分班〕

（A）15.根據皮亞傑的說法，隨兒童認知能力之增進，遊戲型態亦有所不同，其發展的次序為（A）練習遊戲或功能遊戲→象徵遊戲→規則遊戲（B）象徵遊戲→練習遊戲→規則遊戲（C）規則遊戲→象徵遊戲→練習遊戲（D）象徵遊戲→規則遊戲→練習遊戲。〔80幼教系〕

（D）16.下列哪一種玩具是無結構玩具？（A）洋娃娃（B）玩具汽車（C）動物模型（D）智高。〔80幼教系〕

（A）17.象徵性遊戲的最高發展方式為（A）社會劇遊戲（B）平行遊戲（C）聯合遊戲（D）獨立遊戲。〔83保二夜〕

（D）18.下述何者不是社會化行為的特徵？（A）行為被社會所接納（B）能扮演適當的社會角色（C）對人與社會活動有良好的態度（D）易受社會刻板印象影響。〔82保二專〕

（A）19.幼兒遊戲的發展過程，第一個階段是（A）獨自遊玩（B）旁觀（C）平行遊戲（D）團體遊戲。〔81台公幼〕

（C）20.規則遊戲何時為普遍？（A）3歲（B）5歲（C）7歲（D）9歲。〔85普保〕

（D）21.下列哪一項不是塑膠插拼積木的功能？（A）啟發想像與創造能力（B）增進手眼協調能力（C）培養組合建構能力（D）訓練敏感反應能力。〔80幼二專〕

（D）22.下列敘述何者正確？兒童遊戲（A）是孩子學習的媒介應確定目標（B）遊戲結構需完整有組織（C）成人可隨時介入孩子的遊

戲,使其內容更豐富（D）遊戲可以是沒有結構的。〔81幼教系〕

（B）23.家長為幼兒選擇玩具時,首先應考慮的問題是（A）經濟性（B）安全性（C）幼兒性別（D）功能性。〔78高公幼〕

（A）24.對4歲的幼兒而言,最常見的玩具或遊戲是（A）跳房子（B）陀螺（C）縫紉（D）以上皆非。〔82幼學分班〕

（A）25.經台灣玩具工會檢查合格的玩具,在包裝上都印有（A）ST（B）SP（C）SU（D）SF的標誌。〔78高公幼〕

（A）26.幼兒間共同從事類似或相同的遊戲活動,彼此互相聯繫關照,此種遊戲型態為（A）聯合遊戲（B）平行遊戲（C）合作遊戲（D）獨立遊戲。〔83保二專〕

（C）27.3、4歲的小班幼兒,較不會出現哪一類遊戲?（A）功能遊戲（B）建構遊戲（C）規則遊戲（D）象徵遊戲。〔83保甄〕

（D）28.某幼兒無意中發現搖動繫在風鈴上的繩子便可聽到叮叮聲,他感到很有趣,於是便一直重複去拉繩子,此種遊戲稱為（A）象徵性遊戲（B）建構性遊戲（C）平行遊戲（D）功能性遊戲。〔83保二專〕

（A）29.幼兒遊戲活動中可發現其社會行為的發展次序為（A）獨立遊戲早於合作遊戲（B）合作遊戲早於獨立遊戲（C）兩者同時發展（D）因人而異不一定。〔79台公幼〕

（D）30.下列何者社會遊戲類型最不成熟?（A）平行遊戲（B）合作遊戲（C）聯合遊戲（D）獨自遊戲。〔80公幼〕

（A）31.幼兒在哪個角落最容易表現出團體遊戲（A）積木角（B）語文角（C）工作角（D）科學角。〔80幼教系〕

（C）32.哪一種遊戲包括角色扮演,假裝物品,假裝動作和情境,至少有兩位遊戲者,有主題並持續十分鐘以上（A）建構遊戲（B）假扮遊戲（C）社會劇遊戲（D）模仿遊戲。〔80幼教系〕

（D）33.二、三個幼兒童在小肌肉操作區玩,但各玩各的,彼此間沒有互動關係存在,是屬於何種遊戲?（A）合作遊戲（B）聯合遊戲（C）獨自遊戲（D）平行遊戲。〔82幼二專〕

（D）34.幼兒能夠與玩伴一起玩合作性遊戲,是在幾歲以後?（A）2歲

（B）3歲（C）4歲（D）5歲。〔82保二專〕

（C）35.由多數幼兒共同扮演社會角色，並落入人際互動，語言溝通，社會規範的一種戲劇性遊戲是屬於（A）功能性遊戲（B）建構性遊戲（C）象徵性遊戲（D）有規則的競賽遊戲。〔82保二專〕

（D）36.貓捉老鼠是屬於下列哪一種遊戲行為（A）練習性遊戲（B）建構性遊戲（C）想像性遊戲（D）規則性遊戲。〔78高公幼〕

（B）37.遊戲在幼兒幾歲時有著重要的作用，具有自我教育和自我治療的作用，所以亦稱遊戲期（A）2～3歲（B）4～5歲（C）5～7歲（D）8～9歲。〔80幼教系〕

（C）38.兒童遊戲進入有嚴密規則、有組織，而且是團體方式的活動是在哪一時期（A）感覺動作期（B）運思前期（C）具體運思期（D）形式運思期。〔85特考〕

（D）39.哪一種遊戲適宜年齡較大的兒童？（A）模仿遊戲（B）角色扮演（C）造型遊戲（D）競爭比賽遊戲。〔80幼教系〕

（B）40.下列有關遊戲的敘述，何者正確？（A）遊戲有非常明顯的定義（B）聯合遊戲較平行遊戲呈現更多的社會互動（C）遊戲對幼兒的學習沒有幫助（D）獨自遊戲對幼兒的發展沒有助益。〔79幼二專〕

（D）41.幼兒認知性遊戲的發展，最後出現在哪一類遊戲？（A）功能遊戲（B）建構遊戲（C）象徵遊戲（D）規則遊戲。〔82幼二專〕

（C）42.目前台灣地區安全玩具（Safety Toy）的英文代號是（A）SD（B）SE（C）ST（D）SV。〔85普保〕

（A）43.嬰幼兒最早的遊戲類別是哪一類？（A）感覺動作遊戲（B）扮演遊戲（C）規則遊戲（D）建構遊戲。〔85普保〕

（B）44.有關遊戲特性的描述，何者是錯的？（A）重複性（B）被動性（C）創造性（D）快樂性。〔85普保〕

（D）45.下列哪項不是遊戲的教育價值？（A）增進兒童身心健康（B）啓發兒童想像力（C）助長兒童智力發展（D）發洩兒童精力。

（B）46.「創造力高的人其智力也高」這句話的敘述是（A）正確的（B）不正確的（C）不知道正確與否。〔78高公幼〕

（A）47.在創造思考的教學法中，輔導幼兒產生很多聯想或觀念，是針對哪一種創造的特質？（A）流暢性（B）普通性（C）獨創性（D）精進性。〔82保甄〕

（B）48.下列何者能啓發幼兒創造力與想像力？（A）仿繪圖形（B）自由造形（C）塗色畫（D）以上皆非。〔81北公幼〕

（B）49.下列何者能培養幼兒學習興趣，啓發幼兒的創造思考能力？（A）電影、電視（B）模型標本（C）沙箱、沙盤（D）實物圖片。〔80幼二專〕

（B）50.針對問題所提供的答案，能夠描述詳細，刻畫入微，此為創造性的何項特性？（A）流暢性（B）精進性（C）獨創性（D）變通性。〔83四技二專〕

（A）51.下列敘述何者有誤？（A）創造力和智力成正比（B）創造力可經由教育的方式啓發（C）想像的伴侶為幼兒創造力的表現方式之一（D）一般人都具有創造力。〔83四技二專〕

（A）52.在一定的時期內，產生的觀念愈多，叫做思考的（A）流暢性（B）變通性（C）獨特性（D）精進性。〔84普保育〕

（A）53.教師問幼兒「一個水桶有什麼用？」在一定的時間內，甲幼兒說出十種用途，乙幼兒說出六種用途，表示甲幼兒創造力的哪一方面優於乙幼兒？（A）流暢性（B）敏感性（C）獨創性（D）精進性。〔83四技二專〕

（A）54.老師與幼兒討論水果時，下列何者是開放式的發問？（A）你最喜歡吃什麼水果？為什麼呢？（B）葡萄是什麼顏色？（C）比比看，哪一個西瓜最大？（D）你覺得甘蔗好不好呢？〔84保甄〕

（D）55.「舉一反三」顯示創造力特質中的（A）獨創性（B）精進性（C）流暢性（D）變通性。〔84保甄〕

（D）56.某幼兒對問題的反應為：答案量很多，內容很平凡，但在細節上描述的很仔細，則他的創造力特質為（A）高流暢性，低獨特性，低變通性，（B）高變通性，高獨創性，高精進性（C）高流暢性，低變通性，低精進性（D）高流暢性，低獨創性，高精進性。〔83四技二專〕

（B）57.下列何者不是幼兒展現創作力的方式？（A）白日夢（B）著色畫（C）戲劇性遊戲（D）建構性遊戲。〔83四技二專〕

（A）58.下列何者不是創造思考的特性？（A）記憶性（B）變通性（C）獨創性（D）流暢性。〔82幼二專〕

（A）59.創造與何者較有關？（A）右腦（B）左腦（C）左右腦一樣（D）與左右腦無關。〔82幼二專〕

（C）60.教師採用創造思考的發問技巧時，應注意何項原則？（A）使用的語句應稍難（B）應限制允許學生反應的時間（C）能接納學生不同的意見（D）對獨特的回答，應予負增強。〔84夜二專〕

（B）61.幼兒會將紙上許多圓圈圈畫成各種不同類別的圖形，試問這一位幼兒在那方面的創造力很高？（A）流暢性（B）變通性（C）獨創性（D）精密性。〔84普保育〕

（C）62.幼兒的創造力發展曲線是隨年齡而如何？（A）上昇（B）下降（C）有時上昇有時下降（D）呈水平狀態。〔82保甄〕

（D）63.下列何者非富創造之幼兒特徵（A）不擅於自我控制（B）情感易放散（C）從眾行為較少（D）興趣不廣泛。

（D）64.下列哪一項不是塑膠插拼積木的功能？（A）啓發想像與創造能力（B）增進手眼協調能力（C）培養組合建構能力（D）訓練敏感反應能力。〔80幼專〕

（B）65.下列有關遊戲的敘述，何者為正確？（A）遊戲有非常明顯的定義（B）聯合遊戲較平行遊戲呈現更多的社會互動（C）遊戲對幼兒的學習沒有多大的幫助（D）獨自遊戲對幼兒的發展沒有助益。〔79幼專〕

（C）66.3、4歲的小班幼兒，較不會出現哪一類遊戲？（A）功能遊戲（B）建構遊戲（C）規則遊戲（D）象徵遊戲。〔83保甄〕

（A）67.下列哪一類玩具，較不常引發幼兒一起玩團體遊戲？（A）穿珠子（B）積木（C）沙（D）扮家家。〔83保甄〕

（C）68.下列關於幼兒概念的敘述，何者錯誤？（A）其發展遵循一個預知的模式（B）其發展由籠統到分化（C）其發展由一般到特殊（D）一旦形成就不易改變。〔83保二專〕

（D）69.下述何者不是幼兒產生攻擊行為的主要原因？（A）挫折（B）無法直接對討厭的人發怒（C）模仿成人或其他兒童的攻擊行為（D）沒有玩伴。〔82保二專〕

（D）70.下述何者不是社會化行為的特徵？（A）行為被社會所接納（B）能扮演適當的社會角色（C）對人與社會活動有良好的態度（D）易受社會刻板印象影響。〔82保二專〕

（C）71.下列哪一項是不安全的玩具汽車？（A）木製汽車（B）塑膠汽車（C）油漆木製汽車（D）厚紙製汽車。〔83保甄〕

（D）72.二、三個幼兒童在小肌肉操作區玩，但各玩各的，彼此間沒有互動關係存在，是屬何種遊戲？（A）合作遊戲（B）聯合遊戲（C）獨自遊戲（D）平行遊戲。〔82幼專〕

（A）73.幼稚園幼兒的攻擊行為，以下列哪一種行為表現較多？（A）身體的攻擊（B）語言的攻擊（C）敵意的攻擊（D）侮辱的攻擊。〔82幼專〕

（D）74.幼兒能夠與玩伴一起玩合作性遊戲，是在幾歲之後？（A）2歲（B）3歲（C）4歲（D）5歲。〔82保二專〕

（A）75.幼兒反覆抓取東西或無目的地操弄玩具，是屬於哪一類遊戲？（A）功能遊戲（B）建構遊戲（C）象徵遊戲（D）規則遊戲。〔83保甄〕

（C）76.「社會計量法」（Sociometry）可用來瞭解幼兒的哪一種行為發展？（A）社會認知（B）道德判斷（C）社會技巧（D）性別角色。〔82幼專〕

（D）77.甲、乙兩幼兒童在一個活動室中遊戲，甲幼兒玩積木，乙幼兒玩拼圖，兩人自言自語，彼此間沒有互動。此種遊戲型態為（A）合作遊戲（B）聯合遊戲（C）平行遊戲（D）獨立遊戲。〔83保夜專〕

（D）78.幼兒認知性遊戲的發展，最後出現哪一類遊戲？（A）功能遊戲（B）建構遊戲（C）象徵遊戲（D）規則遊戲。〔82幼專〕

（A）79.幼兒間共同從事類似或相同的遊戲活動，彼此互相連繫關照，此種遊戲型態為（A）聯合遊戲（B）平行遊戲（C）合作遊戲（D）

獨立遊戲。〔83保夜專〕

（C）80.由多數幼兒共同扮演社會角色，並融入了人際互動、語言溝通、
社會規範的一種戲劇性遊戲是屬於（A）功能性遊戲（B）建構性
遊戲（C）象徵性遊戲（D）有規則的競賽遊戲。〔82保二專〕

（B）81.兩位幼兒遊戲時，彼此之間有互動，而沒有共同的目標，稱之為
（A）平行遊戲（B）聯合遊戲（C）合作遊戲（D）共同遊戲。
〔83保甄〕

（A）82.象徵性遊戲的最高發展方式為（A）社會性遊戲（B）平行遊戲
（C）聯合遊戲（D）獨立遊戲。〔83保夜專〕

（A）83.小芳和小文常在一起玩「扮家家酒」，請問這是幼兒表現創造力的
哪一種方式？（A）戲劇性遊戲（B）建構性遊戲（C）白日夢
（D）假想的玩伴。〔84保夜專〕

（A）84.幼兒遊戲的方式隨著年齡而改變，其發展順序是（A）獨自→平
行→聯合→合作（B）平行→獨自→聯合→合作（C）獨自→平行
→合作→聯合（D）平行→獨自→合作→聯合遊戲。〔84保甄〕

（D）85.選購玩具時，下列何者最不需考慮？（A）是否附有ST標誌（B）
是否符合幼兒發展需要及能力（C）是否符合經濟原則（D）是否
符合流行趨勢。〔84日專〕

（C）86.小明在積木角以積木搭建高速公路，小華和小英在一旁利用積木
玩扮家家酒，則依據帕登（Parten）的社會性遊戲分類，小明的遊
戲行為屬於下列何者？（A）功能遊戲（B）建構遊戲（C）平行
遊戲（D）合作遊戲。〔84日專〕

（A）87.研究幼兒的遊戲，最基本的方法為（A）自然觀察法（B）實驗法
（C）訪視法（D）討論法。〔84保夜專〕

（B）88.幼兒玩三子棋或五子棋，是屬於（A）戲劇遊戲（B）規則遊戲
（C）建構遊戲（D）功能遊戲。〔84保甄〕

（A）89.幼兒玩沙場、繪畫、堆積木等，是屬於（A）建構性遊戲（B）感
覺遊戲（C）模仿遊戲（D）運動遊戲。〔84保夜專〕

（A）90.父母或教師輔導幼兒遊戲的方法，下列何者為誤？（A）應該在
旁隨時指導幼兒，糾正幼兒錯誤的玩法（B）應該和幼兒打成一

片，和幼兒一起遊戲（C）鼓勵幼兒多與友伴一起遊戲（D）遊戲
須適合幼兒能力，避免幼兒常在遊戲中遭受挫敗。〔84保甄〕

（B）91.下列何者爲社會行爲的發軔期？（A）嬰兒期（B）幼兒期（C）
兒童期（D）青春期。〔84日專〕

（B）92.關於戶外活動對幼兒的價值，下列敘述何者有誤？（A）發展大小
肌肉（B）日光可使人體製造維生素E，有助骨骼的發展（C）發
洩精力、紓解情緒（D）提供不同學習經驗。〔84日專〕

（B）93.幼兒象徵性遊戲（亦稱戲劇性遊戲）的高峰出現於皮亞傑認知發
展階段中的（A）感覺動作期（B）運思預備期（C）具體運思期
（D）形式運思期。〔84保甄〕

（B）94.幼兒透過父母而與其他人們之接觸，與別人相處時所表現的行爲
便稱爲（A）自然行爲（B）社會行爲（C）接觸行爲（D）學習
行爲。〔84保夜專〕

（A）95.在娃娃家中，甲幼兒操弄玩具電話，乙幼兒拿著長型積木當電
話，若依據皮亞傑對遊戲的分類，這兩位幼兒正進行下列何種遊
戲？（A）甲：練習遊戲，乙：象徵性遊戲（B）甲：象徵性遊
戲，乙：練習性遊戲（C）甲：平行遊戲，乙：練習性遊戲（D）
甲：象徵性遊戲，乙：平行遊戲。〔85日專〕

（C）96.下列何者屬於受容性遊戲？（A）玩黏土（B）溜滑梯（C）聽音
樂（D）畫圖。〔85保甄〕

（C）97.依據帕登對遊戲的分類，木頭人之遊戲，是下列何種遊戲？（A）
獨自遊戲（B）平行遊戲（C）聯合遊戲（D）規則遊戲。
〔85日專〕

（B）98. 5、6歲幼兒較常出現的遊戲型式爲（A）平行遊戲（B）合作遊戲
（C）聯合遊戲（D）雙人遊戲。〔85保甄〕

（D）99.幼兒攻擊行爲的發展最高峰是在（A）1歲半～2歲（B）2歲～3歲
（C）3歲～4歲（D）4歲～5歲。〔85南夜專〕

（B）100.幼兒遊戲有：甲、規則性遊戲；乙、建構性遊戲；丙、功能性遊
戲；丁、象徵性遊戲，依其發展的順序應爲（A）甲乙丙丁（B）
丙乙丁甲（C）乙丙丁甲（D）乙丙甲丁。〔85中夜專〕

（C）101. 3、4歲的幼兒遊戲時，會與其他幼兒有互動及交談，但遊戲並沒有共同目標，這是屬於遊戲的那一分期？（A）單獨遊戲（B）平行遊戲（C）聯合遊戲（D）合作遊戲。〔85保甄〕

（D）102. 3至4歲的幼兒，很少出現下列那一種遊戲行為？（A）單獨遊戲（B）平行遊戲（C）聯合遊戲（D）合作遊戲。〔85保甄〕

（B）103.一群幼兒捉迷藏，是屬於那一種遊戲？（A）戲劇遊戲（B）規則遊戲（C）練習遊戲（D）建構遊戲。〔85保甄〕

（C）104.輔導幼兒攻擊行為的方法，下列何者最適當？（A）攻擊行為造成別人嚴重傷害時，才處罰（B）處罰時應愈嚴厲愈好（C）告訴幼兒一個可遵循的標準（D）鼓勵幼兒勤練武藝，以免吃虧。〔85南夜專〕

（B）105.幼兒經由聽到紙張被撕破的聲音而感到快樂，是屬於哪一種遊戲類型？（A）運動遊戲（B）感覺遊戲（C）幻想遊戲（D）創造性遊戲。〔86日專〕

（B）106.如果想瞭解班上幼兒的攻擊行為，使用哪一種觀察法最適合？（A）時間取樣法（B）事件取樣法（C）日記法（D）樣本描述法。〔86日專〕

（B）107.關於在社會接納程度上屬於孤立者的敘述，下列何者錯誤？（A）藉由繪製「社會關係圖」，可以發現團體中沒有朋友的孤立者（B）早期比較孤立的人，長大以後都維持此一特徵（C）對團體活動及成員不感興趣，而自團體中退縮的孤立者，最容易被團體排斥（D）攻擊性強的幼兒，易成為被迫孤立者。〔86日專〕

（D）108.下列對遊戲行為的說明，何者正確？（A）象徵性遊戲是小學生的主要遊戲（B）平行遊戲的社會性遠不及單獨遊戲（C）三、四歲幼兒有較多的合作遊戲（D）嬰兒期遊戲大部分屬於練習性遊戲或感覺遊戲。〔86南夜專〕

（D）109.皮亞傑將幼兒的遊戲分成三類，其中象徵性遊戲最相似於（A）感覺遊戲（B）活動性遊戲（C）建構性遊戲（D）模仿性遊戲。〔86保甄〕

（D）110.下列哪一項物品，比較適合提供給1歲大的嬰兒當作玩具？（A）

自動鉛筆（B）蠟筆（C）拼圖（D）塑膠杯。〔86日專〕

（A）111.幼兒玩「大風吹」的活動，屬於下列哪一種遊戲？（A）規則遊戲（B）扮演遊戲（C）建構遊戲（D）功能遊戲。〔88北夜專〕

（D）112.對三歲幼兒而言，較不會出現哪一類型的遊戲？（A）獨自遊戲（B）平行遊戲（C）旁觀遊戲（D）規則遊戲。〔88中夜專〕

（B）113.下列對遊戲行為的說明，何者正確？（A）3、4歲的幼兒有較多合作遊戲（B）平行遊戲比單獨遊戲具社會化（C）只有2至3歲幼兒會單獨遊戲（D）象徵性遊戲是小學生的主要遊戲。
〔88南夜專〕

（D）114.為幼兒選擇安全合格的食品和玩具，各應有何種標誌？（A）MIT和ST（B）ST和MPT（C）ST和MIT（D）GMP和ST。
〔87北夜專〕

（C）115.幼兒經由群體薰陶與學習從「自然人」成為「社會人」的過程，稱為（A）進化（B）轉化（C）社會化（D）自然化。〔87保甄〕

（D）116.遊戲乃幼兒期人類發展的最高層次，因為遊戲是兒童自由表現自我之內在者。亦即呼應自我內在本質之必需，而表現於外在者。此遊戲理論是哪一位學者的主張？（A）薛雷爾（Schiller）（B）格羅斯（Groos）（C）阿布達頓（Applenton）（D）福祿貝爾（Frobel）。〔88保甄〕

（A）117.下列何種屬於受容性遊戲？（A）聽故事（B）騎木馬（C）堆積木（D）玩家家酒。〔88南夜專〕

（C）118.根據皮亞傑的遊戲分類，玩躲避球是屬於下列何者遊戲類型？（A）練習性遊戲（B）聯合性遊戲（C）規則性遊戲（D）合作性遊戲。〔87日專〕

（C）119.幼兒喜歡玩扮家家酒，例如，扮醫生、護士、病人或是商店老板、消費者等，常依他們的意思來決定象徵事物。這是屬於哪一種遊戲？（A）練習性遊戲（B）建構性遊戲（C）象徵性遊戲（D）規則性遊戲。〔88保甄〕

（D）120.下列何者不是選購兒童玩具的必要原則之一？（A）安全性（B）

符合兒童興趣（C）符合兒童發展的需求（D）天然材質。〔88保甄〕

（C）121.下列與幼兒遊戲有關的敘述，何者不適宜？（A）幼兒遊戲時弄髒衣服，不宜加以責備（B）幼兒遊戲完畢後，應要求幼兒把玩具歸位（C）經常在適當時間對幼兒的玩法提出建議（D）幼兒遊戲並不是浪費時間。〔87保甄〕

（C）122.關於「社交關係圖」（sociogram）的說明，何者正確？1.可以瞭解幼兒受歡迎的原因2.為評量幼兒社會地位的一種方法3.愈外圈者愈受同儕的排斥4.可以瞭解幼兒與成人的關係（A）123（B）13（C）23（D）234。〔87日專〕

（C）123.下列有關幼兒反抗行為的描述何者不正確？（A）幼兒反抗行為約開始於1歲半（B）意味幼兒已有了「自我」的意識（C）意志力正常的幼兒較少表現反抗行為（D）最常見的是反抗大人的權威。〔88北夜專〕

（D）124.輔導幼兒的反抗行為，下列方法，那一項最適宜？（A）反抗期會隨著幼兒的發展而過去，順從幼兒可以避免激烈的情緒（B）為求效率，可以直接命令幼兒順從（C）必要時，可用強迫壓制的方法（D）成人應以幼兒能瞭解的話，說明成人堅持的原因。〔87保甄〕

（A）125.人生的第一反抗期為（A）3～6歲（B）6～12歲（C）12～16歲（D）20～25歲。〔88中夜專〕

（D）126.有關幼兒反抗行為的發展，何者敘述有誤？（A）開始於1歲半，3到6歲間達到高峰（B）產生之因是幼兒已有自我意識（C）是幼兒成長過程中的必然現象（D）反抗行為會一直持續至青春期後才結束。〔88南夜專〕

第五章

社會行為與道德行為

第一單元　重點綱要

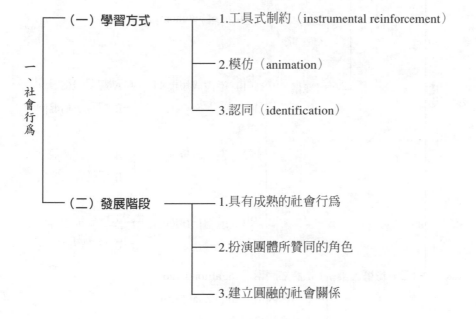

一、社會行為

　　（一）學習方式
　　　　　1.工具式制約（instrumental reinforcement）
　　　　　2.模仿（animation）
　　　　　3.認同（identification）

　　（二）發展階段
　　　　　1.具有成熟的社會行為
　　　　　2.扮演團體所贊同的角色
　　　　　3.建立圓融的社會關係

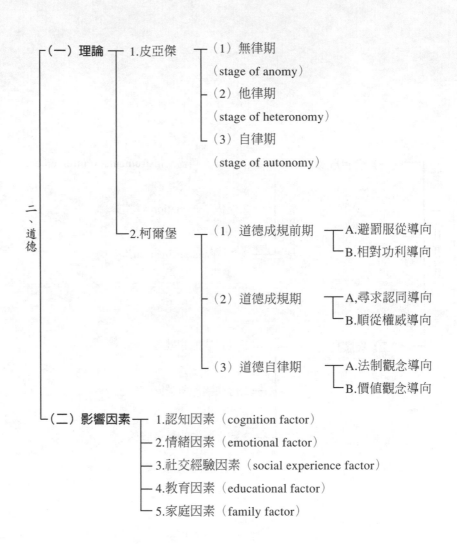

二、道德

(一) 理論 ┬ 1.皮亞傑 ┬ （1）無律期
　　　　　　　　　　　　（stage of anomy）
　　　　　　　　　├ （2）他律期
　　　　　　　　　　　　（stage of heteronomy）
　　　　　　　　　└ （3）自律期
　　　　　　　　　　　　（stage of autonomy）

　　　　　　└ 2.柯爾堡 ┬ （1）道德成規前期 ┬ A.避罰服從導向
　　　　　　　　　　　　　　　　　　　　　　└ B.相對功利導向

　　　　　　　　　　　├ （2）道德成規期 ┬ A,尋求認同導向
　　　　　　　　　　　　　　　　　　　　└ B.順從權威導向

　　　　　　　　　　　└ （3）道德自律期 ┬ A.法制觀念導向
　　　　　　　　　　　　　　　　　　　　└ B.價值觀念導向

(二) 影響因素 ┬ 1.認知因素（cognition factor）
　　　　　　　├ 2.情緒因素（emotional factor）
　　　　　　　├ 3.社交經驗因素（social experience factor）
　　　　　　　├ 4.教育因素（educational factor）
　　　　　　　└ 5.家庭因素（family factor）

第二單元　重點精析

一、社會行為

（一）反抗癖〔87保甄，88北夜專，88中夜專，88南夜專〕

「反抗癖」（Negativism）是一種自我辯護、自我保護與抗拒過度壓力的綜合體。幼兒由經驗中學得：「抗拒」為最好的防衛方式，「反抗癖」為社會情境的產物。當幼兒遇到陌生人時，或在規定時間從事某種活動時，或成人施以各種嚴峻的訓練時，幼兒都容易產生反抗癖，幼兒受到成人的干擾越大，則其反抗癖就越強。

反抗行為起始於1歲半，而在3～6歲期間達到高峰，然後迅速驟減，到青春期又突然爆發。

（二）測量社會行為發展的方法〔86日專，87日專〕

1. 布瑞吉斯（Bridges）的社會發展量表：布氏認為社會行為發展有一定的層次，與幼兒之關係是由孤立、自私到合作關係；與成人的關係由依賴、抗拒到合作相處，故可編製「社會發展量表」來測量幼兒之社會行為。

2. 社會關係測量法（Sociometry）：為美國精神學家莫瑞諾（Moreno）於1932年所創。可設計一些問題，使幼兒自由選擇在各種情境中之友伴，可透過「社交關係圖」（Sociogram）來瞭解每個幼兒在團體中的社會地位。

二、道德行為

(一) 皮亞傑道德發展要義〔84日專，87北夜專〕

1. 無律階段或道德前期（stage of anomy of the pre-moral stage），0～4歲左右：在此時期的幼兒缺乏服從規則的意識行為，因其「人我分別」的意識尚未分化，他的行為可說是無規範的活動。

2. 他律階段（stage of heteronomy），4～8歲左右：在此時間的兒童由道德的無律，而漸漸地意識到家庭、學校和社會的一些行為規範，基於對權威片面的敬畏感，認為應該忠實地服從這些原則，如，踰越尺度就是典型的「壞孩子」（bad boy），其注重行為之具體後果，而忽略行為的動機（motivation）。

3. 自律階段（stage of autonomy），8～12歲左右：在此時期，兒童的道德意識逐漸發展，不再盲目與被動地接受一切他律的規範。開始初步地認識到，一切的道德規範，只是為了達到合作的目的，應本於「互相尊重」、「公正公平」與「互相體諒」的原則，而不只是盲目對權威的敬畏，而也不是一切以權威為依據。

(二) 柯爾堡道德發展要義〔85南夜專，86日專，86保甄〕

1. 道德成規前期（pre-conventional level）
   大約出現在學前幼稚園及小學低中年級階段。此時期的特徵是，兒童遵守規範，但尚未形成主見，又分為兩個階段：
   第一階段：避罰服從導向。尚缺乏是非善惡觀念，只因害怕懲罰而服從規範。
   第二階段：個人功利導向。行為的好壞以後果的好壞而定，得實者為是，受罰者為非。

2. 道德成規期（conventional leve1）
   大約出現在小學中年級以上，一直到成年。此時期的特徵為，個人由瞭解和認識的團體的規範，進而接受並實踐規範。此時期又分為兩個階段：

第一階段：尋求認同導向。順從傳說要求，附和大眾意見。

　　第二階段：順從權威導向。服從團體規範，嚴守公正秩序，尊重法
　　　　　　　律權威。

3.道德自律期（道德成規後期，postconventional level）

　　即個人思想行為發展到超越現實規範的約束，達到完全獨立自律的
　　境界，此一時期分為下列兩個階段：

　　第一階段：法制觀念導向。有強烈的責任心與義務感，尊重法制但
　　　　　　　不囿於僵化硬梆梆的法條。

　　第二階段：價值觀的確立。具備其個人的人生哲學，對是非善惡有
　　　　　　　其獨特的價值標準。

（三）影響道德發展的因素〔83保夜專，85日專，87日專〕

1.認知的因素：物權尚未發展。

2.情緒的因素：情緒容易激動的兒童，往往會做出違背道德規範的行
　為。

3.社交經驗因素：社交經驗愈多，愈可促進幼兒的道德發展。

4.教育因素：教育愈差，兒童道德概念發展愈慢。

5.家庭因素：家庭為提供兒童扮演各種道德角色的推手。

第五章　第二單元
重點精析

第三單元　歷屆試題

part I 社會行為

（B）1. 6、7歲兒童對「怎樣成為朋友」的看法是（A）互相幫助（B）一起活動（C）彼此分享（D）多聊天、多認識。〔85特考〕

（D）2. 影響幼兒社會行為最重要的因素是（A）出生序（B）社經水準（C）家人關係（D）父母教養方式。〔85特考〕

（C）3. 兒童最常見的出軌行為有二，下列何者為非？（A）說謊（B）偷竊（C）攻擊。

（B）4. 過動兒之主要症狀有三，下列何者為非？（A）不專心（B）不衝動（C）不適時地的大量活動。

（A）5. 一個人與外界環境接觸時，一方面影響別人，一方面也受別人影響，所產生的人與人之間在生理與心理上的交互作用，就是什麼行為？（A）社會行為（B）人格特質（C）語言表現（D）情緒反應。〔81普考〕

（A）6. 下列何項係幼兒較普遍的社會行為？（A）攻擊（B）角色取代（C）調適（D）同情。〔81普考〕

（A）7. 兒童社會化過程常見的理論有五，下列何者為非？（A）行為論（B）建構理論（C）皮亞傑的認知發展論（D）雨果特斯基和蘇聯發展論。

（C）8. 下列何者是嬰兒期最重要的社會發展特徵？（A）語言的瞭解與表達（B）動作技能的習得（C）與照顧者依附行為（D）建立同儕關係。

（D）9. 個體由一位自然人逐漸學習成長社會人的過程稱之為（A）轉化（B）分化（C）自然化（D）社會化。〔85普考〕

（B）10. 幼兒之行為有視聽覺反應異常、語言表達障礙、社會行為發展遲滯、動作表情僵化等症狀謂之（A）抑鬱症（B）自閉症（C）精神症（D）懼校症。

（B）11.在個人的自我觀念中融合著其他人的存在，也融合著團體的標準與價值觀念謂之（A）重要的（B）類化的（C）分化的（D）同化的他人。

（A）12.在個體生活環境中對他影響最大的人謂之（A）重要的（B）類化的（C）分化的（D）同化的他人。

（C）13.柯爾堡認為道德成規前期可分為兩個階段，下列何者為非？（A）避罰服從取向（B）相對功利取向（C）絕對功利取向。

（A）14. 2至4歲幼兒的攻擊行為以何種方式較多？（A）身體攻擊（B）語言攻擊（C）破壞物品（D）以物品攻擊。〔85普考〕

（C）15.「社會計量法」可用來瞭解幼兒的那一種行為發展（A）社會認知（B）道德判斷（C）社會技巧（D）性別角色。〔82幼二專〕

（D）16.下列哪種經驗可以增進幼兒分享行為（A）觀看劇中主角彼此分享的影片（B）告知幼兒對方的需求（C）直接要求幼兒分享（D）以上皆可。〔79幼二專〕

（C）17.從別人眼中反照出的自我形象謂之（A）眼中（B）水中（C）鏡中自我。

Part II 道德行為

（A）1.對於道德發展論之敘述，下列何者正確？（A）根據佛洛依德之理論，一個人的道德意識起源於對父母的認同（B）史基納認為個人道德行為是由學習模仿而來（C）班都拉認為當幼兒的行為表現，符合社會的規範便得到獎賞；否則將給予懲罰，幼兒由此而學到社會的規範（D）皮亞傑認為幼兒在2歲之後，才能從事道德思考判斷。〔88中夜專〕

（C）2.小慧幫忙洗碗時不小心將碗打破，馬上說：「我不是故意的！」其道德發展處於何期？（A）無律階段（B）他律階段（C）自律階段（D）道德實現期。〔87北夜專〕

（D）3.根據柯爾堡對性別認知分期的說法，幼兒約在多大時，可確認性別並不會因外表的改變而改變？（A）2～3歲（B）3～4歲（C）4～5

歲（D）6～7歲。〔85南夜專〕

（C）4.關於幼兒道德發展的敘述，下列何者正確？1.根據佛洛依德（S. Freud）的理論，幼兒遵循內心的道德意識，主要是為了逃避焦慮感2.社會學習理論者認為懲罰是建立幼兒道德行為的一種「外制」力量3.根據皮亞傑理論，他律階段（heteronomous stage）的幼兒會認為打破十個杯子的孩子，比打破一個杯子的孩子壞4.柯爾堡認為道德成規前期的幼兒會因為希望尋求認可－被稱為「好孩子」，而服從規範（A）123（B）1234（C）23（D）234。〔86日專〕

（C）5.幼兒在幾歲以前，因為尚無物權觀念，只以自我為中心，所以常有無邪的佔取行為？（A）2歲（B）3歲（C）4歲（D）5歲。〔86保甄〕

（B）6.下列有關幼兒道德發展的敘述，何者正確？（A）幼兒的不當行為，通常屬於不道德行為（B）根據佛洛伊德的理論，超我就是代表一個的人的道德意識（C）體罰是最有效的道德教育方式（D）柯爾堡的道德認知發展論說明幼兒是處於道德循規期（conventional level）。〔86保甄〕

（A）7.老師發現三歲的小朋友有偷竊的行為，下列處理方式，何者較適切？（A）加強「物的所有權」觀念的教導（B）公布姓名，並告誡全體幼兒不可模仿（C）準備幾種他所喜愛的物品引誘他，以便當場抓獲（D）告之偷竊是小偷行為，請其將所竊物品當眾歸還失主。〔87日專〕

（C）8.依皮亞傑道德發展階段，大班的孩子是屬於（A）無律階段（B）道德前期（C）他律階段（D）自律階段。〔82幼專〕

（D）9.下列那種經驗可以增進幼兒分享行為？（A）觀看劇中主角彼此分享的影片（B）告知幼兒對方的需求（C）直接要求幼兒分享（D）以上皆可。〔79幼專〕

（A）10.下列何者為幼兒無意說謊的成因？（A）幻想（B）報復他人（C）求取注意（D）避免懲罰。〔83保夜專〕

（B）11.下列何者是幼兒無邪佔取的成因？（A）受嫉妒情感所驅使（B）物權觀念尚未發展（C）復仇心理（D）英雄主義。

（D）12.關於幼兒道德發展，下列敘述何者正確？（A）柯爾堡認為六歲的幼兒已有「以德報怨」的概念（B）心理分析學派認為道德發展的歷程是由「內化」而「外制」（C）社會學習理論認為處罰是最有效的道德教育方式（D）皮亞傑將道德發展區分為無律→他律→自律階段。〔84日專〕

（B）13.依據柯爾堡的道德認知發展理論：幼兒判定行為好壞的標準是根據行為後果帶來的賞罰而定的，這是處於哪一階段？（A）避罰服從導向（B）相對功利導向（C）順從權威導向（D）法治觀念導向。〔85南夜專〕

（B）14.有關柯爾堡的道德發展論，下列敘述何者為是？（A）分為五階段三期（B）第二期可分為「尋求認可」和「順從權威」兩階段（C）幼稚園階段相當於道德循規期（D）6歲的孩子已有「以德報怨」的觀念。〔85中夜專〕

第五章
第三單元
歷屆試題

第四單元　測驗評量

（B）1.皮亞傑認為5歲的幼兒，其對規則的意識屬那一發展階段？（A）無律階段（B）他律階段（C）自律階段（D）非律階段。〔83保甄〕

（C）2.柯爾堡的道德發展理論中，認為幼兒到兒童時期道期發展的順序為（A）好孩子傾向→個人主義傾向→避免懲罰傾向（B）個人主義傾向→避免懲罰傾向→好孩子傾向（C）避免懲罰傾向→個人主義傾向→好孩子傾向。〔83北公幼〕

（B）3.強調楷模學習的理論是（A）行為論（B）社會學習論（C）認知論的觀點。〔83北公幼〕

（C）4.建國是個非常具有攻擊性的人，根據佛洛依德的理論，是因為他有很強的（A）超我（B）自我（C）本我（D）理想我。〔85特考〕

（A）5.學前幼兒會以下列何種標準作道德上的判斷（A）自身利益（B）法律條文（C）社會角色期待（D）個人良心。〔85特考〕

（C）6.兒童道德發展與下列何者有密切關係（A）生理成熟度（B）創造力（C）智力（D）遺傳。〔78高公幼〕

（B）7.下列敘述何者正確？（A）皮亞傑與柯爾堡均認為道德發展有一次序，所有的人都在同樣年齡達到同樣道德判斷水準（B）皮亞傑與柯爾堡均認為道德發展有賴於個體的認知發展水準所決定（C）皮亞傑與柯爾堡均認為幼兒服從權威是為了避免懲罰，得到獎勵（D）以上皆是。

（C）8.幼兒園兒童的道德發展屬於（A）無律期（B）自律期（C）他律期（D）獨立判斷時期。〔78高公幼〕

（A）9.某幼兒未能獲老師的獎品就一直批評該獎品，此種防衛方式稱為（A）合理化作用（B）代替作用（C）反向作用（D）投射作用。〔83保二專夜〕

（C）10.依皮亞傑的道德發展階段，大班的孩子是屬於（A）無律階段（B）道德前期（C）他律階段（D）自律階段。〔82幼二專〕

（A）11.幼兒不認為拿別人的東西是不好的，主要是因為他缺乏（A）所有權觀念（B）生命的概念（C）尊重的概念（D）以上皆非。

（D）12.兒童在憤怒時，若不能直接攻擊引起憤怒的對象，較常會透過何
種作用已宣洩？（A）認同作用（B）合理化作用（C）潛抑作用
（D）轉移作用。〔85普保育〕

（B）13.柯爾堡以何種方式研究兒童及青少年的道德發展？（A）玩彈珠遊
戲（B）兩難困境故事（C）情境測驗（D）問卷。〔85普保育〕

（D）14.依據社會行為學派的心理學理論，兒童道德行為發展的必要條
件，下列何者不是？（A）群眾（B）讚美（C）權力（D）內
省。〔81幼學分班〕

（D）15.幼兒會為自己犯錯找藉口逃避責罰，大約是在（A）2歲至2歲半
（B）2歲半至3歲（C）3歲至3歲半（D）3歲至4歲。〔81北公幼〕

（B）16.下列何者正確？（A）皮亞傑和柯爾堡均認為道德的發展與個體的
年齡有關（B）皮亞傑和柯爾堡均認為認知發展的水準會影響道德
發展的水準（C）皮亞傑和柯爾堡都認為文化會影響個人的道德發
展水準（D）以上皆是。〔83北公幼〕

（B）17.生病的孩子較常表現何種適應方式？（A）合理化（B）退化（C）
認同（D）投射。〔83普保育〕

第五章
第四單元
測驗評量

第五章　社會行為與道德行為　◇　125

第六章

人格與情緒

第一單元 重點綱要

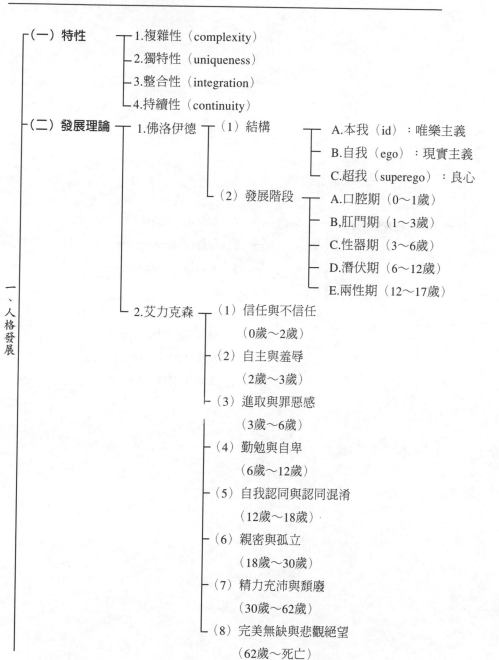

一、人格發展

(一) 特性
- 1.複雜性（complexity）
- 2.獨特性（uniqueness）
- 3.整合性（integration）
- 4.持續性（continuity）

(二) 發展理論
- 1.佛洛伊德
  - （1）結構
    - A.本我（id）：唯樂主義
    - B.自我（ego）：現實主義
    - C.超我（superego）：良心
  - （2）發展階段
    - A.口腔期（0～1歲）
    - B.肛門期（1～3歲）
    - C.性器期（3～6歲）
    - D.潛伏期（6～12歲）
    - E.兩性期（12～17歲）
- 2.艾力克森
  - （1）信任與不信任（0歲～2歲）
  - （2）自主與羞辱（2歲～3歲）
  - （3）進取與罪惡感（3歲～6歲）
  - （4）勤勉與自卑（6歲～12歲）
  - （5）自我認同與認同混淆（12歲～18歲）
  - （6）親密與孤立（18歲～30歲）
  - （7）精力充沛與頹廢（30歲～62歲）
  - （8）完美無缺與悲觀絕望（62歲～死亡）

一、人格發展

───（三）社會依附性───1.種類───（1）安全性（safety）
　　　　　　　　　　　　　　　　　───（2）迴避性（prevention）
　　　　　　　　　　　　　　　　　───（3）矛盾性（contradiction）

　　　　　　　　　　　───2.階段───（1）無社會依附性（出生～3個月）
　　　　　　　　　　　　　　　　　───（2）無區別依附性（3～6個月）
　　　　　　　　　　　　　　　　　───（3）特殊依附性（6個月～3歲）
　　　　　　　　　　　　　　　　　───（4）多重依附性（3～5歲）

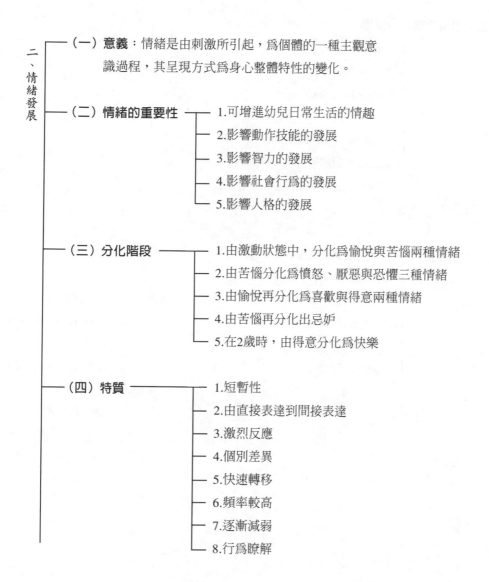

二、情緒發展

（一）**意義**：情緒是由刺激所引起，為個體的一種主觀意識過程，其呈現方式為身心整體特性的變化。

（二）**情緒的重要性**
　1.可增進幼兒日常生活的情趣
　2.影響動作技能的發展
　3.影響智力的發展
　4.影響社會行為的發展
　5.影響人格的發展

（三）**分化階段**
　1.由激動狀態中，分化為愉悅與苦惱兩種情緒
　2.由苦惱分化為憤怒、厭惡與恐懼三種情緒
　3.由愉悅再分化為喜歡與得意兩種情緒
　4.由苦惱再分化出忌妒
　5.在2歲時，由得意分化為快樂

（四）**特質**
　1.短暫性
　2.由直接表達到間接表達
　3.激烈反應
　4.個別差異
　5.快速轉移
　6.頻率較高
　7.逐漸減弱
　8.行為瞭解

第六章　重點綱要　第一單元

二、情緒發展

（五）**學習方式**
- 1.刺激
  （stimulus）
- 2.交替學習
  （alternating learning）
- 3.刺激類化
  （stimulus generalization）
- 4.工具式制約學習
  （instrumental reinforcement learning）

（六）**輔導方式**
- 1.避免激烈的情緒
- 2.配合幼兒情緒的發展
- 3.瞭解幼兒的基本需求 —（1）馬斯洛需求理論
  - A生理需求
    （chronological need）
  - B心理需求
    （psychological need）
  - C社會需求
    （social need）
- 4.良好的情緒示範
- 5.情緒發洩
- 6.公正的態度

第二單元　重點精析

一、心理分析理論的人格結構要義〔83保甄，84保甄，88保甄〕

此一理論之創始者爲奧地利醫生佛洛依德（Sigmund Freud），他認爲人格是由本我、自我、超我三部份所組成，列表如**表6-1**。

表6-1　佛洛依德人格結構表

人格的結構	人格層面	支配原則	別稱
本我（id）	原始人格	唯樂原則	生理之我
自我（ego）	核心人格	現實原則	心理之我
超我（super ego）	最高層人格	良心與良知	社會之我

（一）本我（id）：本我是一個人的底層，是由性與攻擊本能主宰的黑暗力量。

（二）自我（ego）：爲有意識的那個部分，卡在本我與超我之間，被本我從下方驅策得團團轉，又得承受超我由上而降的罪惡感，我們一輩子的感受和行爲，全部取決於這些相互衝突的外力，以及5歲以前的經驗。

（三）超我（super ego）：父母及社會的期望所帶來的壓力。

二、心理分析理論的人格發展階段要義〔82保甄〕

佛洛依德的人格發展理論基於兩項前提：

（一）成人之人格由各種幼兒經驗所形成，一般在6歲之前，人格即已定型。

（二）出生時，幼兒即具有「力比多」（Libido）的驅力（driving force），此種驅力爲人格發展的重要原動力。

他主張人格發展階段大致分成下列五個階段：

（一）口腔期（初生期～1週歲）：其快感來自於吃喝及吸吮作用。若在口腔期活動作過度限制，則會產生滯留現象，而在長大之後，導致「口腔式性格」，如，咬指甲、抽煙等惡習。

（二）肛門期（1～3歲）：其快感來自於剛門部分活動或刺激，若以太嚴苛的態度來大小便，則會導致冷酷的「肛門式性格」。

（三）性器期（3～6歲）：兒童因玩弄自己的性器而獲取快感，並產生戀父（Electra complex）或戀母情結（Oedipus complex），但由於有閹割恐懼症，而開始模仿父母的性別行為，此即「性別認同」（gender commitment）。

（四）潛伏期（6～12歲）：其人格之超我部分開始發展，性衝動轉化為對環境及其它事物之興趣，尤其對同儕團體（peer group）的意見唯命是從，且異性彼此互斥。

（五）兩性交往期（12歲以後）：開始與異性建立社交關係，並追求一種長期而穩定的男女關係。

三、心理社會發展論之要義〔80幼專，84保甄，88保甄〕

心理社會發展論（psychosocial developmental theory）為美國心理學家艾力克森所首創，此一理論以「自我發展」（egocentric development）為核心概念。艾氏將人生劃分為八大階段，如表6-2。

四、影響人格發展的因素〔87保甄〕

（一）生理因素：如，體型身材、身體狀況或缺陷。
（二）智力因素：例如，智商（Intelligence Quotient，IQ）的高低。
（三）家庭因素：例如，父母的管教態度、親子的氣氛、家庭的社經地位。
（四）學校因素：教師的人格特質、管教方式及教學法。

表6-2　艾力克森自我發展八大階段表

階段	大約年齡	危機或衝突	與佛氏之階段對照表
1	出生～2歲	信任別人－不信任人	口腔期
2	2～3歲	主動進取－羞愧	肛門期
3	3～6歲	樂觀進取－退縮	性器期
4	6歲－青春期	努力－自卑	潛伏期
5	青春期	自我整合－錯亂	兩性交往期
6	成人期	友愛－疏離	
7	中年期	精力旺盛－頹廢	
8	老年期	完美無缺－悲觀	

（五）社會因素：社會風俗的好壞。

五、人格測量的種類〔85日專〕

（一）自我陳述法（the egocentric statement method）：由個人對每個
測驗題目答案中，分析人格特徵，例如，艾德華個人興趣量表
（EPPS）。

（二）投射法（the projection method）：使個體在不受限制的情境下
自由表現，從中分析人格特質，例如，羅夏墨漬測驗、主題統
覺測驗（TAT）、畫樹測驗及句子完成測驗。

（三）情境法（the context method）：設計一種情境，然後觀察受試
者在此情緒中之反應（response），來判斷其人格特質。

六、防衛機轉的意義與種類
〔83保工專，86保甄，88保甄，87北夜專〕

（一）意義

個人在生活經驗中，學到某種對付或適應挫折，而用以減少焦慮（anxiety）的方法。

（二）種類

1. 合理化作用：爲了減輕焦慮，而將自己的行爲作合理之解釋，其方式爲：

    （1）酸葡萄心理。

    （2）甜檸檬心理。

    （3）推諉心態。

    （4）援引前例。

2. 認同作用：模仿其他成功人士以減輕焦慮感，例如，仿效比爾蓋茲的行爲。

3. 補償作用：以另一方面的成就來補償失敗。

4. 昇華作用：以符合社會標準的行爲來抒發情感。

5. 投射作用：個體將自身問題加諸於人，稱爲投射（projection）。

6. 逆向作用：個體爲了維護其自尊，而以逆向的行爲表現。

7. 退化作用：個體爲了引起注意，而以幼兒式的行爲表現。

8. 壓抑作用：個體爲了防止不愉快的經驗再度發生，而將其排除在記憶（memory）或意識（consciousness）之外，稱爲壓抑（depression）。

9. 幽默感：最高的提昇。

第三單元　歷屆試題

part 1 人格發展

（C）1.「認同同性父母」是佛洛依德性心理發展哪一階段的主要任務？
（A）口腔期（B）青春期（C）性器期（D）潛伏期。〔88中夜專〕

（A）2.小美正在適應托兒所的新環境，最近又恢復了吸奶的習慣，小美這
種反應屬於下列哪一種心理作用？（A）退化作用（B）投射作用
（C）補償作用（D）反向作用。〔88北夜專〕

（C）3.艾力克森提出的人格發展理論，就幼兒階段而言包含：1自制與自
信2進取又獨立3對人信賴，下列發展順序何者正確？（A）3→2→
1（B）1→3→2（C）3→1→2（D）1→2→3。〔88北夜專〕

（D）4.一個很喜歡玩刀子的幼兒，長大去學雕刻，很用心，很有成就。此
即屬於何種防衛心理？（A）壓抑作用（B）投射作用（C）反向作
用（D）代替作用。〔88南夜專〕

（C）5.就佛洛依德的人格結構論而言，下列敘述何者正確？（A）本我為
「現實原則」（B）自我為「唯樂主義」（C）超我為道德、良知（D）
人格以自我和本我比較重要。〔88中夜專〕

（B）6.依據艾力克森的社會發展理論，幼兒在學齡前階段（3～6歲）主要
是發展（A）對人信賴（B）主動意識（C）自我認同（D）人際關
係。〔87北夜專〕

（C）7.以下何者對幼兒人格發展有正面的影響？（A）分離焦慮（B）迴
避依附（C）安全依附（D）反抗性依附。〔87北夜專〕

（B）8.佛洛依德強調成人的人格決定於幾歲前的情緒經驗及人格發展？（A）
3歲前（B）6歲前（C）12歲前（D）20歲前。〔88保甄〕

（B）9.依據艾力克森的理論，2歲半的幼兒面臨何種發展上的衝突？（A）
信任與不信任（B）自主與羞愧（C）主動與內疚（D）勤奮與自
卑。〔87日專〕

（A）10.一個獨占玩具不願與他人共玩的幼兒，卻向老師告狀：「他不讓

我玩。」這時幼兒運用了何種防衛機轉？（A）投射作用（B）反向作用（C）認同作用（D）補償作用。〔87日專〕

（D）11.一個人受挫折後，將自己壞的人格排除於自身之外，並加訴於他人身上的潛意識傾向是屬於哪一種適應機構？（A）合理化作用（B）代替作用（C）表同作用（D）投射作用。〔87保甄〕

（B）12.影響一個人人格發展最深遠的是（A）個人的生理狀況（B）個人的家庭因素（C）個人接受學前教育的機構（D）個人所生活的社會文化。〔87北夜專〕

（D）13.以下何種習慣的養成，對人格影響最大？（A）清潔（B）收拾（C）睡眠（D）排泄。〔87北夜專〕

（D）14.二位幼兒再爭奪同一個洋娃娃時，不小心把洋娃娃扯壞，其中一幼兒說：「都是你跟我搶，才把洋娃娃弄壞的！」此種防衛方式即是（A）反向作用（B）代替作用（C）認同作用（D）合理化。〔87北夜專〕

（D）15.在嬰幼兒依戀的種類中，當母親離開時，他會表現極端不安與反抗，當母親回來時，又反抗不讓母親抱，這種是屬於（A）迴避性型的依戀（B）安全的依戀（C）分離的依戀（D）反抗性的依戀。〔88中夜專〕

（B）16.在艾力克森的人格發展理論中，在「自主對羞恥感與懷疑」期中，成人應採如何的管教態度來幫助孩子？（A）在餵食上盡量滿足（B）在適度的範圍內鼓勵幼兒獨立（C）接納孩子的同儕（D）應儘可能限制幼兒，以免太自主而發生意外。〔88中夜專〕

（D）17.影響幼兒人格發展的因素中，其中影響最深遠的一個要素是（A）生理因素（B）智力與性向（C）學校因素（D）家庭因素。〔85中夜專〕

（A）18.下列關於幼兒人格發展理論敘述，何者正確？（A）佛洛依德認為人格由本我、自我、超我組成（B）佛洛依德認為自我是人格結構中最高層部分（C）艾力克森將人格發展分四個階段（D）艾力克森認為3～6歲幼兒處於勤勉對自卑的衝突中。〔85南夜專〕

（A）19.佛洛依德認為人格結構中（A）本我（B）自我（C）超我（D）

無我是受唯樂原則支配。〔85中夜專〕

（B）20.嬰兒期之人格特質常受（A）情緒（B）天生氣質（C）習慣（D）認知的影響，而有個別差異。〔85中夜專〕

（A）21.幼兒常喜歡將自己打扮成蝙蝠俠、超人或小飛俠等來幫這弱小他人，這是屬於哪一種防衛方式？（A）認同作用（B）代替作用（C）投射（D）理由化。〔86保甄〕

（A）22.甲在教室內奔跑，不慎撞倒乙堆疊的積木，乙憤而大哭，甲便對乙說：「誰叫你積木疊得那麼高！」甲使用了哪一種防衛方式？（A）投射作用（B）反向作用（C）補償作用（D）理由化作用。〔86日專〕

（B）23.由幼兒何種行爲的表現，可以明顯看出幼兒與照顧者之間已建立出某種依戀關係？（A）退化行爲（B）分離焦慮（C）反抗競爭（D）認生行爲。〔86南夜專〕

（C）24.某幼兒自己愛向老師打小報告，卻向別人說班上的同學都很會打小報告，此種行爲是屬於何種防衛方式？（A）酸葡萄（B）補償作用（C）投射作用（D）反向作用。〔86南夜專〕

（D）25.小青已學會說完整的句子，但媽媽生了弟弟坐月子時，她經常只會哭及手勢來與人溝通，請問這是何種行爲？（A）攻擊行爲（B）空制行爲（C）退縮行爲（D）退化行爲

（B）26.佛洛依德的發展理論而言，以下哪一個時期是一般幼兒接受大小便訓練的時期？（A）口腔期（B）肛門期（C）性器期（D）兩性期。〔85保甄〕

（D）27.下列何者是最基本的人格特質？（A）氣質（B）動機（C）價值觀（D）以上皆是。〔84保夜專〕

（D）28.佛洛依德認爲影響人格因素與何者特別有關？（A）遺傳（B）體型（C）家庭社會地位（D）早期生活經驗。〔84保夜專〕

（B）29.下列何種發展理論，試圖解釋個體青春期以後的人格發展？（A）皮亞傑的認知理論（B）艾力克森的發展危機論（C）布魯納的表徵系統論（D）佛洛依德的人格發展論。〔85日專〕

（B）30.小朋友不小心跌倒了，他說：「都是你害的，一直催我。」這是

屬於下列何種心理防衛方式？（A）壓抑作用（B）投射作用（C）代替作用（D）合理化。〔85日專〕

（A）31.下列何種測驗不屬於人格測驗？（A）兒童班達完形測驗（B）主題統覺測驗（C）畫樹測驗（D）未完成語句測驗。〔85日專〕

（C）32.根據佛洛依德的人格發展論，下列何者又稱為「社會性的我」？（A）本我（B）自我（C）超我（D）公我。〔85保甄〕

（C）33.處於肛門期的幼兒若依艾力克森的理論其人格發展任務，是下列何者？（A）信任與不信任（B）勤奮與自卑（C）自主與懷疑（D）主動與內疚。〔85日專〕

（A）34.佛洛依德認為性器期的男童以下列何種方式處置戀母情節？（A）認同父親（B）認同母親（C）投射作用（D）反向作用。〔85保甄〕

（A）35.幼兒對母親離開及回來，都視而不見，並無特別的喜悅或焦慮，這是下列何種情緒的表現？（A）迴避依戀（B）安全依戀（C）反抗性依戀（D）分離焦慮。〔85日專〕

（B）36.佛洛依德認為下列何者是人格結構中「自我」的運作原則？（A）唯樂主義（B）現實原則（C）道德原則（D）自然原則。〔85保甄〕

（C）37.處理幼兒和媽媽分離時，表現的哭鬧抗議行為，下列何者最適當？（A）要求媽媽偷偷離開（B）告訴他「你已這麼大了，還跟著媽媽，羞羞臉」（C）讓幼兒逐漸熟悉照顧者，再逐漸增長離開時間（D）為避免有哭鬧行為發生，不要有分離情形出現。〔南夜專〕

（C）38.依據艾力克森的人格發展理論，下列何者不是嬰幼兒期的發展任務？（A）建立對人的的信任感（B）建立自動自發的主動性（C）建立勤奮學習的責任感（D）建立自我控制的自主能力。〔84日專〕

（B）39.小明沒有收拾玩具被媽媽指責時，卻說弟弟也沒有收拾，此種反應屬於下列何種防衛機轉？（A）反向作用（B）合理化作用（C）代替作用（D）投射作用。〔84日專〕

（A）40.凡是個體原想要的東西，因自己能力不夠無法取得者，就加以破壞的適應方式稱爲（A）酸葡萄（B）甜檸檬（C）昇華作用（D）反向作用。〔84保甄〕

（D）41.幼兒期人格輔導的目的是（A）促進人格和諧（B）適應環境（C）發展適應環境的自我（D）以上皆是。〔84保夜專〕

（C）42.放棄早期定型觀而改持續發展看法的學者當推（A）佛洛依德（B）盧梭（C）皮亞傑（D）艾力克森。〔84保甄〕

（A）43.幼兒「分離焦慮」的高峰期是在（A）7個月－2歲半（B）2－3歲（C）3－4歲（D）以上皆非。〔84保夜專〕

（B）44.嬰兒對於白兔產生恐懼，以後看到白貓、白鬍鬚，甚至只要是白色毛狀物都會害怕，這種現象是下列何種作用的結果？（A）增強（B）刺激類化（C）直接經驗（D）觀察學習。〔84保甄〕

（B）45.佛洛依德認爲下列何者是人格結構中「自我」的運作原則？（A）唯樂原則（B）現實原則（C）道德原則（D）自然原則。〔84保甄〕

（B）46.根據艾力克森人生八大階段的理論，認爲人格發展有八個關鍵階段，而幼兒期就佔其八階段的（A）前兩階段（B）前三階段（C）前四階段（D）前五階段。〔85保甄〕

（D）47.在下列何種時期，若幼兒需求未能得到適當的滿足時，依據佛洛依德的理論，會有頑固、吝嗇等性格傾向？（A）性器期（B）口腔期（C）潛伏期（D）肛門期。〔85日專〕

（D）48.性別認同在下列哪一個時期開始發展？（A）肛門期（B）口腔期（C）生殖器期（D）性器期。〔83保夜專〕

（A）49.某幼兒未能得到教師所頒發的獎品，就一再批評該獎品，此種防衛方式稱爲（A）合理化作用（B）代替作用（C）反向作用（D）投射作用。〔83保夜專〕

（D）50.某幼兒想獨享全部的蛋糕，卻向母親告狀：「哥哥不讓我吃。」這種防衛方式爲（A）合理化（B）反向作用（C）代替作用（D）投射作用。〔83保二專〕

（B）51.根據艾力克森的心理發展理論，三歲之前可能出現哪兩種危機？

（A）愧疚與自卑（B）不信任與羞怯（C）自卑與孤立（D）孤立
與絕望。〔80幼專〕

（A）52.根據艾力克森所提出的發展危機論，個體發展對人信賴的關鍵期
約在（A）出生至1歲半（B）1歲半至3歲（C）3歲至6歲（D）6
歲至青春期。〔83保夜專〕

（A）53.根據佛洛依德的看法，兒童的性格與早年生活經驗有關，他將嬰
幼兒的人格發展順序為（A）口腔期→肛門期→性器期（B）性器
期→肛門期→口腔期（C）性器期→口腔期→肛門期（D）以上皆
非。〔82保二專〕

（A）54.處於口腔期的幼兒，正面臨何種人格發展任務？（A）信任與不
信任（B）自主與羞辱感（C）進取與罪惡感（D）勤勉與自卑
感。〔83保夜專〕

（A）55.處於性器期（phallic stage）的孩子，正面臨何種人格發展任務？
（A）進取與罪惡感（B）自主與羞辱感（C）勤勉與自卑感（D）
信任與不信任。〔83保二專〕

（B）56.戀父（母）情結大約是在佛洛依德人格發展學說的哪一階段？（A）
肛門期（B）性器期（C）潛伏期（D）生殖器期。〔79幼專〕

（B）57.幼兒反抗期開始出現的時間相當於艾力克森人格發展理論的哪一
階段？（A）第一階段：信任與不信任（B）第二階段：自主對羞
恥（C）第三階段：進取對愧疚（D）第四階段：勤奮對自卑。
〔84保甄〕

part II 情緒發展

（B）1.嬰幼兒的基本情緒多受何種因素所支配？（A）遺傳（B）成熟（C）
學習（D）環境。〔80北夜專〕

（C）2.下列何者不是削弱幼兒恐懼的方法？（A）教導他學習如何應付恐
懼情境的技能（B）讓幼兒逐漸接觸令他恐懼的東西（C）讓幼兒
恐懼的東西與恐懼的聲音同時出現（D）安排機會讓他向同伴學習
不懼怕的行為。〔83幼專〕

（A）3.下列何者非為引起幼兒膽怯的主要原因？（A）先天的遺傳（B）父母過度保護（C）父母及教師的濫用權威（D）情緒的震驚。〔79幼專〕

（B）4.在嬰兒的情緒發展中，如果嬰兒不能得到充分母愛，或是照顧者對嬰兒過份冷淡，則長大之後不能信賴別人，是屬於哪一期？（A）自戀期（B）成人愛期（C）同性愛期（D）異性愛期。〔88中夜專〕

（D）5.有關幼兒情緒特質的描述，下列何者不正確？（A）發生的頻率高（B）情緒行為出現後逐漸消失（C）呈現激烈的反應（D）反應強度隨著年齡增加而增強。〔88北夜專〕

（C）6.下列有關嬰兒伴哭現象的敘述，何者正確？（A）是種社會行為（B）由學習產生（C）受聽覺刺激（D）受視覺刺激反應。〔87北夜專〕

（B）7.嬰幼兒的基本學情緒多受何種因素所支配？（A）遺傳（B）成熟（C）學習（D）環境。〔88南夜專〕

（D）8.以下何者非幼兒憤怒時的輔導方法？（A）暫時先不要理他（B）設法轉移他的注意力（C）瞭解其生理狀況（D）讓他予取予求，以減輕他的壓力。〔88南夜專〕

（C）9.下列敘述何者錯誤？（A）嫉妒情緒可能使幼兒產生退化行為（B）害羞是恐懼的一種形式（C）對於將憤怒視為武器的幼兒，最好的輔導方法而耐心安撫（D）合理的恐懼可培養幼兒警覺、謹慎的態度。〔84日專〕

（C）10.嬰兒產生「懼怕」最可能由於（A）天生遺傳（B）氣候的變化（C）突然遇到強烈刺激失去平衡（D）父母管教嚴格結果。〔81北夜專〕

（D）11.幼兒那種情緒不適應時，容易造成「自卑」的性格？（A）妒忌（B）憤怒（C）好奇（D）害羞。〔87保甄〕

（C）12.下列有關幼兒情緒的敘述，何者有誤？（A）幼兒情緒不穩定，受困擾，有礙智能的學習（B）幼兒若常有愉快的情緒，就容易發生良好的人際關係（C）幼兒的任何情緒若能給他滿足，幼兒就會一

再重複使用（D）幼兒的情緒就是一種溝通方式。〔87保甄〕

（B）13.嬰兒約何時會認人，發生心理學家所謂的「認生現象」？（A）3個月（B）6個月（C）12個月（D）18個月。〔87北夜專〕

（A）14.幼兒原來不怕狗，一旦被狗咬一次後，見了狗就害怕。此種害怕情緒是因何而來？（A）直接經驗（B）古典制約學習（C）嚐試錯誤（D）他人暗示。〔87北夜專〕

（D）15.下列敘述有關幼兒情緒發展，何者有誤？（A）幼兒情緒產生時，身體亦隨之會有生理變化（B）幼兒飢餓、疾病、疲倦等均易引起憤怒的情緒（C）弟妹的出生常會引起幼兒產生嫉妒的情緒（D）當幼兒問一些奇怪的問題時，成人最好不要理會他，以免幼兒再問下去。〔88保甄〕

（D）16.以下何者非幼兒憤怒時的輔導方法？（A）暫時先不要理他（B）設法轉移他的注意力（C）瞭解其生理狀況（D）讓他予取予求，以減輕他的壓力。〔88北夜專〕

（A）17.根據華森（Watson）的觀點，下列何者不是初生嬰兒具有的原始情緒？（A）厭惡（B）憤怒（C）懼怕（D）親愛。〔85保甄〕

（B）18.幼兒由於自我意識增強，於下列何種時期嫉妒心特別明顯？（A）1～2歲（B）3～4歲（C）5～6歲（D）7～8歲。〔85日專〕

（D）19.關於情緒分化的敘述，何者錯誤？（A）依循籠統到分化的發展原則（B）嬰兒最初苦惱情緒的發展主要由於生理因素引起（C）5、6個月時常因陌生人的接近，表現出恐懼情緒（D）嫉妒是最早分化出來的情緒。〔85南夜專〕

（B）20.處理幼兒憤怒的方法，下列何者不恰當（A）暫時不理他（B）告訴他「不要哭，我答應你的請求」（C）轉移其注意力（D）父母管教態度一樣。〔85南夜專〕

（D）21.在各種恐懼害怕中，何者是最普遍的，且持續的時間也最長，從2歲半以後產生，會持續至14、5歲？（A）怕火（B）怕水（C）怕狗（D）怕黑。〔82幼專〕

（C）22.幼兒情緒分化的順序為（A）愉快→苦惱→恐懼→得意（B）愉快→苦惱→得意→恐懼（C）苦惱→愉快→恐懼→得意（D）苦惱→

恐懼→愉快→得意。〔83保二專〕

（D）23.嫉妒的情緒是由何種情緒所分化出來的？（A）恐懼（B）忿怒（C）愉快（D）苦惱。〔84保夜專〕

（B）24.嬰幼兒階段通常約在何時發生心理學家所謂的認生現象？（A）3個月（B）6個月（C）18個月（D）24個月。〔84日專〕

（D）25.關於幼兒情緒，下列敘述何者不正確？（A）幼兒期情緒表現最為強烈（B）是容易轉移的（C）恐懼情緒多半由學習而來（D）由間接表達發展為直接表達。〔84日專〕

（C）26.輔導幼兒情緒的發展，下列方法何者不當？（A）注意幼兒生理的平穩與身體健康（B）成人應做良好的示範（C）當幼兒發生挫折時，不予理會（D）避免不必要的暗示與恐嚇。〔84保夜專〕

第四單元　測驗評量

part I 人格發展

（A）1.根據佛洛依德的看法，兒童的性遊戲感官發展（0至6歲）過程是
（A）口腔→肛門→性器官（B）性器官→肛門→口腔（C）性器官
→口腔→肛門（D）以上皆非。〔80幼教學分班〕

（B）2.個體心情隨情境變化而隨之改變的傾向謂之（A）人格（B）氣質
（C）個性（D）心情。

（B）3.氣質之類型有九，下列何者為非？（A）活動量（B）規律性（C）
趨避性（D）適應度。

（B）4.氣質之特性有十，下列何者為非？（A）是天生的（B）個別差異
（C）會影響人格發展（D）無好壞之分。

（C）5.湯瑪斯（Thomas）和卻思（Chess）認為嬰兒氣質與養育難易度之
關係有三種類型，下列何者為非？（A）安樂型（B）慢吞吞型（C）
積極型（D）養育困難型。

（C）6.依據佛洛依德的觀點，兒童在何時會對同性父母產生產生認同的現
象？（A）出生至1歲（B）1歲至3歲（C）3歲至6歲（D）6歲至12
歲。〔84普保育〕

（C）7.何種理論主張提供良好示範幫助兒童道德和人格的發展？（A）行
為論（B）認知論（C）社會學習論（D）心理社會發展論。
〔85年特考〕

（A）8.特別重視幼年生活經驗的重要性的人格理論為何？（A）心理分析
論（B）認知發展論（C）社會學習論（D）心理社會發展論。
〔85年特考〕

（D）9.人際間在情感上甚為接近又彼此依附的情形謂之（A）依存（B）
依然（C）愛戀（D）依戀。

（D）10.依戀之類型有三，下列何者為非？（A）安全依戀型（B）逃避依
戀型（C）衝突依戀型（D）特別依戀型。

（C）11.鮑爾（Baul）認為嬰兒期的依戀行為發展階段有四，下列何者為非？（A）無特定對象的社會反應（B）特定對象的社會反應（C）依戀的建立（D）相似目標的建立。

（A）12.佛洛依德認為個人的人格與情緒的發展在幾歲時已經定形了？（A）6歲（B）8歲（C）10歲（D）12歲。〔82保二專〕

（B）13.根據佛洛依德的人格理論，下列何者可以幫助我們控制自己的情緒？（A）本我與自我（B）自我與超我（C）本我與超我（D）只有超我。〔84普保育〕

（C）14.嬰兒在6、7個月至18個月左右，其依附關係屬於何種階段？（A）無依附階段關係（B）無區別性依附關係（C）特定對象依附關係（D）多重依附關係。〔84普保育〕

（A）15.有關艾力克森的觀點，下列敘述何者為非？（A）人格發展是從出生開始到青春期階段（B）每個階段都有獨特的發展危機（C）人格發展受社會文化因素影響（D）人格發展共分為八大階段（時期）。〔84普保育〕

（B）16.佛洛依德與艾力克森對幼兒人格發展的因素，都重視哪一項？（A）本能作用（B）早期經驗（C）社會文化因素（D）行為的意義。〔82公幼〕

（D）17.依艾力克森的心理社會學說，幼兒期所要努力完成的任務是什麼？（A）信任性格（B）自我認同（C）自主能力（D）自動性格。〔81普保育〕

（B）18.年紀漸長的幼兒，遇挫折時，會發生尿床的現象，稱為（A）壓抑（B）退化（C）投射（D）昇華。〔80幼二專〕

（B）19.評量幼兒人格特質可用（A）班達完形測驗（B）羅夏克墨漬測驗（C）比西量表（D）瑞文氏圖形測驗。〔81幼教系〕

（C）20.幼兒在弟妹出生時，有些養成的習慣或能力會失去，此種自衛機能屬於（A）潛抑作用（B）否定作用（C）退化作用（D）反向作用。〔82幼二專〕

（D）21.按佛洛依德的心理分析論，3至6歲幼兒心性發展階段為（A）口腔期（B）自我期（C）肛門期（D）性器期。〔82幼二專〕

（A）22.依據艾力克森的觀點，嬰幼兒期的發展任務為（A）建立信任感（B）建立自信心（C）建立羞恥心（D）建立親密感。

〔83普保育〕

（D）23.下列關於人格的敘述，何者錯誤？（A）人格具有獨特性（B）人格為個體身心特質的綜合複雜性高（C）人格具有統整性（D）人格的變動頻繁。〔83保二夜專〕

（C）24.「戀母情結」出現在哪一時期？（A）肛門期（B）潛伏期（C）性器期（D）生殖器期。〔83保二專〕

（C）25.人格的結構中道德成分是（A）本我（B）自我（C）超我（D）理想我。〔85普保〕

（B）26.小朋友不小心跌倒了，他說：「都是你一直催趕……」這是一種（A）壓抑（B）投射（C）昇華（D）反想作用。〔78高公幼〕

（B）27.兒童在多大的時候，我們要積極支持兒童玩遊戲和智力活動，使他發展更多的主動性，如果我們常嘲笑他的活動笨拙，他就會產生內疚感？（A）2歲～3歲（B）4歲～5歲（C）6歲～7歲（D）8歲～9歲。〔80幼教系〕

（C）28.評估嬰幼兒對外界刺激影響其行為的程度稱之為（A）適應性（B）反應（C）注意力分散度（D）反應強度。〔81幼教系〕

（C）29.在嬰幼兒的氣質特徵中，第一次接觸的人表現之接受或拒絕的反應，稱為（A）反應強度（B）反應閾（C）趨避性（D）堅持度。〔82幼二專〕

（B）30.下列敘述何者正確？（A）佛洛依德與艾力克森均強調本能在人格發展中的作用（B）佛洛依德與艾力克森均認為兒童早期經驗會影響人格發展（C）佛洛依德與艾力克森均重視社會文化因素對兒童人格發展的影響（D）以上皆是。〔80幼教系〕

（B）31.佛洛依德認為以下哪一期與個人對清潔的關切最為有關？（A）口腔期（B）肛門期（C）性器期（D）兩性期。〔83保甄〕

（C）32.根據佛洛依德的理論，訓練幼兒大小便最佳時期是？（A）從出生開始（B）1歲以內（C）2～3歲（D）4歲左右。〔83公幼〕

（D）33.有些幼兒和媽媽分離時會表現哭鬧抗議行為，下列何者是較適當

的處理方式？（A）為避免幼兒哭鬧，媽媽最好偷偷離開（B）當幼兒哭鬧時，斥責幼兒使其停止（C）不論到哪裡，都帶著幼兒，以免有哭鬧行為（D）讓幼兒和照顧者熟悉，先短暫離開再增長離開時間。〔84普保育〕

（C）34.下列何者對兒童人格發展有正面影響？（A）分離焦慮（B）迴避依附（C）安全依附（D）反抗性依附。〔83普育〕

（D）35.下列哪一因素對兒童人格發展的影響力最小？（A）早期經驗（B）身高體重（C）家庭氣氛（D）出生序。〔81普育〕

（C）36.艾力克森認為3歲至6歲幼兒正值下列哪一個時期？（A）勤勉／自卑（B）信任／不信任（C）積極／罪惡感（D）自主／害羞、懷疑。〔81公幼〕

（B）37.根據艾力克森的心理社會發展理論，3歲之前可能出現哪兩種危機？（A）愧疚與自卑（B）不信任與羞怯（C）自卑與孤立（D）孤立與絕望。〔80幼二專〕

（A）38.根據艾力克森的理論，大小便訓練不良的幼兒將導致何種危機？（A）羞愧懷疑（B）不信任他人（C）自貶自卑（D）退縮內疚。〔82幼學分班〕

（A）39.依艾力克森的心理社會學說，幼兒期要努力完成的任務是什麼？（A）信任（B）自我認同（C）自主能力（D）自主性格。〔81普保育〕

（D）40.下列何者不是幼兒的基本需求？（A）愛與安全的需求（B）求知與經驗的需求（C）讚許與認可的需求（D）與同儕競爭的需求。〔82保二專〕

（B）41.在充滿關愛與接納的家庭中長大的孩子，會形成下列何種特質？（A）傲慢、暴躁（B）自信、愛人（C）膽怯、害羞（D）依賴、無責任感。〔82保二專〕

（A）42.處於性器期的孩子，正面臨何種人格發展任務？（A）進取與罪惡感（B）自主與羞辱感（C）勤勉與自卑感（D）信任與不信任感。〔83保二專〕

（D）43.佛洛依德認為幼兒在5歲6歲時解決了戀父或戀母情結，開始發展

出？（A）本我（B）自我（C）公我（D）超我。〔83保甄〕

（C）44.具有下列何種「氣質」的幼兒較好照顧？（A）情緒愉快反應強度
　　　強烈，對新事物的探索持保留態度（B）情緒愉快反應強度不強
　　　烈，對新事物的探索勇於去嘗試（C）情緒愉快，生活規律，樂於
　　　接受新經驗（D）情緒不愉快，生活不規律，拒絕接受新經驗。
　　　〔84四技二專〕

（D）45.李小莉到戶外或公園遊樂場所時，仍安靜的玩著玩具及洋娃娃，
　　　此種表現在幼兒的先天氣質表現上，我們稱之？（A）堅持度（B）
　　　反應性（C）規律性（D）活動量。〔80，81北公幼〕

（B）46.在嬰兒的氣質特徵中，引起嬰幼兒反應所需要的刺激量，稱為？
　　　（A）反應強度（B）反應（C）趨避性（D）注意力分散。
　　　〔82幼教系〕

（A）47.根據佛洛依德的看法，幼稚園的幼兒屬於哪一期？（A）性器期
　　　（B）肛門期（C）潛伏期（D）口腔期。〔80中幼〕

（B）48.戀父（母）情結大約是在佛洛依德人格發展學說的哪一個階段？
　　　（A）肛門期（B）性器期（C）潛伏期（D）口腔期。〔79幼二
　　　專〕

（D）49.某幼兒想獨享全部的蛋糕，卻向父母告狀：「哥哥不讓我吃。」
　　　這種防衛方式為（A）合理化（B）反向作用（C）代替作用（D）
　　　投射作用。〔83保二專〕

（C）50.「戀母情結」出現在哪一時期？（A）肛門期（B）潛伏期（C）
　　　性器期（D）生殖器期。〔83保二專〕

（D）51.下列關於人格的敘述，何者錯誤？（A）人格具有獨特性（B）人
　　　格為個體身心特質的綜合，複雜性高（C）人格具有統整性（D）
　　　人格的變動頻繁。〔82保二專〕

（D）52.下列何者不是兒童基本需求？（A）愛與安全的需求（B）求知與
　　　經驗的需求（C）讚許與認可的需求（D）與同儕競爭的需求。
　　　〔82保二專〕

（C）53.幼兒在弟妹出生時，有些養成的習慣會失去，此種防衛機能屬於
　　　（A）潛仰作用（B）否定作用（C）退化作用（D）反向作用。

〔82幼專〕

（B）54.年紀較長的幼兒，遇挫折時，會再發生尿床的現象，稱為（A）壓抑（B）退化（C）投射（D）昇華。〔80幼專〕

（C）55.艾力克森認為3到6歲時，是何種人格特質發展的關鍵期？（A）信任與不信任（B）自主與羞愧感（C）進取與罪惡感（D）勤勉與自卑感。〔82保二專〕

（B）56.艾力克森的「人生八大階段說」所啟示於幼兒教育的是下列何者？（A）強調性本能對幼兒行為的影響（B）重視幼兒社會心理學需求的滿足與人格塑成之關係（C）強調遺傳比環境對幼兒行為的發展更具影響（D）以上皆是。〔79幼專〕

（D）57.佛洛依德認為幼兒在5歲6歲時解決了戀父或戀母情結，開始展現出（A）本我（B）自我（C）公我（D）超我。〔83保甄〕

（B）58.在充滿關愛與接納的家庭中長大的孩子，會形成下列何種特質？（A）傲慢、暴躁（B）自信、愛人（C）膽怯、害羞（D）依賴、無責任感。〔82保二專〕

part II 情緒發展

（B）1.下列何者是幼兒較懼怕的事物？（A）個體的安全（B）像的生物（C）同儕關係（D）學習成就。〔84普育〕

（D）2.嬰幼兒通常什麼時候開始會有害怕陌生人的現象？（A）2歲（B）1歲6個月（C）1歲（D）6、7個月。〔85特考〕

（D）3.心理學家華森在實驗室改變幼兒懼怕情緒方式是？（A）示範（B）行為改變技術（C）改變環境（D）古典制約。〔85特考〕

（D）4.學齡兒童對於上學具有明顯焦慮不安的情況，而呈現出一種恐懼到學校上學的傾向謂之？（A）抑鬱症（B）自閉症（C）精神症（D）懼校症。

（A）5.多種不愉快情緒綜合而成的心理狀態謂之？（A）抑鬱症（B）自閉症（C）精神症（D）懼校症。

（C）6.初入托兒所之幼兒，常會有哭鬧反應，下列何者為最適當之處理方

式？（A）假裝打電話給幼兒家長，請家長儘快來所接幼兒回家（B）讓幼兒獨處，哭哭發洩情緒，自然就會好（C）安慰幼兒，等他情緒緩和，再邀他和小朋友一起玩（D）利用玩具或糖果、餅乾等，轉移幼兒之注意力。〔85普幼〕

（C）7.下列哪一項不是幼兒情緒反應的特徵？（A）時間短暫（B）次數頻繁（C）表達方式間接（D）以上皆是。〔85普保〕

（A）8.認爲情緒是由觀察模仿而來的是哪一位學者？（A）班都拉（B）華森（C）巴夫洛夫（D）佛洛依德。

（C）9.嫉妒的情緒出現高峰是青年期及學前階段的幾歲左右？（A）1～2歲（B）2～3歲（C）3～4歲（D）4～5歲。

（C）10.嬰兒出生時所表現的情緒是？（A）煩惱（B）恐懼（C）興奮（D）快樂。

（D）11.兒童的情緒困擾之治療模式有八，下列何者爲非？（A）個別的心理治療（B）家族治療（C）行爲治療（D）非藥物治療。

（D）12.兒童與他人互動的系統有三，下列何者爲非？（A）親子（B）手足（C）同輩（D）長輩。

（A）13.希勒之壓力ABC－X理論，下列何者爲非？（A）A指壓力事件（B）B指個人之能力（C）C指個人對壓力之認知結果（D）X指個人之適應狀況。

（C）14.兒童對壓力事件之反應取決於四個因素，下列何者爲非？（A）事件本身（B）年齡（C）知識（D）能力。

（B）15.兒童可減少壓力的保護因素有五，下列何者爲非？（A）人格（B）家庭（C）學習經驗（D）有限的壓力源。

（D）16.當幼兒處於憤怒的情緒狀態時，其反應如何？（A）消旺盛（B）脈搏變緩（C）腎上腺素分泌減少（D）面部有各種不同表情。〔85普保〕

（D）17.兒童在憤怒時，若不能直接攻擊引起憤怒的對象，較常會用何種作用以作宣洩？（A）認同作用（B）合理化作用（C）潛抑作用（D）轉移作用。〔85普保〕

（B）18.嬰幼兒害怕的對象會隨年齡而改變，嬰幼兒對下列哪一種情境害

怕的程度會隨著年齡的增長而遞減？（A）噪音（B）黑暗（C）
死亡（D）交通事故。

（D）19.愛的情緒發展從出生到6個月為何種時期？（A）同性愛期（B）
成人愛期（C）異性愛期（D）自戀期。

（C）20.下列何者非嫉妒的基本情緒（A）恐懼（B）憤怒（C）愛（D）
厭惡。

（C）21.一個小女孩有害怕蛇的經驗，以後對草繩等的物體也會害怕，是
由於？（A）增強作用（B）制約作用（C）類化作用（D）辨別
作用。〔83普保育〕

（B）22.嬰幼兒時期的基本情緒多受什麼因素影響？（A）遺傳（B）學習
（C）成熟（D）環境。

（B）23.嬰兒從出生到兩歲時，情緒的分化過程如何？（A）興奮→喜愛
→憤怒→恐懼嫉妒（B）興奮→憤怒→恐懼→喜愛→嫉妒（C）興奮
→喜愛→恐懼→憤怒→嫉妒（D）興奮→喜愛→嫉妒→恐懼→憤
怒。〔83普保育〕

（D）24.下列何種生理系統對情緒影響最顯著？（A）消化（B）循環（C）
神經（D）內分泌。〔85普保〕

（D）25.在各種恐懼害怕中，何種是最普遍的，且持續的時間也最長，從2
歲半後產生會持續至時14、15歲？（A）怕火（B）怕水（C）怕
狗（D）怕黑。

（A）26.下列何者為兒童表現憤怒情緒的外顯行為？（A）攻擊（B）退縮
（C）冷漠（D）壓抑。〔84普保育〕

（C）27.幼兒看到狗表現害怕的情緒反應，後來看到貓、兔也一樣有害怕
反應，此種現象稱之為（A）古典制約學習（B）工具制約學習
（C）刺激類化（D）模仿學習。〔84普保育〕

（D）28.情緒困擾的幼兒，在行為上會有下列何種特徵？（A）坐立不
安，東張西望（B）口吃和吃力的深呼吸（C）咬指甲和亂抓頭髮
（D）以上皆是。

（D）29.兒童情緒發展最後出現的是（A）愉快（B）憤怒（C）懼怕（D）
嫉妒。〔81幼教學分班〕

（A）30.下列何者非爲引起幼兒膽怯的主要原因？（A）先天的遺傳（B）
父母過度保護（C）父母及教師的濫用權威（D）情緒的震驚。
〔79幼二專〕

（B）31.恐懼情緒的發展約在出生後多久產生？（A）4個月（B）6個月
（C）8個月（D）週歲。

（C）32.一種原本不引起恐懼的刺激，在出現時若伴隨著另一種會引起恐
懼的刺激一起出現，之後就算恐懼刺激未出現，個體對原本不引
起恐懼的刺激也會產生恐懼情緒。此爲（A）刺激類化（B）工具
式制約學習（C）古典式制約學習（D）模倣。

（B）33.幼兒哭鬧時，父母便妥協，幼兒便不斷使用哭鬧當成要求的手
段，此爲（A）刺激類化（B）工具式制約（C）古典式制約（D）
模倣。

（B）34.情緒發展所遵循的原則（A）受學習所支配（B）由籠統而分化
（C）由成熟所支配（D）有明顯的個別差異。〔85特考〕

（D）35.下列何種情緒最早分化出來？（A）嫉妒（B）快樂（C）親愛
（D）得意。〔83保二夜專〕

（C）36.下列何者不是削弱幼兒恐懼的方法？（A）教導他學習應付恐懼情
境的技能（B）讓幼兒逐漸接觸令他恐懼的東西（C）讓幼童恐懼
的東西與恐懼的聲音同時出現（D）安排機會讓他向同伴學習不恐
懼的行爲。〔83保二專〕

第七章

語言與繪畫能力

第一單元 重點綱要

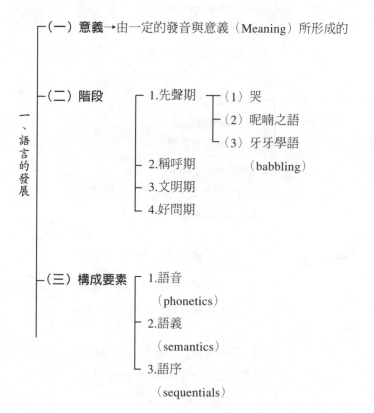

一、語言的發展

（一）**意義**→由一定的發音與意義（Meaning）所形成的

（二）**階段**
- 1.先聲期
  - （1）哭
  - （2）呢喃之語
  - （3）牙牙學語（babbling）
- 2.稱呼期
- 3.文明期
- 4.好問期

（三）**構成要素**
- 1.語音（phonetics）
- 2.語義（semantics）
- 3.語序（sequentials）

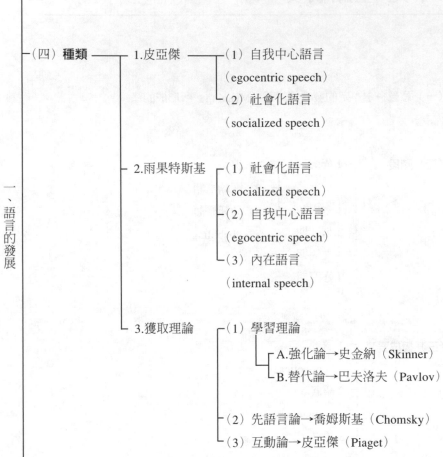

一、語言的發展

（四）**種類**

1.皮亞傑
(1) 自我中心語言
（egocentric speech）
(2) 社會化語言
（socialized speech）

2.雨果特斯基
(1) 社會化語言
（socialized speech）
(2) 自我中心語言
（egocentric speech）
(3) 內在語言
（internal speech）

3.獲取理論
(1) 學習理論
A.強化論→史金納（Skinner）
B.替代論→巴夫洛夫（Pavlov）

(2) 先語言論→喬姆斯基（Chomsky）
(3) 互動論→皮亞傑（Piaget）

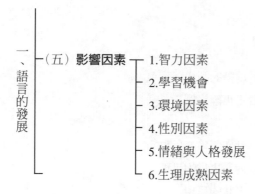

一、語言的發展 ─ （五）**影響因素** ─ 1.智力因素

2.學習機會

3.環境因素

4.性別因素

5.情緒與人格發展

6.生理成熟因素

二、圖畫發展 ─ （一）**價值** ─ 1.滿足幼兒的想像力與表現力

2.鍛鍊幼兒的思維能力

3.養成欣賞美術品與自然界的能力

4.繪畫可培養美感

5.訓練繪畫的知識與技能

6.繪畫可診斷幼兒的心理狀態

（二）**發展階段** ─ 1.塗鴉期（1～2歲）

2.象徵期（2～3歲）

3.前圖式期（3～5歲）

4.圖式期（5～8歲）

5.前寫實期（8～14歲）

6.寫實期（14歲以後）

第七章 第一單元 重點綱要

二、圖畫發展

　├─（三）**發展特徵** ┬ 1.模式面 ┬（1）繪畫的圖樣
　│　　　　　　　　　　│　　　　　└（2）不正確比例
　│　　　　　　　　　　│
　│　　　　　　　　　　└ 2.心理面 ┬（1）動作體驗的呈現
　│　　　　　　　　　　　　　　　　├（2）內心事物的呈現
　│　　　　　　　　　　　　　　　　├（3）形狀的呈現
　│　　　　　　　　　　　　　　　　└（4）繪畫與故事
　│
　└─（四）**輔導方式** ┬ 1.滿足幼兒塗鴉的慾望
　　　　　　　　　　　　├ 2.仔細聆聽幼兒的解釋與說明
　　　　　　　　　　　　├ 3.增進幼兒的生活經驗
　　　　　　　　　　　　└ 4.介紹各類的畫筆

第二單元　重點精析

一、語言的定義

意指傳達感情、思想、引起個人反應之行爲，可透過文學、身體語言與各種符號達成，所以包含哭、喜、怒的表現，及手勢、寫字、繪畫等，都算是語言。

二、幼兒階段語言發展的特色

依皮亞傑的分類區分出兩種語言發展的特色。一爲幼兒自己和自己相互交往之語言，稱爲「自我中心語言」，而其二爲幼兒自己和別人互相交往之語言，稱做「社會性語言」。分別介紹如下：

（一）自我中心語言(egocentric speech)

即想說自己想說的話，並不在意有沒有人在聽。有三項特色如下：

1. 重複語：幼兒常常將聽到的語言一再重複，當然這並不代表他瞭解這是什麼意思，但幼兒常會藉著聲音的反覆來當做遊戲而自得其樂，如，聽到掛鐘正「答答」的發出聲響，他就會試著模仿。
2. 獨語(monologue)：幼兒在獨處時會出現邊說邊想的現象，他並不是和別人交換意見，只是想以語言來陪伴他，所以才會出現這樣的行爲。
3. 團體時的獨語(collective monologue)：處在團體中，幼兒還是會出現自言自語的現象，如，「這邊有球耶！」他並不期待也不考慮別人的反應，只是在對假設的聽話者說話而已。

（二）社會性語言(socialized speech)

即幼兒能考慮到別人的反應，特色有四：

1. 述說(Statement)：不是和假定聽話者說話，而是與眞實的人說話，

但試著影響對方。

2.批評(criticism)：即用言語來批評別人的過錯。

3.請求或命令(request or command)：即能用字語來要求別人的幫助，如，「拿下來給我」或「拜託，讓我玩」。

4.質問與回答(Q&A)：幼兒若發出問題，是想要別人回答他；若別人問他問題他也能回答別人的問題。

三、語言的功用

大略可區分出五項功用：

（一）透過語言來表達情緒或促使事情的發生：會以語言來表達自己內心的情緒，如，快樂或難過，也能表達命令或請求，致使其事實發生。

（二）藉語言遊戲來獲取快樂：會利用大部分時間，做發音的遊戲，來發現自己美妙的聲音，充分享受快樂。

（三）以語言作為社會化手段：意即引起別人注意，作為獲得社會認可的手段，對任何新奇事物一一接觸。

（四）以語言交換意見：即利用語言將自己的想法傳授給同伴，進而進行溝通，不斷學習新知識。

（五）藉由語言做「有聲思考和想像」：即皮亞傑所說的獨語是有聲的思考或想像過程，是幼兒思考的聲音化。

四、語言發展的階段

可分為下列六個階段：

（一）發音階段

約從出生至1歲，這時期又稱「先聲時期」是幼兒發音的準備階段。

3個月至1歲會牙牙學語，反覆一樣的聲音。

9個月大時會模仿成人的語言但必須是他能自動發出的聲音。

10月大時對簡單命令會出現反應。

各階段的特徵是從生理需求的滿足到心理需求的滿足。

（二）單字句階段

約1歲至1歲半，這時期的特徵是幼兒多半是單音重疊的發音，如，「爸」、「媽」。

有時以聲音特色來代稱某物，如，「汪汪」代表狗。也會試著以單字來表示整句的意思。此階段幼兒對「發音」的學習表現出很大的興趣。

（三）多字句階段(電報式語言或稱呼期)

約1歲半至2歲，試著將不同的詞語組成一個句子，但結構不緊密，如，「媽媽」此階段有兩個特色：

1.語句中以名詞（noun）居多，漸漸增加動詞（verb），最後是形容詞（adjective）。

2.句子不緊密且顛三倒四，較沒有文法。

（四）文法階段

約2歲至2歲半，這階段幼兒開始注重文法，可正確、清楚的說出一個完整的句子；約2歲半時會開始意識到自我，會使用「我→你→他」，並且能確切明白聲音代表的意涵。此時期幼兒思想組織會較有條理。

（五）複句階段

約2歲半至3歲半，此階段幼兒多使用複句，但仍會發生詞語遺漏的現象，經由學習會漸漸減少此種錯誤。3歲時，幼兒知道的字彙會以驚人速度增加，長字串的句子，也較能以正確之文法表達。常使用的連接語常有「因為」、「所以」、「要是」等。此階段有兩項特色：

1.喜好發問：因此時期幼兒有因果的思想觀念，對自己不熟的事物都會想發問知道其所以然，可能常常會將「為什麼」掛在嘴邊，故此階段又稱「好問期」(questioning age)。此時成人應趁此機會加以輔導，以滿足幼兒求知及語言發展的需求。

2.複句的形成：已能從簡單的詞語至複合句，也可以說出兩個平行的句子。

（六）完成階段

約4歲至6歲，幼兒的詞已達到一千七百個左右，此階段幼兒已能完整的表達出語言，且已能從學習新字漸漸轉為追求句子的內容及求知。

五、影響語言發展的因素

幼兒表達語言的能力之優劣，包含反應和品質的好壞。不論是質或量，每個幼兒都極不相同。影響幼兒語言發展的主要因素有四點：

（一）性別和排行

此兩項因素對幼兒語言發展有所影響，細說如下：

1.性別
（1）女童語言品質優於男童，在流暢度及構音方面皆較男童佳，但此種發展上的差異，在後期時優勢會消逝，惟有在學習外國語言或書寫的能力好，女孩仍會優於男孩。
（2）女童比男童要早說話且字彙量亦多於男童，根據研究女童之語言障礙百分比低於男童。

2.排行
經研究發現兩項特色：
（1）頭胎在語言表現較後胎來的好。
（2）獨生子女或多胎子女之老大有較多學習語言的機會，且得到鼓勵亦多，所以語言能力較好；由此可瞭解環境因素是真正造成語言差異的原因之一。

（二）智力的影響

據研究智慧高的孩子於出生後11個月就能開口說話，而智慧差的則須34個月，低能兒須51個月。可見幼兒語言發展，受智力發展的影響。但我們也不能如此斷定說話慢的智力發展就一定較差，我們可從智力高的幼兒身上發現幾項特色：

1.學習說話的時間較智力低者早。

2.使用句子較智力低者長。

3.在語言的使用上品質優於智力低者。

（三）年齡的影響

可區分為下列三項：

1.學習到的字彙隨年齡而增加：1歲幼兒有一至二個詞彙數，1歲半有十至二十個詞彙，2歲有五十至二百五十個字彙，2歲半有四百到五百個詞彙，而到3歲時則有五百至一千個字彙，由此可知幼兒的字彙會隨年齡而增加。

2.用語的長度及完整程度隨年齡而成長：年齡愈長的幼兒語言上變化較多，會使用的名詞、動詞、形容詞及連接詞也較多。3至5歲時也會使用複句，而5歲時也可能會有複雜結構的句子出現，句子的長度也會變長。

3.年齡愈長，以自我為中心的語言會愈少、社會化語言則愈多：幼兒在5歲前難以使用禮貌性的詞語，但約在6歲時能明白並說出禮貌性的字彙，在6歲後能做出禮貌性的請求，直到9歲才能完全明瞭禮節性的字彙。

（四）家庭的影響

父母和家庭在幼兒的早期教教育中扮演著重要的角色，父母的參與能改善幼兒之成就。以下就家庭背景、教育程度、友伴多寡及親子互動來探討。

1.社經地位較高者語言發展較好：中高社經階級之人可表達出更詳盡及抽象的語言，而低社經階層者多使用情緒性用語，語法和結構並不豐富。

2.父母教育程度愈高者，語言發展較好：若父母的教育程度愈高，其子女的語言能力也愈佳，反之則比較差。

3.年長之友伴愈多，語言發展較好：若身旁年長之友伴愈多，學習語言的機會也愈多，語言自然會有較好的發展；相反的，若多和年齡較小的友伴在一起，因缺乏學習的機會，所以在語言的表現上自然

較差。

4.親子互動愈頻繁，語言發展愈好：語文能力高的兒童，其父母常與兒童交談並提供各種閱讀資源來刺激兒童對語文的認知。可見家庭中良好的親子語言交流對兒童未來的語言能力會有很大的幫助。

六、幼兒語言發展的輔導

幼兒語言輔導大致可分為下列幾項：

(一)「一字句」階段的輔導

此時成人應要有耐心且常常給予鼓勵。

(二)「口吃」輔導

口吃之原因為發音器官協調緩慢、模仿口吃者或是為引起別人注意所產生之語言發展問題，依學者的建議應避免以不友善的態度對待之，實施專門治療來改善。而幼兒的「口吃」有可能是情緒所引起的。

(三)「好問期」輔導

幼兒在成長階段會提出各種問題，成人需以耐心來回答，千萬不要表現出不耐煩，若是在繁忙的時間，也應該在空閒時再談。

(四) 培養閱讀興趣

以下提出八項輔導方法：

1.發音器官的保護：如，聽覺、喉嚨、聲帶等的保護，以利幼兒發音。

2.提供良好之學習環境：在嬰幼兒期時應提供語言上的刺激，掌握學習的關鍵期。

3.玩伴的慎選：可避免學到不正確的詞語且增加更多學習語言的機會。

4.讓幼兒有充分說話的機會：給幼兒發表意見的機會，將利於幼兒語言發展。

5.養成良好之語言習慣：使幼兒知道如何使用禮貌性用詞，如，「謝

謝」、「請」、「對不起」等。

6.提供良好之語言教材：提供優良的輔助教材，如，讀物、電視節目，讓幼兒能學到更多正確的用法及發音。

7.適時糾正：注意幼兒是否學了不正確的發音方法或不雅之用語，並予以適時糾正。

8.對於有語言障礙的兒童，像是口吃、構音異常等，也應適時予以糾正，在必要時，也可請語言治療師來矯正。

（五）說話和聽話輔導

鼓勵幼兒多發言、聽話，以練習說話的技巧。幼兒在4歲前是輔導語言發展的最佳時機，成人應以耐心來教導，且不宜模仿幼兒的發音方法和文法，也不要強迫幼兒說話，才是正確的輔導幼兒語言發展的方式。

七、兒童繪畫的定義

語言除了說話，尚包含手勢、手語、表情、寫字及繪畫等。幼兒繪畫是幼兒另一種語言的表現，可從畫中發覺幼兒想要表達的心靈活動，畫出心中所想的概念，能表現出幼兒的思想及情感。

換言之，「幼兒繪畫」指發自幼兒本身純真的思想、感覺、直覺等經驗的累積所創造出的繪畫而言。幼兒繪畫的創造是隨著本身的心理、生理及性格之不同而有所差異，對繪畫的興趣，則隨成長和經驗的擴展而有所不同。故「幼兒繪畫」為「畫其所想」，而非其所視。

八、幼兒繪畫的特色

根據學者的區分將幼兒繪畫的特色分為九項：

（一）圖式繪畫：幼兒常無意的將繪畫以固定形式出現，像是臉是圓的，手腳以線條來表現。

（二）會有遺漏或增加視覺資料情況出現：幼兒在繪畫時常出現主觀、不甚合理的狀況，像是畫人時，卻忘了畫耳朵、鼻子；有時還會畫看不見的東西，如，畫土裏面的樹根。

（三）大小比例不符合實況：幼兒的畫中並沒有依照現實的比例大小來作畫，所以常出現不成比例的情形，像是頭很大但身體較小。

（四）沒有「數」的觀念：如，畫房子會畫很多的窗戶，畫手指時也常畫一堆，缺乏正確的數的概念。

（五）不符合邏輯：像是畫過馬路的人好像是躺在地上睡著一樣，樹木也像是躺在地上，不符合邏輯的現象是幼兒繪畫的一大特徵。

（六）喜愛使用符號和慣用概念：如，畫個「倒三字形」來代表飛鳥，幼兒常會使用某個符號來象徵某樣東西。

（七）喜愛裝飾：幼兒喜歡用一小些圈圈、小點來裝飾畫面，讓圖看起來五彩繽紛。

（八）想像力豐富：幼兒的想像力非常豐富，所以無論是什麼題目都可以畫。

（九）主觀性及概念性的色彩選擇：雖然幼兒會依主觀而選擇用色，卻也會受到概念性的習慣來選用色彩。如，用藍色來代表天空。

九、繪畫的價值

（一）滿足需求：幼兒本來就喜歡畫畫，提供用具給幼兒畫畫剛好可滿足他本身的需求。

（二）培養創造力及想像力：幼兒想像力本來就很豐富，再加上想到什麼就直接畫什麼，因此可以滿足本身的想像力及培養創造能力。

（三）培養觀察力及鑑賞力：幼兒對各種事物皆充滿好奇心，於是喜歡將所觀察到的事物表現於畫中；繪畫完後也會欣賞一番，同時也會欣賞別人的畫作，可漸漸培養出鑑賞能力。

（四）繪畫為寫字之基礎：幼兒時期還不適合拿筆寫字，但可先從學習拿較粗的蠟筆來訓練手指的靈活度，奠定往後的寫字基礎。

（五）藉由畫作來診斷心理情況：幼兒會將心裡想的直接畫出，所以可以從幼兒畫作中診斷出其心理狀態。

十、繪畫發展的階段

繪畫的發展階段依年齡區分為塗鴉期、象徵期、前圖式期、圖式期、寫實前期和寫實期六期。現今幼兒身心發展快速，繪畫成長階段期間也隨之縮短，但幼兒繪畫發展仍視幼兒教育環境之不同而有所差異。

（一）塗鴉期

約1歲至2歲間，這時期所畫的內容是沒有意思的，純粹以活動為興趣，無意識所產生的反複運動結果，這時期稱「塗鴉期」又「錯畫期」。其中又可細分成好幾個階段：

1. 未分化之塗鴉：此時因動作不夠協調，所以只能畫出一些較為紊亂的線條。
2. 直線（控制）塗鴉：這階段手、眼較協調也較能控制，所以能畫出直線。
3. 圓形的塗鴉：即反覆的畫圓圈。
4. 命名的塗鴉：即塗鴉後期，這時期的幼兒雖不能畫出具體的樣子，但已能較明顯的表達出自己想要畫些什麼，幼兒也會一邊畫一邊說明他在畫什麼，有時也會直接為畫作命名。

（二）象徵期（命名期）

約2歲前後（即塗鴉末期），幼兒希望藉由繪畫來和其他人溝通。約在2至3歲時想像力愈來愈發達，對動作的控制也有較深的認識，此階段的幼兒仍是以自己的感覺及想像來作畫，而不是畫其所「見」。由於學習語言，此階段幼兒已瞭解使用語言符號可助於意念的表達和思想的進行。象徵期的特徵是幼兒會表達出有意念之塗鴉，雖無法清楚的描繪出形象，但已能明白自己想要表達些什麼。也喜歡幫畫作命名，知道以一種單獨的線條或圈加上意義來為某一物命名。

（三）前圖式期（蝌蚪期）

前圖式期約3至5歲，係為無論是畫人、事、物，都以固定的圖式加以表現，有時只畫一些記號，來表達物體的全部。但要注意的是因為這階段畫出來的形象還是有些模糊，所以會被誤認成仍留在象徵期階段，其實兩階段仍是有明顯的差異，因象徵期所畫出來的畫，若沒有經過解釋，是無法瞭解幼兒想畫的是何物； 但在前圖式期的畫已能較清楚瞭解幼兒所想要表達的形象。

這時期幼兒會常畫和自己接觸較多的人物，尤其是以自己為主題，其次可能為媽媽、爸爸等。

（四）圖式期（即繪畫黃金時期）

約5至8歲。此階段幼兒開始能畫出較像樣的畫作，畫出來的圖和實物相似，也有自己一定的畫法。但仍是依照記憶而畫，而非以實在的某物之形狀為寫生的主題。

幼兒會以圖畫的表現來發洩情感、情緒，顯示出特別的視覺語言。以學者的研究，將圖式期的繪畫特徵區分為八種：

1. 透明的表達方式：也就是從外觀無法直接看透其內在有什麼東西存在。但幼兒仍會將它畫出，如，畫褲子的口袋時會畫出口袋裏面的錢幣。

2. 展開式的表達方式：如，畫很多人坐在餐桌前用餐，桌腳和用餐的人都會向四周展開，宛如一幅展開的圖畫。

3. 基底線的表達方式：畫出一條地平線來區分天地，所有的人都站在基底線上。

4. 並列式的表達方式：以基底線為標準，將人物、花花草草以排列的方式畫在基底線上。

5. 強調式的表達方式：如，畫媽媽要抱妹妹時會將媽媽的手臂畫得很長，直到媽媽的手抱到妹妹為止。

6. 報仇式的表達方式：幼兒會將自己討厭的人的臉畫得亂七八糟來達到報仇的目的。

7. 擬人化的表達方式：如，畫魚時會為魚畫上眼睛等，以擬人化且以

自我爲中心的眼光去看某一事物。

8.裝飾性的表達方式：此特徵以女孩居多，如，在自畫像上，將自己畫得美美的，可能在頭上多畫了個蝴蝶結，或是在脖子上加了漂亮的項鍊。係透過裝飾性的表現來滿足自己期待裝飾自己的慾望。

（五）寫實前期

約8歲至14歲。此階段幼兒對物體的形狀、顏色等，已能描繪得和實際物體相近。

（六）寫實期（高原期）

約在14歲後，兒童對自然環境、社會情況的知識已有廣泛的涉獵，進而使繪畫技巧增加了不少。所以已經能對實物以實際的角度來描述。

十一、幼兒繪畫之輔導

輔導幼兒繪畫的主要目的是爲了促進幼兒對藝術的興趣及創造力的培養，茲將輔導幼兒繪畫技巧區分如下：

（一）持之以恆：每天應有三十分鐘至一個小時的時間，讓幼兒進行藝術的探索。

（二）自由發揮：在幼兒開始進行藝術探索時，輔導人員應以最低的限度介入，讓幼兒有主動表現創造力的機會。輔導者(老師或父母)不要拿出圖樣讓幼兒照著畫或是只讓其在畫圖本上塗色，這樣只會扼止了幼兒繪畫能力的發展，在學前教育中絕不能使用這樣的方式。

（三）適當鼓勵：幼兒畫好的繪畫作品，應放在家中或教室中，以表示你對幼兒繪畫的欣賞，如此將給幼兒帶來很大的鼓勵。

第三單元　歷屆試題

（D）1.嬰兒最原始的語言表達是（A）喃喃出聲（B）笑聲（C）獨語（D）啼哭。〔82幼二專〕

（A）2.當父母或教師發現幼兒有錯誤的語句時，應該（A）就幼兒所要表達的的訊息內容加以回答（B）認真的矯正幼兒的語法、語句（C）等幼兒說出正確語句時再予以反應（D）告訴他以後不可再犯同樣的錯誤。〔82保二專〕

（B）3.下列關於幼兒語言的敘述，何者錯誤？（A）1歲至1歲半為發展的關鍵期（B）集體獨語為常見的溝通方式（C）其發展予與自我概念的形成有關（D）其發展受智力發展所影響。〔83保二專〕

（C）4.下列語言發展的單字句時期特徵，何者有誤？（A）所發的聲音多是重疊的單音（B）大約自1歲至1歲半（C）好問期在此時開始（D）模仿物的聲音為其名稱。〔82幼專〕

（C）5.當幼兒在紙上畫出沒有軀幹的「蝌蚪人」是屬於繪畫能力發展的什麼期？（A）圖式期（B）塗鴉期（C）前圖式期（D）以上皆是。〔82保二專〕

（C）6.當幼兒繪畫時，最喜歡畫人物，而所畫的人常呈現蝌蚪的樣式，這是屬於哪一時期的繪畫？（A）塗鴉期（B）配置期（C）前圖式期（D）圖式期。〔82保二專〕

（B）7.輔導幼兒繪畫的發展，下列哪一種做法不適當？（A）供給紙筆以滿足塗鴉的慾望（B）告訴幼兒「畫得很像」或「畫得不像」（C）提供豐富的視覺刺激（D）介紹不同的繪畫方法以引畫圖的興趣。〔82保二專〕

（B）8.下列敘述有關於語言繪畫黃金時期的話，何者不適當？（A）幼兒較易模仿及受他人影響（B）父母和老師應多畫給幼兒看，教他如何畫（C）幼兒所畫其所「感」、所「想」（D）幼兒不畫其所「見」。〔88保甄〕

（B）9.一位語言正常發展的幼兒常說「媽媽－水」、「狗狗－怕」等這類話，其語言發展期為（A）單字期（B）雙字期（C）獨言期（D）

雙語期。〔81保甄〕

（A）10.當父母或教師發現幼兒有錯誤的語句時，應該（A）就幼兒所要
傳達的訊息內容加以回答（B）認眞地矯正幼兒的語句、語法（C）
等幼兒說出正確語句時再予以反應（D）告訴他以後不可以再犯
同樣的錯誤。〔82保二專〕

（B）11.下列何者用語在指導幼兒畫圖時，較爲適當？（A）你畫的人怎麼
沒有頭，只有身體？這裡要加上身體，才像人。（B）告訴老師你
畫的是什麼？（C）世界上沒有綠色的花，只有綠色的葉子，下次
要注意。（D）這些地方怎麼沒有塗色？來！我替你塗！〔82幼
專〕

（B）12.「幼兒把所畫的東西與過去的經驗相聯結，爲自己所畫的點、
線、圖加上意義，或加以命名」的時期，稱爲幼兒繪畫能力發展
的（A）塗鴉期（B）象徵期（C）前圖式期（D）圖式期。
〔84保甄〕

（D）13.下列何者倡導語言天賦論，認爲語言是人類與生俱來的行爲特
徵？（A）史金納（B）華森（C）皮亞傑（D）喬姆斯基。
〔84保甄，87日專〕

（D）14.輔導幼兒繪畫的發展，下列哪種做法不適當？（A）介紹不同的
繪畫方法以引發畫圖的興趣（B）提供豐富的視覺刺激（C）提供
筆紙滿足塗鴉的慾望（D）告訴幼兒「畫得很像」或「畫得不
像」。〔84保夜專〕

（A）15.前圖式期所畫的人稱爲（A）蝌蚪人（B）超人（C）三角（D）
巨人。〔84保夜專〕

（A）16.主張語言是經由認知學習而來的代表人物是哪一位學者？（A）
皮亞傑（B）佛洛依德（C）艾力克森（D）沙利文。〔84保夜專〕

（D）17.關於1個月大的嬰兒哭泣所代表的意義，下列何者錯誤？（A）最
初的發音練習（B）表達生理的需求（C）一種全身運動（D）表
達情感的需求。〔84日專〕

（C）18.皮亞傑認爲幼兒的「集體獨語」是一種（A）社會化的語言（B）
獨自遊戲語言（C）自我中心的語言（D）聯合遊戲的語言。

（A）19.輔導幼兒繪畫機動最好的方法是（A）遊戲（B）上美術課（C）寫生（D）素描。〔84保夜專〕

（B）20.下列有關幼兒發展的敘述，哪一項是錯誤的？（A）單字句期先於雙字句期（B）代名詞的使用先於名詞（C）先學物體名稱後學成人文法（D）平行句先於複句。〔84保夜專〕

（D）21.幼兒會為自己的畫賦予意義是始於哪一時期？（A）圖式期（B）前圖式期（C）塗鴉期（D）象徵期。〔84日專〕

（D）22.輔導錯畫期的幼兒，下列方式何者較適宜？（A）提供固定材料（B）提供繪畫範本（C）提供著色本（D）讓他玩撕紙遊戲。〔84日專〕

（C）23.繪畫發展最初是哪一期？（A）圖式期（B）前圖式期（C）塗鴉期（D）象徵期。〔84保夜專〕

（C）24.幼兒在下列何種語言發展時期，學會以「我」代表自己？（A）單字期（B）稱呼期（C）文法期（造句期）（D）好問期。〔85日專〕

（B）25.「口吃」的成因下列何者敘述錯誤？（A）發音器官的協調作用遲緩（B）缺乏良好語言示範和充分學習機會（C）父母過度注意與焦慮而導致幼童情緒緊張（D）好奇模仿口吃者，久之遂成習慣。〔84保夜專〕

（D）26.有關兒童語言發展，下列何者敘述為非？（A）嬰兒最初的發音為哭啼（B）約1歲至1歲半，此期幼兒的語言都是單字（C）女童瞭解語言的能力較男童優（D）幼兒詞類發展的次序為動詞→名詞→其他詞類。〔85中夜專〕

（B）27. 2～3歲的幼兒會為自己所畫的點、線、圈加上意義或加以命名，這是處於繪畫發展的哪一時期？（A）塗鴉期（B）象徵期（C）前圖式期（D）圖式期。〔85南夜專〕

（D）28.哪個年齡階段的幼兒，常喜歡隨意塗鴉？（A）3歲半至4歲（B）2歲半至3歲半（C）1歲至1歲半（D）1歲半至2歲半。〔85保甄〕

（C）29.小珍在畫媽媽時，會畫一個大概的圓形線條，然後再畫一些小點

代表眼睛、嘴巴、鼻子，而這些小點都不在正確位置上，則小珍處於繪畫的（A）塗鴉期（B）圖式期（C）前圖式期（D）抽象畫期。〔85中夜專〕

（A）30.下列何者為單字句期（1歲至1歲半）幼兒語言發展的特徵？（A）以物的聲音代表其名稱（B）喜歡發問（C）學習使用代名詞（D）電報語言。〔86南夜專〕

（A）31.幼兒的語言發展輔導應避免（A）仿傚幼兒的發音和語法（B）讓幼兒多看幼兒讀物（C）顧及幼兒的個別差異（D）給予幼兒練習說話的機會。〔86保甄〕

（A）32.關於語言繪畫發展輔導的敘述，下列何者錯誤？（A）輔導重點在於構圖、比例及用色的正確性（B）引導幼兒鑑賞圖畫時，應多培養其觀察力和欣賞力（C）當幼兒將兔子塗上紅色時，不要立即糾正，應先聆聽幼兒的想法（D）讓幼兒多接近大自然，可以豐富其繪畫的內容。〔86日專〕

（A）33.2歲以前幼兒的繪畫發展階段是處於塗鴉期，其中發展包括以下階段：1.縱線錯畫2.點錯畫3.橫線錯畫4.錯綜混合錯畫5.圓形錯畫，正確順序為（A）2→3→1→5→4（B）2→1→3→5→4（C）2→3→1→4→5（D）3→2→1→5→4〔86日專〕

（B）34.關於語言發展的敘述，下列何者有誤？（A）語言上的性別差異，只有在幼兒期較顯著（B）幼兒開始說話時間的早晚和智力無關（C）父母的態度是決定嬰兒語言發展良好與否的重要因素（D）語言發展有其關鍵期。〔85日專〕

（B）35.王小妹說話時，常以雙字或多字組合在一起表達意思，「媽媽拿」，根據王小妹語言發展特性，王小妹應該是幾歲？（A）1歲以下（B）1歲半～2歲（C）2歲半～3歲（D）4歲。〔85南夜專〕

（B）36.如何培養幼兒繪畫的能力，下列何者是錯誤的？（A）提供不同的繪畫方法（B）多提供著色畫本（C）多提供生活經驗（D）提供大張的紙張和粗的蠟筆。〔85中夜專〕

（C）37.面對幼兒不敢畫、不會畫時要如何指導？（A）拉著幼兒的手畫畫（B）畫某個形狀給幼兒模仿（C）問幼兒是否畫一條線，當幼兒

動手時立即給予誇獎（D）讓幼兒呆坐著等待他自己拿筆畫。
〔85中夜專〕

（D）38.有關幼兒繪畫的價值，下列敘述何者為非？（A）是幼兒寫字的
基礎（B）可提昇幼兒的知識和技能（C）可增進社會行為的發展
（D）對幼兒心理及生理狀況無所幫助。〔85中夜專〕

（C）39.關於語言發展的輔導敘述，下列何者錯誤？（A）提供良好的語言
示範（B）為使幼兒能使用語言表達需要（C）模仿其不正確的發
音或語調（D）注意發音器官的保護。〔85南夜專〕

（D）40.關於幼兒語言發展的輔導，下列敘述何者不正確？（A）4歲前是
輔導語言發展的最好時機（B）為使幼兒能使用語言表達需要，不
宜太快滿足幼兒（C）成人不宜模仿幼兒的發音及語法（D）為使
幼兒練習說話，宜強迫幼兒發言。〔84日專〕

（B）41.下列何者為「稱呼期」的語言能力特徵？（A）以物體發出的聲音
當作其名稱（B）對物體名稱有很大的興趣（C）學會以「我」表
自己（D）可以理解別人所說的「他」，就是指自己。〔86日專〕

（C）42.下列「幼兒口吃」產生之原因，何者敘述錯誤？（A）發音器官的
協調作用遲緩（B）模仿口吃者，久之遂成習慣（C）缺乏良好的
語言示範（D）為引起父母的注意。〔86保甄〕

（A）43.幼兒繪畫能力時期的發展，依照順序為（A）塗鴉期－象徵期－
圖式期－寫實期（B）象徵期－塗鴉期－寫實期－圖式期（C）象
徵期－塗鴉期－圖式期－寫實期（D）象徵期－圖式期－寫實期
－塗鴉期。〔86保甄〕

（B）44.兒童畫中蝌蚪人大約出現於何時期？（A）1歲半～2歲半（B）3
歲～5歲（C）5歲～9歲（D）2歲半～3歲。〔86保甄〕

（B）45.為幼兒選擇圖畫書，下列描述何者錯誤？（A）故事內容要避免殘
暴行為的描述（B）字體大小與圖畫比例應隨幼兒年齡增加（C）
裝訂要牢固，不易鬆散，脫頁（D）紙張要堅韌，不反光。
〔86日專〕

（B）46.2歲幼兒其造形發展特徵正值（A）無控制期（B）塗鴉期（C）前
圖式期（D）圖式期。〔86保甄〕

（D）47.下列有關「前圖式期」的敘述，何者不正確？（A）此階段幼兒年齡約在3至5歲（B）經常畫出沒有軀幹的「蝌蚪人」（C）畫人以正面較多（D）並列式的畫法是其表現特徵。〔88北夜專〕

（B）48.有關幼兒語言發展包含：1單字句期2好問期3造句時期4稱呼時期，下列發展順序何者正確？（A）1→4→2→3（B）1→4→3→2（C）4→1→2→3（D）4→1→3→2。〔88北夜專〕

（B）49.下列敘述幼兒發展語言與各因素之關係，何者正確？（A）智力與語言發展無關（B）語言發展與環境因素關係密切（C）語言發展與性別無關（D）語言發展與年齡成負相關。〔87保甄〕

（A）50.對幼兒的繪畫輔導，下列哪一個說法需要修正？（A）宜著重美的創作（B）幼兒繪畫是一種心靈的活動（C）幼兒的圖畫是一種符號與記號（D）欣賞幼兒的繪畫與欣賞成人的繪畫不同。
〔87保甄〕

（C）51.幼兒雖未能畫出具體的形象，卻能為他自己所畫的圖命名，是屬於（A）圖式期（B）前圖式期（C）象徵期（D）塗鴉期。
〔87保甄〕

（A）52.有關「牙牙學語」（Babbling）的說明，何者有誤？（A）以喵喵稱貓，是屬於一種「牙牙學語」（B）是一種自娛的聲音（C）嬰兒藉此促進控制發音器官的技巧（D）1歲以後漸漸較少出現。
〔87日專〕

（A）53.一般而論，下列何者為真？（A）幼兒語言發展，女童比男童早說話（B）智力較高的幼兒，開始會說話的時間較晚（C）研究發現，兄姐及年長友伴愈多的幼兒，學習語言的機會反而愈少（D）研究顯示，幼兒的語言發展不受其情緒與人格特質之影響。〔85保甄〕

（C）54.下列何者非1歲半至2歲幼兒語言發展的特徵？（A）喜歡問東西的名稱（B）字彙迅速增加（C）學會使用代名詞（D）使用電報句。〔87夜二專〕

（A）55.有關語言發展的敘述何者為非？（A）男孩優於女孩（B）智力高者優於一般兒童（C）社經地位高者優於社經地位低者（D）兄弟

姊妹年齡相近者優於年齡相距遠者。〔87夜二專〕

（A）56.有關幼兒繪畫能力的發展順序，何者正確？1錯綜複雜的圓點線2將「茶蟲」畫得和「茶樹」一樣大3蝌蚪人4畫個大圈圈說：「這是爸爸。」（A）1→4→3→2（B）4→2→3→1（C）1→3→2→4（D）4→1→3→2。〔87日專〕

（B）57.幼兒繪畫時會畫個大圈圈說：「這是爸爸。」，畫個小圈圈說：「這是我。」這是屬於幼兒繪畫發展時期的（A）塗鴉期（B）象徵期（C）前圖式期（D）圖式期。〔87北夜專〕

（A）58.下列何種環境有利於語言發展？（A）兄弟姊妹人數多，且年齡相近（B）被過分保護（C）接觸人很少（D）親子關係疏離。〔88南夜專〕

（B）59.李小明把貓叫做「喵喵」，把汽車叫做「嘟嘟」，就一般幼兒語言發展而言，李小明正處於何種年齡階段？（A）6個月至1歲（B）1歲至1歲半（C）1歲半至2歲（D）2歲至2歲半。〔88北夜專〕

（C）60.小華對小明生氣的說：「不要拉我的頭髮」，這是一種（A）自我中心語言（egocentric speech）（B）集體獨語（collective monologue）（C）社會化語言（socialized speech）（D）非溝通性語言（noncommunicative language）。〔87日專〕

（A）61.4歲到6歲的幼兒喜歡畫生活中熟悉的題材，往往是一想到什麼就畫什麼，這是屬於繪畫行為發展的何種階段？（A）圖式期（B）前圖式期（C）象徵期（D）命名期。〔88保甄〕

（B）62.下列何者非圖式期幼兒繪畫的特徵？（A）透明式的畫法（B）命名的塗鴉（C）展開式的畫法（D）並列式的畫法。〔88南夜專〕

（C）63.語言發展各階段的特徵：1單字句2簡單句3呀呀語4複合句5電報句，其先後排列順序應為何？（A）35142（B）31425（C）31524（D）32154。

（B）64.幼兒繪畫能力的發展順序1塗鴉期2前圖式期3圖式期4象徵期5寫實期，下列何者正確？（A）12345（B）14235（C）15234（D）12354。〔88中夜專〕

（C）65.就語言學習的理論言，下列敘述何者錯誤？（A）喬姆斯基認為人

類具有的「獲得語言系統」是屬於語言天賦學習論（B）行為主義認為，嬰兒最初的口語學習是經由工具制約，稍大時學到的口語與文字則是古典與工具兩種並用的制約方式（C）皮亞傑認為幼兒有「集體的獨語」時，已經是社會化的語言（D）認知發展學派把語言和思考的發展看成是兩個平行的過程，而到7、8歲時，這兩個過程就密切配合起來。〔88中夜專〕

（D）66.有關幼兒語言的發展，下列何者不是皮亞傑所謂的自我中心語言？（A）反覆語句（B）獨語（C）集體的獨語（D）批評他人的語言。〔88北夜專〕

（A）1.當嬰兒說出第一個有意義的話語時，就是進入了（A）單詞期（B）多詞期（C）複詞期（D）雙詞期。

（D）2.幼兒初學語言所發出的單音重疊如，「汪汪」、「媽媽」等表示幼兒正處在哪一階段？（A）複句（B）文法（C）多字（D）單字句階段。

（B）3.大部分的幼兒可以拿筆寫字是在幾歲的時候？（A）4（B）5（C）6（D）7　歲。

（D）4.約在2、3歲時，幼兒喜歡將「為什麼」掛在嘴邊而不停地問，此時教師要怎麼處理？（A）反覆幼兒的問語後，以兒語方式回答（B）不予置理（C）應教幼兒要多學習而不要常發問（D）耐心傾聽並認真回答，還可反問幼兒。

（D）5.幼兒2歲半至3歲半中處於語言發展的哪一階段？（A）發音（B）單字句（C）多字句（D）複句階段。

（C）6.哪一階段時，幼兒嘗試以不同詞語組成一個句子，但仍不夠緊密？（A）發音（B）單字句（C）多字句（D）複句階段。

（D）7.幼兒能考慮到其他人的反應時，有四項特徵，下列何者為非？（A）述說（B）批評（C）請求和命令（D）重複語。

（A）8.下列兒童語言發展階段的描述何者正確？（A）先聲期→單字句時期→多字句期→複句期（B）先聲期→複句期→好問期→多字句期（C）先聲期→好問期→複句期→多字句期（D）先聲期→單字期→複句期→多字句期。

（A）9.對於輔導幼兒語言發展，下列何者為非？（A）5歲前是語言發展最佳時機（B）成人不要模仿幼兒的發音方式（C）不強迫幼兒發言（D）適時糾正不正確發音。

（B）10.皮亞傑認為幼兒之「重複語」是一種（A）社會性語言（B）自我中心語言（C）獨自遊戲語言（D）聯合遊戲語言。

（B）11.下列對幼兒語言發展的描述，何者正確？（A）名詞和感嘆詞的使用隨年齡增長而增加（B）早期聲音大多屬於爆發音（C）1歲半

的幼兒使用連接詞的比例高於副詞（D）複句期（約2歲）幼兒喜
歡模仿成人的語氣。

【分析】（A）名詞和感嘆詞的使用隨年齡增長而減少（C）1歲半的幼兒使
用副詞的比例高於連接詞（D）2歲幼兒，為單詞句階段，喜歡模
仿成人語氣。

（D）12.有關兒童語言的發展特徵，下列何者為非？（A）嬰兒最初的發
音方式為「哭」（B）形容詞、動詞隨年齡增加而使用率也增加
（C）幼兒基本的語言型態為「敘述句」（D）幼兒學習語言時，詞
類學習的順序為名詞→形容詞→代名詞→動詞。

【分析】（D）幼兒詞類學習的順序為名詞→動詞→形容詞→代名詞。

（C）13.下列敘述何者正確？（A）過度延伸是指兒童學習新字時會反覆同
樣的音節兩次（B）所謂媽媽話是指媽媽對兒童所說的話（C）幼
兒的獨語現象，只是想表達自己的思想（D）學習語言時通常是男
性優於女性。

【分析】（A）過度延伸又稱過度類化，指幼兒將一新字，去擴充其含義，
讓它涵蓋了許多事物，如，只要是動物都叫「汪汪」（B）媽媽話
是指成人改變說話的音調，來對嬰兒說話（D）學習語言通常是女
性優於男性。

（B）14.下列關於幼兒語言發展的敘述何者正確？（A）幼兒學習語言的快
慢與智商沒有關聯（B）幼兒約在4至6歲時已能完整的表達出語言
（稱完成期）（C）「好問」的情況，出現於文法期（D）在文法期
時，幼兒的句子會顛三倒四，沒有條理。

【分析】（A）學習語言的快慢和智商是有關的，智力高的幼兒學習語言的
時間、句子長度及使用上的品質皆優於智力較低者（C）「好問」
是複句期的特色之一，而另一項特色為複句的形成（D）「多字句
期」時幼兒的句子會顛三倒四，較無文法。

（D）15.下列哪一項不是幼兒繪畫的特色？（A）圖式繪畫（B）無邏輯概
念（C）想像力豐富（D）非主觀的使用色彩，不考慮概念性的習
慣。

【分析】（D）可將幼兒繪畫的特色分成九項：1.圖式繪畫2.遺漏或增加視

第七章

第四單元
測驗評量

覺資料3.大小比例不合現況4.沒有「數」的觀念5.不合邏輯6.使用符號和慣用概念7.喜愛裝飾8.想像力豐富9.主觀性但又受概念性影響的選擇用色。

（D）16.當兒童很高興的拿著自己的畫作給媽媽看時，媽媽邊欣賞邊讚美，這樣的舉動對兒童有何影響？（A）培養安全感（B）培養表達能力（C）培養幼兒的藝術氣質（D）培養自尊和自信心。

（A）17.對於下列敘述何者正確？（A）塗鴉期幼兒所畫的內容純粹以活動為興趣，無意識的產生反覆運動的結果（B）象徵期幼兒為畫其所「見」（C）象徵期的畫作，已能清楚看出幼兒要表達的形象（D）圖式期幼兒是以寫實方式來作畫。

【分析】（B）象徵期幼兒是以想像和感覺來繪畫，而不是畫其所「見」。（C）「前圖式期」能清楚看出幼兒畫作所要表達的形象。（D）圖式期幼兒是憑記憶來作畫而非以寫實方式來繪畫。

（D）18.下列何者非繪畫的價值？（A）滿足需求（B）培養創造力和想像力（C）藉以診斷幼兒心理情況（D）讓幼兒安靜下來的好方法。

（C）19.當幼兒在紙上畫個圈圈的說「這是媽媽」時，可知幼兒正處於繪畫發展階段的（A）塗鴉期（B）寫實前期（C）象徵期（D）前圖式期。

（C）20.輔導幼兒繪畫時，下列哪種方式不適當？（A）提供紙、筆讓幼兒畫畫（B）稱讚幼兒畫得很好（C）告訴幼兒，「這個房子畫得不像」（D）提供視覺的刺激。

【分析】（C）輔導人員應以最低限度介入，讓幼兒有主動表現創造力的機會，以鼓勵方式來促進幼兒對藝術的興趣。

（B）21.幼兒繪畫發展階段若處於圖式期，通常是藉於幾歲之間？（A）八至十四歲（B）五至八歲（C）三至五歲（D）二至三歲。

【分析】1.塗鴉期：1至2歲；2.象徵期：2至4歲；3.前圖式期：3至5歲；4.圖式期：5至8歲；5.寫實前期：8至14歲；6.寫實期：約14歲後。

（B）22.幼兒繪畫方式包括透明式、展開式、並列式、基底線等等，可知幼兒正處於繪畫發展階段的（A）前圖式期（B）圖式期（C）寫實前期（D）寫實期。

（A）23.當幼兒將樹葉畫成黑色時，老師應如何輔導？（A）以溫和口氣
　　　　說：「爲什麼畫黑色樹葉呢？」（B）告知幼兒，沒有黑色的樹
　　　　葉，要他改畫別種顏色（C）反問幼兒：「你有看過黑色的樹葉
　　　　嗎？」（D）幼兒知識攝取太少，所以不予糾正。

（D）24.幼兒畫媽媽抱妹妹時，會將媽媽的手臂畫得很長，直到抱到妹妹
　　　　爲止，這是繪畫發展的哪個階段？（A）塗鴉期（B）象徵期（C）
　　　　前圖式期（D）圖式期。

【分析】即爲強調式的表達方式，爲圖式期的特色之一。

第八章

特殊兒童及身心異常者

第一單元　重點綱要

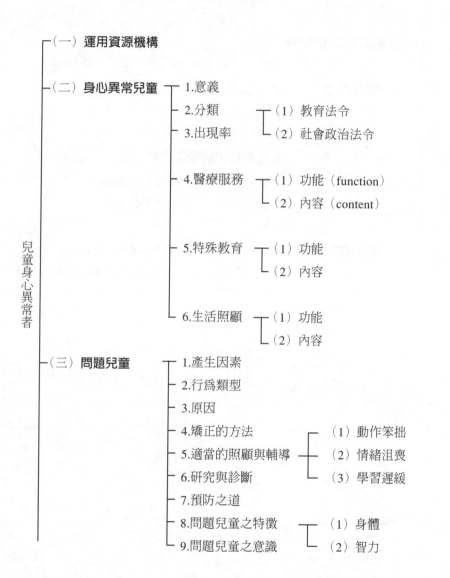

兒童身心異常者

├─（一）**運用資源機構**

├─（二）**身心異常兒童**
│　├─1.意義
│　├─2.分類 ──┬─（1）教育法令
│　├─3.出現率 └─（2）社會政治法令
│　├─4.醫療服務 ──┬─（1）功能（function）
│　│　　　　　　　└─（2）內容（content）
│　├─5.特殊教育 ──┬─（1）功能
│　│　　　　　　　└─（2）內容
│　└─6.生活照顧 ──┬─（1）功能
│　　　　　　　　　└─（2）內容

└─（三）**問題兒童**
　├─1.產生因素
　├─2.行為類型
　├─3.原因
　├─4.矯正的方法 ──┬─（1）動作笨拙
　├─5.適當的照顧與輔導 ─┼─（2）情緒沮喪
　├─6.研究與診斷 ──└─（3）學習遲緩
　├─7.預防之道
　├─8.問題兒童之特徵 ──┬─（1）身體
　└─9.問題兒童之意識 ──└─（2）智力

```
                    ┌─(四) 個別教育 ──┬─ 1.意義
                    │                ├─ 2.理念
                    │                └─ 3.模式特性
                    │
                    │
                    ├─(五) 體罰與虐待的關係
  兒
  童                │
  身                ├─(六) 自閉症兒童 ──┬─ 1.意義（meaning）
  心                │                  ├─ 2.特徵（characteristics）
  異                │                  ├─ 3.形成因素
  常                │                  ├─ 4.與精神病童之區別
  者                │                  └─ 5.治療方法（therapy method）
                    │
                    │
                    └─(七) 問題兒童之分類 ─┬─ 1.行為分類（behavior classification）
                                          └─ 2.一般性分類（general classification）
```

第二單元 重點精析

一、特殊兒童的定義

有些孩子一直很需要別人的關懷，包含有情緒困擾、智力發展過慢或過快，或是肢體殘障的小孩。簡言之，特殊兒童是指在某些層面上，與平常幼兒有顯著差異特質的小孩而言，其中也包括資優生。。

依梅塞爾（Meisels）和安納史塔所（Anastasiow）在1982年的研究指出：常見的幼兒特殊問題分別有：語言障礙、智能障礙、學習障礙、情緒障礙、脊椎骨、腿受傷或起因於發育不良而不良於行之兒童，其他身體上的障礙、視覺、聽覺障礙及多重障礙。而我國對身心發展異常之特殊兒童依特殊教育法規定有十二項，分別為：智能障礙、聽覺障礙、語言障礙、視覺障礙、肢體障礙、身體病弱、嚴重情緒障礙、學習障礙、多重障礙、自閉症、發展遲緩、其他顯著障礙。

一般而言，通常是學校的老師會最先發覺幼兒可能有些讓人注意的特殊問題發生。本章將對特殊兒童教育和輔導作一簡單介紹。

二、身體殘障之定義

本章將身體上的殘障分為：（一）聽覺障礙；（二）語言障礙；（三）視覺障礙；（四）過動兒；（五）癲癇等五項。

（一）聽覺障礙

依我國特殊教育法定，聽覺障礙為聽覺機能永久缺損，聽力損失在25分貝以上，依照兩耳中聽力較佳的一耳輕重程度之不同，分為四種類型，如表8-1。

表8-1 聽力障礙程度對照表

聽力障礙程度	聽力損失
1.輕度	25分貝以上未達40分貝
2.中度	40分貝以上未達60分貝
3.重度	60分貝以上未達90分貝
4.全聾	90分貝以上

（資料來源：特殊教育法細則第18條）

（二）語言障礙

個人語言理解能力或表達能力與同年齡兒童相較，有顯著的偏異現象，而造成溝通困難，可分為構音、聲音、語暢、語言發展四種。

（三）視覺障礙

其分類如表8-2。

表8-2 視覺障礙衡量表

視力檢查表類型	衡量標準	附註
萬國式視力檢查表（C）	0.3以下	
史乃倫視力檢查表（E）	20/70或6/20以下	20/70指正常兒童於70M可看見之物體而，視覺障礙兒須在20M之處才能看到（6/20同理可推）

（四）過動兒

又稱「注意力短缺過度失調症」，很難專注的靜下來，挫折忍受度低，情緒不穩定，此症狀和遺傳、神經系統及環境等有關。

（五）癲癇

癲癇的定義爲，導因於大腦皮質異常放電（放電原因仍不明）對神經系統造成干擾，但另一原因可能爲用藥錯誤而致癲癇發作。

三、身體殘障之幼兒輔導

（一）身體上之狀況和症狀之認識

1. 聽覺問題

聽覺障礙在幼兒時期是較難被注意到的。因爲這種情況可能被視爲心不在焉，所以來不及反應。通常聽覺障礙是容易被疏忽的。一旦懷疑幼兒有這方面的問題時，應該儘早尋求耳鼻喉科醫師的協助，因爲失去聽覺有可能是耳朵受到感染之故，若是如此應儘早診治。

2. 視覺問題

若發現幼兒有下列八種情況時，應讓他們至眼科檢查：

（1）鬥雞眼或是眼震顫（nystagmus），眼球不受控制的快速移動。

（2）用眼睛看東西之方法怪異，例如，靠很近的看、斜視、一直揉眼睛及對強光非常敏感。

（3）沒有辦法專心集中注意力來看東西，如，閱讀。

（4）在手眼需要協調的運動中較爲笨拙。

（5）從較遠距離看某物。

（6）常有看不到情況發生。

（7）對引人注目的東西不具好奇感。

（8）常避免做一些費眼力的事。

除了上列八項外，還有一種視覺問題是非常值得注意的，也就是俗稱「lazy eye」的「弱視」。其定義爲：導因於肌肉的不平衡，致使一隻眼睛之視力較另一隻眼睛來得差。出現的症狀爲斜視或者是側頭才能看清某物。障礙若在幼兒時期治療效果會較顯著，因此應該更注重幼兒視力的檢查。一般診所、衛生所及學校皆有可爲實施檢測之地點，但在校實施的視力檢查效果會較佳。因若在診所或其他

地方進行，在學幼兒可能會覺得不熟悉而感到彆扭。

3.過動兒

若有下列情形時可判斷幼兒有過動（hyperactivity）之症狀：

(1) 很難靜下來，精力好像用不完似的。上課時總是動來動去，非得老師盯著他不可。

(2) 做事不易專注且集中注意力的時間也很短。如，老師叫他做什麼，可能做一會就又忘了，然後又想起來繼續重複之前的動作。

(3) 喜愛吸引別人的注意。如，一直搶著要說話、調皮搗蛋等。

(4) 缺乏耐心，不能控制衝動的意念。易一時意氣用事來決定某事，因此缺乏判斷能力。脾氣差，易激動。

(5) 約百分之五十以上過動幼兒對有關小肌肉協調之活動存在一些障礙。

(6) 喜愛主控別人，使得他們不受歡迎，因此可能有人際關係的問題。

(7) 情緒不穩或易表現出過度興奮、激動。在遭遇到挫折時不能忍受而表現出激烈的情緒。

大部分的幼兒可能有時會出現上述的行為。但過動兒所表現出來的強度是較激烈的。上述行為可能會在青年期後消逝，這些行為因長年累積壓力及不愉快的感覺，已讓幼兒承受著痛苦，因此若早期發現且及早治療，效果會較大。另一研究指出藉由行為改變技術的改善對有些過動兒會有一定療效，所以若透過心理學家及社工的幫助，將對他們產生不小的助益。

4.癲癇（羊癲瘋，Epilepsy）

依美國癲癇基金會（Epilepsy Foundation of America）的建議，當幼兒在校發作時有幾項處理程序，分別詳述如下：

(1) 保持冷靜，對其他小朋友說明及解釋發生的情況。須注意癲癇發作時對動兒本身並不會造成痛苦。

(2) 因癲癇發作時是無法抑止的，所以不要嘗試去抑制。

(3) 發作時身體會移動，所以要清除周圍的阻礙物。

(4) 嘴巴若為張開的狀態，可以在他的齒間塞入如毛巾類之柔軟物。但須注意的是不要硬要塞東西在他的嘴中。

(5) 若一次發作後緊接著又發作一次，或一次發作超過十分鐘以上者，須請醫師過來。

(6) 發作完後，可讓幼兒休息一會兒。

藥物的治療對抑制羊癲瘋的發作是很有效的。所以幼兒通常已接受醫師的診治。但要注意的是另一種輕微的痙攣，現稱為「會面化失神」（generalized absence）。其定義為「著迷的凝視」或暫時停止正在做的動作，不斷眨眼，輕微程度的抽搐、倒下，及節奏性點頭。具有此情況之幼兒若接受小兒科或精神科醫師的診治，且藉由藥物的控制，約有75%患者能有效的控制症狀的發生。

5.自閉症。

（二）身體殘障幼兒輔導

1.以平常心待之，不要特別且過分保護，但也不能視若無睹。

2.教師可和幼兒的醫生或專家商談哪些保護措施是必要的。

3.家長可提供寶貴的建議讓教師當作參考。

4.必須在校老師的配合及家長耐心的照顧，問題才能化大為小。

四、學障、行為異常之定義

於嬰幼兒階段，因為有尋找立即滿足的需求，若這階段成人以嚴格的態度限制他們想做的事，時間一久，孩子就會把自己的情緒隱藏在心裡而不表現出來，壓抑的情緒或許藉由與人爭吵來發洩，但實在不行了的時候，可能會用自我傷害的方式來宣洩。

五、情緒障礙之幼兒輔導

(一) 情緒障礙之狀況和症狀之認識

　　良好的學習環境能使有情緒問題的幼兒漸漸恢復，因此有醫師建議讓有情緒問題者進入幼教機構就讀。但在經過一段適應期後，幼兒若仍持續無故的亂發脾氣，躲在角落，或身體蜷曲的躲在桌子底下時，老師及家長應該多給予關心，因為這些行為的次數過多、太極端且持續的時間也過久。

1.早期自閉症（Early Infantile Autism）
　　自閉症兒通常會出現以下特徵：不注意其他人、很冷漠、不直視和他說話之人的眼睛、不愛說話而顯得沈默、反覆唸一些不具意義的詞語、對於轉動之物顯得有興趣。自閉症兒行為很特別，且在治療時也較困難。依研究顯示，自閉症導因於腦部發展異常，以及和遺傳相關的失調等等。

(二) 情緒障礙幼兒輔導

　　幼兒對家中氣氛的變化是很敏感的，因此，若家人死亡、家中秩序不和諧等，都會影響到幼兒的情緒。教師應注意幼兒是否不喜歡和別人玩在一起，說話甚至具有攻擊的意識；情緒煩雜時可能會出現吸手指頭、拉頭髮的現象。這些特殊的行為表現顯示出幼兒正在承受著壓力，這時不應該花費大半的精神來糾正他，而是該發現問題的癥結所在，並予以解決。

1.提供紓解壓力的活動及利用玩具、玩偶來撫平不安情緒。讓幼兒處在輕鬆的環境下玩遊戲，如，玩黏土等，或是藉由讓幼兒玩玩具、玩偶等，也可利用情境扮演，讓他們扮演及描述住院治療時的害怕感覺，會對幼兒很有助益。
2.找出情緒不安的主因：此時須注意的是措辭要格外謹慎，否則幼兒父母可能會以為你在侵犯他們的隱私權而感到不悅。家長和老師可以藉由相互溝通的過程，瞭解幼兒的問題所在，而找出適合的輔導方法。

第八章 第二單元
重點精析

3.向專家諮詢：家長及老師可打電話向專家諮詢，藉由專業的指導使
　幼兒的情緒狀況有所改善。

4.要明白幼兒的進步程度不具有一致性：情緒障礙較嚴重的患者可能
　在這一方面進步了，但不一會兒又退步了。教師要秉持耐性，並應
　相信，幼兒還會再進步，當然也要試著尋找出讓幼兒退步的主因。

5.以平常心對待有情緒障礙的幼兒，讓他成為團體中的一員，不要過
　度保護他們，這樣反而會讓他們失去表現的機會。可以鼓勵其參加
　遊戲或活動，試著彰顯出幼兒的優點，讓他們融入團體活動中。

六、心智能力發展異常之定義

　　心智發展異常包含發展超過同儕及過於遲緩的幼兒，分別介紹如下：

（一）資優兒童之認識

　　這類幼兒可能表現出下列全部或者是部分的特色：學習速度快，使用
的詞句較複雜且記字彙的能力強，喜愛追根究柢，對於有興趣的事物，表
現出較長的集中力及高度興趣。

表8-3　智力程度表

智力測驗分數	智力程度
IQ在75或75分以下	低
IQ在90至110分之間	普通、正常
IQ在130分以上	資優

（資料來源：兒童發展與輔導李庚霈）

（二）發展遲緩幼兒之認識

　　若幼兒在體能及對各種領域的認知，發展比正常之時間慢了近一年或
者是一年以上，且語言能力較實際的年齡來得不成熟時，家長及老師應該
特別注意。就智力高低之區分標準如，表8-3所示。

七、心智發展異常之幼兒輔導

(一) 資優兒童之輔導

1. 不要把資質優異幼兒當做小大人看待，或者因為他們天資聰穎而過分驕寵，應儘量使他們的生活保持平常、自在。
2. 提供資質優異幼兒豐富的課程，但不是只要求他們閱讀某一本書，而是讓幼兒有機會來探索自己感興趣的主題。
3. 透過觀察或把東西拆了再組裝回來，來培養探訪事物運作之形式。
4. 讓幼兒有發表自己意見的機會，間接訓練說話技巧，如，唸較細節部分的書，然後鼓勵幼兒說出自己的想法。
5. 可以提供較高難度的拼圖或較複雜的材料讓他們藉由遊戲來學習。

(二) 發展遲緩幼兒之輔導

1. 以平常心對待智障幼兒，不要對他們過多保護或置之不理。
2. 因智障幼兒的程度比一般同年齡者落後很多，所以在教導他們的時候要儘量以簡單易懂的方式來教授，避免複雜的教導，而是以提出具體的例子來替代之。
3. 一次教一件事，讓他們有較充足的時間來完成，且以鼓勵的方式激勵他們繼續努力。
4. 大人須以耐心來對待，因為他們對一個簡單的工作可能要反覆練習好幾遍才能記得住。
5. 以鼓勵的方式使幼兒多開口說話，由這樣的動作來提高幼兒的語言能力。
6. 不要譏笑他們。他們和一般人一樣是很敏感的，因此不要主觀的認為在他們面前討論「智障」是沒關係的。
7. 讓幼兒知道他並不寂寞，有很多人喜歡和他們在一起。
8. 學校教師應確認幼兒目前的程度，以規劃下一個適當的教導方式。

八、我國特殊教育之實施

（一）特殊教育目的

　　特殊教育的目的是想藉由課程與活動的安排，透過因材施教的方式來教授在學習方面有問題的特殊兒童。經由特殊安排的課程來加強他們對社會的適應能力及一些基本的生活技能，進而減少社會負擔及問題的產生。

（二）我國特殊教育實施方式

　　我國特殊教育之實施方式是依照教育部公布的「特殊教育推行辦法」規定，依下列四項方法來實施：

1. 特殊兒童可於一般班級就讀，且聘請受過專業訓練之教師，於每週固定時間教導之。
2. 一般學校內設置特殊班級。
3. 在各種特殊學校中施教。
4. 不適宜入學之特殊兒童，應聘請教師至合適場所施教。

（三）特殊教育實施型態

1. 特殊班：在一般學校裏，為了使特殊兒童得到適當的教導，而設立的班級，依教育部民國72年發布的《中華民國教育統計－國民中小學附設特殊班概況》的分類，將特殊班分為：啟聰班、啟智（益）班、啟明班、仁愛班、資優班、音樂班、美術班、資源班及舞蹈班等九種。
2. 特殊學校，在台灣設立針對特殊兒童教育而成立的特殊學校，包含視覺障礙，例如，私立臺中縣惠明學校；聽覺障礙，例如，臺北市立啟聰學校；肢體殘障，例如，臺灣省立彰化仁愛實驗學校；智能不足，例如，臺南市立啟智學校等等。
3. 混合教學：指特殊兒童直接在一般學校和正常兒童一起上下學。
4. 資源教室：特殊兒童大部分時間仍於普通班級學習，只有少部分時間至資源教室接受特別教育。
5. 床邊教學：對象是罹患慢性病，如，心臟病之幼童，由合格教師至

第八章
重點精析
第二單元

醫院成立特殊班或個別教導之工作。

表8-4 雷諾特殊教育體制架構表

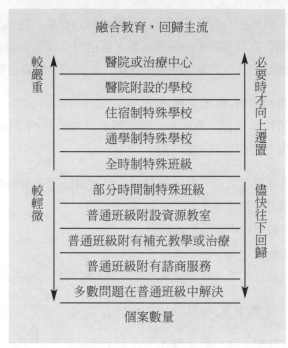

（資料來源：中華民國特殊教育概況附表）

6.訪視老師（輔導員）。

特殊兒童不能一直依附於特殊的環境中，這樣反而會降低他們對社會的適應能力，所以應該讓保護的時間愈短愈好。並儘量增加他們與正常兒童生活的機會。因此，雷諾（M.C. Reynolds）就提出特殊教育的體制架構來說明這個原理，詳見如**表8-4**。

第三單元　測驗評量

（A）1.在普通教育之外，專爲某些人所設的教育謂之（A）特殊教育（B）水療教育（C）機能教育（D）發展教育。

（B）2.特殊教育之功能有四，下列何者爲非？（A）診斷兒童在學習上的需要（B）決定是否成爲普通兒童（C）安置適合教育情境（D）提供教師教學之依據。

（B）3.兒童在發展期間，由於遺傳、懷孕期間、生產過程或後天因素造成身心特質的病變而導致生理、心理、社會適應異於一般兒童謂之（A）智能障礙（B）身心發展異常（C）智能遲緩（D）視覺障礙兒童。

（A）4.兒童之心智能力低於同年齡之兒童謂之（A）智能障礙（B）身心發展異常（C）智能遲緩（D）視覺障礙　兒童。

（D）5.優良眼視力矯正後，未達0.03者謂之（A）近視（B）遠視（C）弱視（D）全盲。

（A）6.聽覺機能永久性缺損，聽力損失在25分貝以上者謂之（A）聽覺（B）語言（C）身體病弱（D）肢體　障礙兒童。

（D）7.聽覺障礙之種類有四，下列何者爲非？（A）輕度（B）中度（C）重度（D）全盲。

（B）8.兒童的語言理解能力或表達能力與同年齡兒童相較，有顯著的偏異現象，而造成溝通困難者謂之（A）聽覺（B）語言（C）身體病弱（D）肢體　障礙兒童。

（D）9.語言障礙之兒童種類有四，下列何者爲非？（A）構音異常（B）聲音異常（C）語暢異常（D）語言發展異常。

（D）10.上肢、下肢軀幹欠缺正常機能，以致接受教育發生一定程度之困難者謂之（A）聽覺（B）語言（C）身體病弱（D）肢體　障礙兒童。

（A）11.一般兒童在70公尺可以看到之東西，而該兒童必須在20公尺才可以看到謂之（A）20/70（B）20/80（C）30/70（D）30/80。

（C）12.優良眼視力經過最佳矯正後，在0.03以上但未達0.3者謂之（A）

近視（B）遠視（C）弱視（D）全盲。

（C）13.因身體罹患慢性疾病、體能虛弱而致接受教育發生一定程度之困難者謂之（A）聽覺（B）語言（C）身體病弱（D）肢體　障礙兒童。

（A）14.會長期且明顯地表現出一種或多種不良情緒特質，而對教育上的表現產生不利影響的一種狀況者謂之（A）嚴重情緒（B）學習（C）多重（D）自閉症　障礙兒童。

（A）15.身心發展異常之兒童醫療服務功能有四，下列何者為非？（A）早期發現（B）減除疼痛（C）防止障礙惡化（D）增進生活功能。

（D）16.身心發展異常兒童之醫療服務內容有六，下列何者為非？（A）早期通報、早期療育（B）預防注射（C）健康檢查（D）非機能訓練。

（C）17.特殊教育之安置型態有六，下列何者為非？（A）特殊學校（B）特殊班（C）普通班（D）床邊教學。

（D）18.特殊班依其性質之不同，其種類有三，下列何者為非？（A）自足制（B）合作制（C）資源教室（D）結合制。

（A）19.受先天或後天原因的影響，使頭、臉、顎骨、頸部、發生外表殘缺變異，或造成呼吸困難、咀嚼、吞嚥等功能之障礙，而對社會生活適應困難者謂之（A）顏面損傷（B）發展遲緩（C）自閉症（D）多重障礙　兒童。

（D）20.在某一段時間內，身心發展異常兒童在同齡範圍的人口中所佔的百分比謂（A）發生率（B）發現率（C）出生率（D）出現率。

（D）21.使用萬國式視力檢查表（C）或史乃倫視力檢表（E）來檢查兒童的視力，當兒童的視力在0.3，或20/70，6/20以下時謂之（A）智能障礙（B）身心發展異常（C）智能遲緩（D）視覺障礙　兒童。

（C）22.兒童在個別智力測驗的得分在平均數負兩個標準差以下者謂之（A）智能障礙（B）身心發展異常（C）智能遲緩（D）視覺障礙　兒童。

（D）23.自閉症之兒童會出現三個領域之症狀，下列何者爲非？（A）社交的症狀（B）溝通上的症狀（C）固定行爲模式症狀（D）以上皆非。

（C）24.具有非因果關係且係非源自同一原因所造成之兩類以上障礙者謂之（A）嚴重情緒（B）學習（C）多重（D）自閉症 障礙兒童。

（B）25.身心發展較緩慢，尚未達到身心功能失常病患的範圍，正處於潛伏期階段者謂之（A）顏面損傷（B）發展遲緩（C）自閉症（D）多重障礙 兒童。

（C）26.身心發展異常兒童之生活照顧功能有二，下列何者爲非？（A）維繫家庭功能（B）維護兒童基本的生活水準（C）維繫學校功能。

（D）27.身心發展異常兒童之生活照顧服務內容有三，下列何者爲非？（A）支持性的生活照顧（B）補充性的生活照顧（C）替代性的生活照顧（D）互補性的生活照顧。

（B）28.在小學教育階段，學童表現出學習現象異常者謂之（A）嚴重情緒（B）學習（C）多重（D）自閉症 障礙兒童。

（D）29.兒童之行爲特徵有視聽覺反應異常、語言表達障礙、社會行爲發展遲滯、動作表情僵化者謂之（A）嚴重情緒（B）學習（C）多重（D）自閉症 障礙兒童。

（B）30.機能訓練之種類有四，下列何者爲非？（A）基本動作訓練（B）起立步行訓練（C）水治訓練（D）機能性作業治療。

（B）31.利用溫水的物理特性來實施運動，以改善身體之機能的一種訓練謂之（A）特殊教育（B）水治訓練（C）機能訓練（D）發展訓練。

（D）32.肢體障礙兒童之種類有三，下列何者爲非？（A）輕度（B）中度（C）重度（D）全殘。

附錄

歷屆試題精解

91年二技幼保類專業科目（一）試題

（A）1.有心理學者把當前這個時代叫做「憂鬱症的時代」，意思是憂鬱症（depression）的普遍性已經與傷風感冒一樣了。根據研究顯示，人類得到憂鬱症的機制和下列那一種心理機制是相同的？（A）習得的無助（learned helplessness）（B）逃脫與迴避（escape and avoidance）（C）厭惡的增強（aversive reinforcement）（D）阻擋（blocking）。

（D）2.在白色紙上畫出黑色縱橫交錯的寬線條，在這些黑色寬線條的交叉點都可以看到一個小灰點存在，這是下列何者造成的？（A）光亮適應（light adaptation）（B）黑暗適應（dark adaptation）（C）黑暗－光亮適應（dart-light adaptation）（D）兩側抑制（lateral inhibition）。

（D）3.在運動競技場上，看台上設置啦啦隊是為了要達成何種目的？（A）集中注意（B）責任分散（C）助人楷模（D）社會助長。

（B）4.小明的媽媽生了一個小弟弟，小明覺得爸媽的注意力都被弟弟搶去了，因此對小弟弟充滿了敵意。但是，小明在爸媽面前卻又表現出對弟弟愛護有加。這種行為是下列何者？（A）替代（displacement）（B）反向作用（reaction formation）（C）合理化作用（rationalization）（D）投射（projection）。

（A）5.下列那種推理方法是以「機率」作為推理的基礎？（A）歸納推理（B）思維推理（C）演繹推理（D）簡單推理。

（C）6.阿雄簽注樂透彩券，開獎的晚上他坐在電視機前，當號碼搖出來，阿雄發現自己中了頭彩，興奮過度，腦溢血暈了過去。醒來後竟無法說話，阿雄所以不能說話，可能是那裡受傷？（A）網狀組織（B）下視丘（C）大腦皮質部（D）邊緣系統。

（D）7.某一個研究中，要求來自台灣與法國的被試者回答「心目中的英雄特質為何？」結果台灣人舉出五項，法國人舉出十七項。但是在研究結束後的私人情境中，台灣人卻對同樣的題目舉出了二十一項特質，法國人仍然舉出了十七項。研究者認為台灣人在私人情境中較

敢於表達個人意見，而法國人卻比較不受公開或私下情境的影響。請問這個研究可能是探討那一種主題？（A）政治效能（B）生命特質（C）基模認定（D）文化差異。

（B）8.許多科學家和音樂家，它們創造性思考的決定性頓悟都發生在最意想不到的時間和地點，如坐浴缸泡澡、在樹林中散步，或坐馬車的時候。心理學者G. Wallace（1926）認為，這是思考者在通過那一個階段後所產生的豁然開朗現象？（A）準備期（prepar1ation）（B）潛伏期（incubation）（C）驗證期（verification）（D）激發期（inspiration）。

（D）9.許多當時不存於意識狀態中的記憶和思想，在必要時，可被帶到意識之中。例如去年過年的種種經驗，雖然不存在意識中，但若你希望提取時，就可以取得，並成為意識的一部分。這種現象屬於下列何者？（A）潛意識（B）淺意識（C）虔意誠（D）前意識。

（A）10.葛蘭特（E. Galanter, 1962）的研究指出：人要從兩加侖水中嚐出甜味，最少得加一茶匙糖。這是指人類感官敏感度中的那種重要現象？（A）絕對閾限（absolute threshold）（B）差異閾限（difference threshe1d）（C）比較閾限（comparison threshold）（D）心理閾限（psychology threshold）。

（B）11.有一位家庭主婦，每次出門都要回頭重複鎖門三十多次，卻仍擔心門沒有鎖好，她可能是得了那種心理疾病？（A）躁鬱症（B）焦慮症（C）解離症（D）精神分裂。

（C）12.小女孩穿裙子被嘲笑多次後就不想再穿裙子，是因為她穿裙子的行為在心理上受到何種作用的影響？（A）延宕作用（B）隔離作用（C）處罰作用（D）逃離作用。

（D）13.買樂透彩券或六合彩的人們常常去寺廟求取明牌，這種行為從歸因理論而言，是那種歸因？（A）個人歸因（dispositional attribution）（B）內在歸因（internal attribution）（C）態度歸因（attitude attribution）（D）情境歸因（situational attribution）。

（B）14.在一個有關水果的概念階層中，「水果」是最高層級的概念，「香蕉」、「蓮霧」是基礎層級的概念，請問何者擁有最凸顯的概

念屬性？（A）「水果」（B）「香蕉」與「蓮霧」（C）「水果」與「香蕉」（D）「水果」與「蓮霧」。

（B）15.在心算的過程中，我們必須以運作記憶來運算，這裡所稱的運作記憶屬於下列何者？（A）感覺記憶（B）短期記憶（C）長期記憶（D）心像記憶。

（A）16.心理學者從動物行為的研究中發現，人們的閒聊具有演化上的生存價值。閒聊可以產生緊密的聯結（bonding），透過閒聊彼此示好、結盟而團結力量。人的閒聊和下列動物的何種行為相似？（A）猴子的「梳理」（grooming）（B）白冠麻雀的鳴唱之「表達的動作」（expressive movements）（C）跳舞蒼蠅的「求偶儀式」（courtship rituals）（D）狼的「臣服展示」（appeasement display）。

（C）17.進化心理學認為，心理機制是經過數百萬年自然選擇過程而進化的。下列有關「人類對甜食的偏好可視為基因造成的心理機制」這句話的說明，何者最恰當？（A）因為人們所製作的食物中以甜食種類最多，所以，喜歡吃甜食比較符合一般社會價值觀（符合大家的選擇），進而得到較高的社會地位（B）因為甜食便宜且比較容易獲得，且在大部分的文化中，甜食都是人們最喜歡的食物，所以，偏好甜食可以在多數的文化中與其他人互動，促進人際關係（C）因為甜的食物含有較高的營養價值，且在人類過去的進化過程中成功地增加我們老祖先的生存機會，從而提昇相關基因繼續生存的機會（D）因為人類的基因庫中，與甜食相關的基因數最多，如果一個人對甜食有偏好，代表他具有最多的相關基因，因而有利於生存。

（D）18.王大明最近流年不利，先是發生車禍撞壞車子。去銀行領錢又被金光黨洗劫一空，家中太太又在鬧離婚。根據「基本歸因錯誤」（fundamental attribution error）的理論假設，王大明的朋友們會如何對待他？（A）跟以前一樣地對待他（B）同情他，盡力幫助他（C）疏遠他，認為他很不幸（D）怪罪他，認為是他自找的。

（D）19.一個精神病患的情緒非常不穩定，常常在嚴重抑鬱及焦慮狀態

中，人際關係很差，對別人的知覺有兩極化極端的反應，他常常搖擺於嚴重的精神官能症與精神病之間，其診斷為下列何種人格？（A）依賴型人格違常（dependent personality disorder）（B）自戀型人格違常（narcissistic personality disorder）（C）反社會型人格違常（antisocial personality disorder）（D）邊緣型人格違常（borderline personality disorder）。

（D）20.小孩練習使用筷子，從不會使用到能夾起花生米，主要須歷經何種學習過程？（A）改用湯匙盛花生米的刺激替代學習（B）區分使用筷子和湯匙不同的區辨學習（C）咀嚼花生米的味覺訓練學習（D）經嘗試錯誤到熟練的操作制約學習。

（C）21.金先生大學畢業後出國進修，二十五年後才第一次回到台灣。到了台北市，他發現台北高樓大廈林立，昔日住宅區變成熱鬧的商圈，都變得很陌生。回到老家後，在家裡的儲藏室中找到自己中學時候已發黃的成績單，剎時間，許多童年往事和年少記憶都浮上心頭。這張「發黃的成績單」屬於下列何者？（A）全現的視覺記憶（B）記憶模組（C）提取線索（D）心像。

（B）22.假如你要用操作制約（operant conditioning）教你的狗咬起一個皮球，你很難在一旁等它自動咬起皮球，然後再給予增強，因為他可能永遠也不會自動有此動作，此時你可以應用下列那種方法來達到目的？（A）本能反應（instinct）（B）行為塑造（shaping）（C）消弱作用（extinction）（D）自發恢復（spontaneous recovery）。

（B）23.張自強的父親是醫生，所以張自強從小就被父親期待將來長大也當醫生，於是他遵循父親的期望，長大後也成為醫生，從沒有想過自己是否可以選擇其他的職業。依據艾力克遜與馬西亞（Erickson, E. & Marcia, J.）的觀點，張自強在個人的「認定」上是屬於下列那一種狀態？（A）認定達成（identity achievement）（B）喪失主控（foreclosure）（C）認定迷失（identity diffusion）（D）延宕狀態（moratorium）。

（B）24.觀看色情形片通常屬於私密的行為，最多只和愛人或密友分享。

若有人在不知情的情況下被偷拍私密的性行為，大多數人都會同情被偷拍的受害者，並指責偷拍者。但是，當新聞事件女主角被偷拍的色情光碟出現之後，許多人奔走相告，互相傳送，輪流觀看。此種情況下，看色情光碟不僅不是禁忌，還變成為公開話題。朋友相遇時，還會互問「你看了沒有？」進而對被偷拍者品頭論足。人們之所以有如此行為，可以用下列何者說明？（A）順從（conformity）（B）責任分散（diffusion of responsibility）（C）社交恐懼（social phobia）（D）團體懈怠（group loafing）。

（A）25.從進化的觀點，男性繁衍後代的策略，傾向下列何者？（A）多偶多子女（B）單偶多子女（C）多偶少子女（D）單偶少子女。

（A）26.以「一年12個月365天」的方法來加強記憶「日本富士山的高度是12,365呎」，所運用的記憶法則最主要為下列何者？（A）聯想法（B）背誦法（C）軌跡法（D）檢核法。

（C）27.嬰兒發現新穿的襪子會發出叮噹聲後，開始不斷的踢腳，並面露笑容。此行為代表皮亞傑（J. Piaget）所說的下列何種反應？（A）再認（recognition）（B）投射（projection）（C）循環反應（circular reactions）（D）輻合反應（convergent response）。

（B）28.嬰幼兒大約在那一個年齡階段時，其依附行為會逐漸組織成一具有統整性的行為系統？（A）0～3個月（B）6～12個月（C）15～24個月（D）27～39個月。

（C）29.小明可以將一些竹片依長短順序正確的排列好，此行為與下列何種認知能力的發展最相關？（A）律則推理（nomothetic inference）（B）分類推理（classified inference）（C）遞移推理（transitive inference）（D）假設推理（hypothetic inference）。

（C）30.依據研究發現，嬰兒猝死症可能是多項因素合併造成的結果。但近來臨床上的研究則強調，嬰兒睡覺的姿勢可能與嬰兒猝死症的發生有關。為減少嬰兒猝死症的發生，依據醫師的建議，嬰兒的睡姿以下列那種方式較安全？（A）趴睡（B）側睡（C）仰睡（D）彎睡。

（D）31.下列有關魏氏兒童智力量表第三版（WISC-III）的描述，何者正

確？（A）本測驗為團體測驗（B）本測驗主要測量創造力（C）本測驗適用於視障或聽障兒童（D）本測驗適用於六至十六歲者。

（A）32.「在傳統台灣社會中，男生長大要外出工作，女生長大則應在家中教養孩子、整理家務、善盡家庭主婦之職責。」以上敘述所指概念為何？（A）性別角色（B）性別傾向（C）性別恆定（D）性別發散。

（A）33.幼兒能從事延宕模仿（deferred imitation）時，我們可以推論該幼兒可能已萌發下列何種心智運作能力？（A）表徵能力（representational ability）（B）社交語言（social speech）（C）可逆性（reversibility）（D）調適（adaptation）。

（B）34.從皮亞傑的認知發展觀點而言，嬰幼兒在不同認知發展階段會出現不同形式的遊戲行為。「象徵遊戲（symbolic play）」大約是出現在那一個認知發展階段？（A）感覺動作期（B）運思預備期（C）具體運思期（D）形式運思期。

（B）35.下列有關性別發展的論點，何者正確？（A）心理分析論主張「兒童透過社會化（socialization）過程塑造性別」（B）認知發展論主張「性別恆定（gender constancy）引導性別角色學習」（C）性別基模論主張「生物遺傳基因（gene）改變性別角色」（D）社會認知論主張「對同性別父母之認同（identification）過程」。

（A）36.下列那一個時間最適宜執行遺傳諮商？（A）在懷孕之前（B）在懷孕的時候（C）生第一個孩子的時候（D）生第一個孩子和第二個孩子之間。

（C）37.兩個月大的寶寶聽見窗外的鳥叫聲，轉頭注意去聽，聽了五分鐘後沒興趣了，就轉回頭來；當窗外又傳來汽車喇叭聲，寶寶再度轉頭注意去聽，下列選項，何者可說明這個過程？（A）系統化－去系統化（B）集中化－去集中化（C）習慣化－去習慣化（D）社會化－去社會化。

（C）38.「有奶便是娘」對初生的小恆河猴並不盡然。小猴子喜歡依偎在無奶但柔軟的絨布母猴身上，只有需要吃奶時才跑到鐵絲做的母

猴身邊吸吮，吃完了立刻又回到絨布母猴身旁。這個現象可說明下列何者？（A）母親的撫摸無法解除焦慮，且無法建立依附關係（B）對母親的依附，和母親所給予的食物有關（C）依附行為的產生，舒適比食物更重要（D）依附行為與去社會化過程有密切關係。

（D）39.鮑比（J. Bowlby）認為社會依附的功能為：「使嬰兒隨時視環境的狀況，調整其與母親間的距離」。下列何者是鮑比給予此機制的名稱？（A）社會調整控制系統（B）情緒調整控制系統（C）距離調整控制系統（D）目標調整控制系統。

（C）40.依據艾力克遜（E. Erickson）的觀點，18個月大到三歲是人格發展第二個階段，此時幼兒經由何種特質可以學會遵守合理的規則？（A）獨立自主（B）積極進取（C）羞愧懷疑（D）認同分化。

（C）41.下列何者不屬於湯姆斯、卻斯以及博奇（Thomas, Chess & Birch, 1956; 1968; 1984）等人在氣質研究中所列出的九項行為特徵？（A）適應性（B）情緒品質（C）秩序性（D）反應強度。

（D）42.四歲半的小蘭在托兒所裡一面畫圖一面自言自語：「我給狗狗畫一個蛋糕，也給貓咪畫一個漢堡。」依據維高斯基（L. S. Vygotsky）的看法，小蘭這種行為其有何種意義？（A）橫跨推理的表象反應（B）萬物有靈的特質反應（C）認知成熟的思考方式（D）表達情緒的自我溝通。

（B）43.下列何者不屬於染色體異常？（A）特納氏症（Turner syndrome）（B）愛滋病（acquired immune deficiency syndrome）（C）唐氏症（Downs syndrome）（D）克萊恩費爾特氏症（Klinefelter syndrome）。

（C）44.小華今年五歲，因父母離婚而被迫離開母親，從此和父親及繼母一起生活。從兒童發展的觀點來看，這件事對小華可能會造成下列何種影響？（A）年齡常模影響（normative age-graded influences）（B）創傷事件影響（post traumatic syndrome influences）（C）非常模影響（no normative influences）（D）歷史常模影響

（normative history-graded influences）。

（D）45.在研究孩童的社會技巧時，若採用「以同伴提名」的方式，所運用的是下列那一種社會技巧研究方法？（A）評定等級法（B）評量表法（C）命名法（D）社會計量法。

（A）46.一名剛上小學的兒童，被老師發現他可以上台表演唱歌跳舞與說故事，但是難以學習閱讀故事書，他可能是下列那種兒童？（A）學習障礙（learning disabilities）（B）智能不足與自閉行為（mental retardation and autistic behavior）（C）注意失調與過動（attention-deficit and hyperactivity disorder）（D）情感失調（affective disorder）。

（B）47.下列敘述，何者可說明幼兒使用電報語言的方式？（A）所有幼兒都使用同樣的電報語言方式（B）幼兒使用電報語言方式有個別差異（C）幼兒使用電報語言的方式，不因母語種類差異而不同（D）幼兒使用電報語言的語彙排列，不一定與其所聽到的一致。

（D）48.有關聾啞孩子的語言發展，下列描述那一個是不正確的？（A）聾啞孩子的手勢語是一種自然的語言（B）聾啞孩子的手勢語言的發展跟一般語言的學習很相似（C）聾啞孩子的手勢語言有時有溝通上的限制（D）聾啞孩子的手勢語言不能表達抽象意念。

（A）49.下列敘述，何者符合新生兒囟門的情況？（A）在頭頂共有二個囟門（B）在頭頂共有四個囟門（C）在頭頂共有六個囟門（D）在頭頂共有八個囟門。

（D）50.若研究者想瞭解目前國內四、五、六歲幼兒幾何概念發展的差異，並預期在四個月內完成此研究，則研究者採用下列何種研究設計方式最為恰當？（A）階梯研究（B）縱貫研究（C）逆勢研究（D）橫斷研究。

90年二技幼保類專業科目（一）試題

（B）1.依據學者的觀點，胚胎的發展是一個從一般到特殊，從簡單到複雜的逐漸改變，這個過程爲下列何者？（A）同化（B）分化（C）等化（D）應化。

（B）2.有關兒童發展的研究中，自然觀察是常用到的方法，請問下列何者不是自然觀察的優點？（A）能夠隨時得到自然發生的反應（B）觀察者對所發生事件的觀點經常能夠具一致性（C）提供了在眞實環境中事物發生方式的認識（D）可以得到有關現場紀錄的資料。

（C）3.拿取動作的發展有賴於手眼協調——這是一種視覺導引的伸手動作（visually directed reaching），嬰幼兒何時發展出此種視覺引導的伸手動作？（A）出生四天到十天之間（B）出生四週到十週之間（C）出生四個月到十個月之間（D）出生四年到十年之間。

（C）4.所有學習行爲中最簡單的一種是下列何者？（A）制約學習（B）認知學習（C）習慣化（D）自然恢復。

（B）5.產前階段胚胎兒何時能表現出反射行爲？（A）受精卵發生後四週（B）受精卵發生後十二週（C）受精卵發生後二十四週（D）受精卵發生後四十週。

（B）6.在對雙生子的研究（Ridenour, 1982）發現：使用學步車對幼兒獨立行走的學習有何影響？（A）若注意其安全，使用學步車會加速幼兒獨立行走的學習（B）使用學步車不會對幼兒獨立行走的學習有顯著的助益（C）對發展正常的幼兒，使用學步車會加速幼兒獨立行走的學習（D）對發展遲緩的幼兒，使用學步車會加速幼兒獨立行走的學習。

（C）7.依據心理學家蓋賽爾（Gesell, 1945）的觀點，幼兒行爲的發展，由不成熟到成熟，是呈那種形式出現？（A）拋物線形式（B）直線形式（C）螺旋形式（D）回歸線形式。

（A）8.在兒童發展的研究工作中，有一些引人矚目的實徵研究與發現，其中對以色列及中國大陸的嬰兒研究，發現這些嬰兒曾經生活在人民公社或國營農場的環境中，且由不同的成人照顧，這些嬰兒的發展

情形爲何？（A）頗爲正常，與家庭中養育的嬰兒並無顯著之不同（B）與家庭中養育的嬰兒比較時，發展顯著落後（C）與家庭中養育的嬰兒比較時，發展顯著超前（D）與家庭中養育的嬰兒比較時，有些嬰兒發展顯著落後，另一些嬰兒發展則顯著超前。

（A）9.傅來福（Flavell）認爲嬰兒的認知動機來自外在因素。以下項目中，哪些是傅來福所提出會引起嬰兒認知動機的因素？1呈現的刺激或訊息對嬰兒而言是新奇的 2呈現的刺激或訊息之複雜程度超越嬰兒的認知層次 3呈現的刺激或訊息是嬰兒無法預料的 4呈現的刺激或訊息是令嬰兒感到疑惑不安的 5呈現的刺激或訊息是嬰兒以前未接觸過的。 （A）12345（B）僅1234（C）僅1235（D）僅2345。

（D）10.以下對嬰兒感覺發展的敘述，何者爲不正確？（A）「視覺懸崖」的實驗測出了嬰兒在出生後幾個月內便具有「深度」知覺（B）范茲（Fantz）的研究發現，出生不到幾天的嬰兒便顯示出有視覺的偏好：如喜歡立體物多於平面物（C）想要瞭解嬰兒在聽覺上，是否會因聽到新字眼時有較多或較不同的反應，可運用「習慣化」（habituation）的現象來設計實驗（D）嬰兒的嗅覺和味覺，皆是在出生滿一個月後逐漸出現。

（B）11.「一位母親到托兒所接2歲大的孩子中中，中中正在和其他小朋友玩。當他透過玻璃窗看到母親後，中中便放下手上的玩具，沿著教室通往門口的長廊，走向門口去找母親。」以下哪一項對於中中行爲的敘述與說明，是採用了「訊息處理（information processing）理論」的觀點？（A）中中知道要走長廊去找母親，而不是走向無法出去的玻璃窗，是經由「同化」而產生的（B）中中是在「注意」到有人走近，透過他的知覺，加上其記憶等能力，分析出此人便是媽媽，於是決定走向門口找媽媽（C）中中在看到母親後便放下玩具去找母親，是他與生俱來的本能（D）中中走長廊去找母親，而不是走向無法出去的玻璃窗，是因爲他曾經看到過老師這樣走，學習而來的。

（A）12.以下對於各項名詞的敘述，何者爲不正確？（A）性別配合（gender typing）：小娟會根據圖畫中人物的身體特徵，區別出何者是男的何者是女的（B）性別認定（gender identity）：兒童知道自己是男的還是女的（C）性別恆常（gender constancy）：兒童明白自己的性別永不會改變（D）性別刻板化印象（gender stereotype）：小娟認定護士一定是女的，而醫生則一定是男的。

（A）13.有位研究者觀察到十五個月大的嬰兒在家中所表現「分離焦慮」的狀況如下：「如果嬰兒的母親從經常出入的門口離去，嬰兒並未出現分離焦慮；但母親若由不常出入的門口離去時，嬰兒因不知道母親要去那裡，便會表現出他的抗議。」這個研究發現強調了「是否為嬰兒熟悉的情境」與嬰兒的分離焦慮有關，此與以下哪一種理論觀點是相符合的？（A）認知發展觀點（B）道德發展觀點（C）動物行為學觀點（D）人文主義觀點。

（C）14.以下實驗：「針對九到二十四個月大的嬰兒，在他們的鼻子上點一紅點，將嬰兒置於鏡子前，在看到鼻子上的紅點後，年紀太小的嬰兒並不會將自己臉上的紅點擦去。」此實驗屬於以下哪一類研究？（A）因果關係研究（B）縱貫性研究（C）描述性研究（D）單一受試研究。

（B）15.以下何者並非學習障礙（learning disability）孩子所可能出現的狀況？（A）記憶力或注意力出現問題（B）一般性認知發展遲緩（C）在某些學業領域上出現問題（D）知覺動作上（perceptual-motor）出現問題。

（D）16.有關幼兒尿床問題的敘述，何者為不正確？（A）大部分尿床問題的原因可能來自遺傳和發展延宕（B）生理問題所造成的尿床，可教導孩子練習控制括約肌來加以改善（C）尿床有可能是因情緒因素所引起的（D）孩子的尿床問題多半可靠長期使用藥物來解決。

（C）17.以下何者不是史密蘭斯基（Smilansky）指出兩歲到五歲幼兒的社會戲劇遊戲所應包括的因素？（A）角色扮演（role playing）（B）社會性互動（social interaction）（C）延伸性（extensiveness）（D）持續度（persistence）。

（D）18.以下有關難語症（dyslexia）的敘述，哪些是正確的？1指的是一種發展上的閱讀失調 2可能會把「pat」唸成「tap」 3其發生機率是男生高於女生 4通常會合併有智能不足的問題 5屬於學習障礙（learning disability）的一種 （A）12345（B）1235（C）1245（D）125。

（A）19.以下有關自閉症的敘述，那些是正確的敘述？1很少主動和別人進行社會性互動 2對於別人的難過通常沒有反應 3與同年齡聽力受損的孩子相比，3至6歲自閉症孩子有較差的動作模仿能力 4常會將玩具以不同於其原有功能的方式來使用（如，玩具電話不用來講電話，而是在地上敲打） 5較少玩象徵性遊戲（symbolic play）。（A）12345（B）僅1235（C）僅1234（D）僅2345。

（A）20.沙門（Selman）受皮亞傑的與寇博概念的影響，將「角色採取」（role-taking）的發展分為五個階段（零到四階段）來分析。以下關於各階段的敘述，何者正確？（A）在第零階段的孩子，會認為自己的觀點是唯一的觀點（B）在第一階段的孩子，除了能瞭解別人對情境可能有和自己不同的解釋外，也知道別人能想像自己的想法與感受（C）在第二階段的孩子，能從局外人的角度（第三者）看事情（D）在第三階段的孩子，明白相互的角色採取，不一定能解決爭論。

（D）21.以下有關社會學習理論的敘述，何者是正確的？（A）與行為學派理論相似，認為幼兒對於新行為的學習，亦必須透過制約產生（B）從社會學習理論的觀點來看，幼兒學習動機的高低，並不影響其對新行為的學習（C）運用社會學習理論來解釋「不同幼兒有大部分共通的發展過程」是十分適當的（D）從社會學習理論來看，在幼兒進行行為學習時，行為本身的難易度會影響其學習結果。

（B）22.皮亞傑將嬰兒的感覺動作期分成六個階段，有關此六階段的敘述，何者正確？（A）從一個階段到下一個階段，認知結構的變化是屬於量的增加，而非質的改變（B）六個階段的發展順序是不可改變的（C）六個階段嬰兒行為的改變是逐漸產生，而非急遽出現

的（D）第一階段稱為初級循環反應。

（D）23.一位研究者以丹佛發展篩選測驗（Denver Developmental Screening Test）對東南亞的孩子施測，結果發現他們既不會撿拾葡萄乾，也不會自行穿衣，未達到丹佛發展篩選測驗所認定正常發展的標準，研究者同時也發現此地區孩子的父母，對孩子自行穿衣的期許年齡較晚，且在進行實驗時，孩子並不知道葡萄乾是什麼東西。在這樣的狀況下，以下何者是從此研究所能下的適當的推論？（A）由於丹佛發展篩選測驗是一發展嚴謹的測驗，因此可推論一群孩子在發展上的確有落後正常孩子的現象，應設法加以補救（B）東南亞父母期待孩子自行穿衣年齡的早晚，並不會影響此研究中對於孩子是否有發展落後現象的推論（C）將進行篩選測驗時所使用的葡萄乾換成孩子所熟悉的豆子，並不會影響測驗結果（D）在對此項施測結果做出推論之前，應將文化差異因素列入考量。

（C）24.「孩子的利他行為與同理心的發展，不是只看個體的學習，而是應從家庭、社區、及社會的整體面來研究，才能深入瞭解。」以上敘述是運用了哪一種理論觀點來看利他行為與同理心？（A）心理分析理論（B）認知發展理論（C）生態系統理論（D）行為學派理論。

（A）25.行為主義取向的心理學家們主張人類行為的最主要決定因素是什麼？（A）環境中的條件因素（B）人內在的認知因素（C）人內在的本能因素（D）人與環境的適配程度。

（B）26.一旦病人深信自己吃的安眠藥劑很有效時，即使醫生實際給病人吃的是維生素片，出於病人相信藥效的心理作用，病人果真改善了失眠狀況，這種藥劑生效的作用稱為什麼？（A）抗鬱劑效用（B）安慰劑效用（C）止痛劑效用（D）鎮定劑效用。

（A）27.從同性戀的討論中顯示出「性行為取向、性別認同與性別角色」這三個因素彼此間是哪種關係？（A）相互獨立（B）相互從屬（C）性行為取向與性別認同一致，與性別角色相反（D）性行為取向與性別角色一致，與性別認同相反。

（C）28.依據心理學家的研究，動物是否可以經由增強與連結學習任何行為？（A）如果有專業的考量且設計正確，動物確實可以經由增強與連結學習任何行為（B）高等動物如靈長類可以經由增強與連結學習任何行為，但低等動物則受到限制（C）任何生物都會受到生理上的限制，因而這個限制決定了那一種動物可以學、以及學什麼樣的事物（D）動物是否能學習行為受到其生活環境及經驗的影響，如果環境合宜，動物可以學到所有行為。

（C）29.當人們把 " Γ " 這個圖形聯想是正方形時，最主要是運用了何種組織原則？（A）區域分別（B）圖形——背景原則（C）閉合原則（D）群集原則。

（C）30.人從地面仰望高空中的飛機，看到飛機的形狀愈小而推測飛機距離人愈遠，這主要是依據何種知覺原則而來？（A）深度知覺（B）運動知覺（C）知覺的恆常性（D）錯覺。

（B）31.小明把硬幣投入可樂自動販賣機卻沒有可樂掉出來，他踢一下販賣機之後可樂才掉下來，這使小明每次投幣後都會踢販賣機，這種行為是屬於何種學習作用？（A）古典制約學習（B）操作制約學習（C）懲罰學習（D）道德學習。

（D）32.老師對愛讀書的小畢提出要求，請他先與同學玩拼圖之後，就讓他閱讀他最愛的書，藉此增加小畢的社交外向性，老師主要運用的是何種學習原則？（A）循序漸進來增強的行為塑造原則（B）以罰則組成的懲罰原則（C）逃離不悅刺激的逃避學習原則（D）以喜愛活動為增強的原則。

（A）33.不斷被丈夫暴力毒打卻逃不掉的太太，漸漸的放棄逃離的嘗試，即使有人援助她也不逃跑，最主要是因為她陷入何種學來的情緒中？（A）學習的無助（B）學習的寬恕（C）學習的憤怒（D）學習的痛苦。

（A）34.記憶扭曲（memory distortion）現象發生於那種記憶系統？（A）長期記憶（B）短期記憶（C）感覺記憶（D）運作記憶。

（C）35.下列何者屬於A型性格的描述？（A）有耐心（B）悠閒悠哉（C）力爭上進（D）合作謙讓。

（B）36.依據嬰幼兒發展的情形，何時能畫出有頭有腳的「蝌蚪人」？（A）出生至2歲（B）2歲至6歲（C）6歲至9歲（D）8歲至10歲。

（C）37.智力理論學家葛納（Howard Gardner）認為人需要多元智力來因應社會需求，因此他提出哪七種智力？（A）圖形的、聽覺的、符號的、語意的、行為的、聚斂的、擴散的思考（B）思考的、策劃的、判斷的、執行的、經驗的、適應的、效率的思考（C）數字邏輯的、語言的、音樂的、空間的、身體動感的、人際的、自我認識的能力（D）數字的、邏輯的、語言的、空間的、知覺速度的、運算的、聯想記憶的能力。

（A）38.下列哪一種測驗的實施方式，是給受試者看一連串模稜兩可的曖昧圖片，並請她描述其所見，再據此分析受試者的人格屬性？（A）主題統覺測驗（B）愛德華個人興趣量表（C）職業興趣量表（D）A型性格量表。

（C）39.下列何者最屬從眾行為的表現？（A）曉華聽從數學老師的意見（B）曉華要求數學老師聽從其意見（C）曉華配合多數同學而不聽從數學老師的意見（D）曉華不聽從數學老師的意見。

（B）40.研究顯示90％的人使用手的習慣是「右利」，這表示大多數人勤用右手而靈活了大腦哪一部位功能的開發？（A）右腦所掌理的語言、說話、閱讀、書寫能力（B）左腦所掌理的語言、說話、閱讀、書寫能力（C）右腦所掌理的空間、音樂、視覺、知覺能力（D）左腦所掌理的空間、音樂、視覺、知覺能力。

（A）41.開車經過街道，路旁無數的廣告招牌一一閃過腦際，招牌在腦中留下的印象非常短暫，稍不留意瞬間即忘，這種現象屬於何種記憶？（A）感官記憶（B）短期記憶（C）長期記憶（D）方位記憶。

（B）42.「不論男人或女人，65歲以上就是老人」這句話最符合下列何種邏輯概念？（A）連言概念（B）選言概念（C）條件概念（D）雙條件概念。

（C）43.下列是對於基模（schema）的敘述，請問那個敘述是不正確的？（A）基模是指個人針對各種物件、人們和情境所持有的概念架構

（conceptual frameworks）（B）基模是「知識套裝」（knowledge packages）（C）個人的基模包括了所有不同經驗的具體細節（D）基模代表了個人對某個環境之情境經驗的平均。

（A）44.知覺的錯覺現象可說明下列何者？（A）在建構我們對世界上的看法，心智扮演了主動角色（B）人類生活中的錯覺是無法控制的（C）知覺具有恆常性（D）我們沒有必要去考慮原始的感覺，也不需要去尋找較高水平的知覺推論系統。

（B）45.下列那一個理論主張「透過觀察學習，成人和兒童獲得大量有關社會環境的訊息」？（A）凱利（George Kelly, 1995）個人建構理論。（B）班都拉（Albert Bandura, 1986）的認知社會學習論。（C）米契爾（Walter Mischel, 1982）的認知社會人格論。（D）奧波特（Gordon Allport, 1937, 1966）的人格特質論。

（B）46.所謂失語（aphasia）是指下列何者？（A）為治療癲癇症而切斷大腦兩半球之分腦患者的症狀（B）大腦之Broca區、Wemicke區及angular ayrus等區受損導致的症狀（C）大腦枕葉與前葉功能失調造成之失憶症的部分症狀（D）當大腦兩半球功能不對稱時導致在語言能力上受損的情形。

（C）47.所謂「循環性情感症」（cyclothymia）具有下列哪種行為？（A）強烈的焦慮伴隨著不同的令人憂慮的生理症狀（B）個人經歷到強烈而非理性的害怕一些無害的情境或物體（C）一種慢性的情緒障礙，會有一陣異常的憂鬱轉而變成一陣異常的興奮（D）個體會抱怨有許多模糊的健康問題。

（A）48.馬斯特與強森（William Master & Virginia E. Joghosn, 1966）依據研究出版了《人類的性反應》，這本書的研究資料大幅地增進了人們對性反應的瞭解，他們研究的特色是下列何者（A）在實驗室中對性反應的測量（B）在街頭隨意對行人進行訪談（C）在大學內進行性態度的普查（D）在軍隊中進行的性經驗全面性的調查。

（C）49.為了減少團體作業所產生的「社會浪費」（social loafing），可採用下列哪種方法？（A）多增加參與團體作業的人手，產生旁觀者效

應（B）提供較困難的作業內容，造成責任分散效應（C）按個人努力程度計量報酬，使每個人都有成就感（D）取用較保守謹慎的成員參考與團體作業，產生團體極化作用。

（D）50.若以目的作區分，「幼兒為爭奪玩具而打架」指的是那一種攻擊行為？（A）敵意功擊（B）報復攻擊（C）目標性攻擊（D）工具性攻擊。

89年二技幼保類專業科目（一）試題

（D）1.心理學類宗旨在研究個體如何受團體的影響，以及團體中個體間彼此如何互相影響的是下列何者？（A）人格心理學（B）變態心理學（C）認知心理學（D）社會心理學。

（B）2.對大多數右利手（right hand dominance）的人來說，與語言有關的功能是由大腦哪個半球支配？（A）右半球（B）左半球（C）中半球（D）側半球。

（A）3.如果我們給一個胼胝體被手術剪開的病人看一圖片，圖片出現在哪個視野時，病人能夠說出所看到的圖片內容為何？（A）右視野（B）左視野（C）左右視野都可說出（D）左右視野都說不出。

（B）4.腦內啡（endorphin）具有什麼功能？（A）具有安慰的效果（B）具有緩和疼痛的效果（C）具有激發動機的效果（D）具有改變細胞功能的效果。

（C）5.「習慣化」學習出現在哪種生物上？（A）高等動物（B）低等動物（C）高、低等動物（D）人類。

（C）6.有一個6個月大的嬰兒晚上不肯睡覺，一放進搖籃他就大哭，一直哭到被抱起來為止，不久她的父母就發現這個習慣非改掉不可，於是把嬰兒放進搖籃隨他去哭，但是父母無法做到充耳不聞（萬一他哭是因為生病怎麼辦），於是父母投降，再把他抱起來，這一來，這個行為就更難改掉了。以上這個過程是哪一種作用造成的？（A）迴避學習（B）關聯制約（C）部分增強（D）習得的無助感。

（C）7.在REM睡眠狀態期間，大腦皮質呈現哪種狀態？（A）完全休息狀態（B）部分催眠狀態（C）活動狀態（D）輕微麻醉狀態。

（D）8.半規管（circular canals）可以提供視覺的穩定性，這種功能與哪種感覺有關？（A）聽覺（B）味覺（C）觸覺（D）平衡感。

（B）9.在地平線看到的月亮，比起頭頂天空看到的月亮，前者顯得較大，這是什麼原因造成的？（A）光度恆常性（B）錯覺（C）魔宮模式（D）選擇性的注意。

（B）10.在工具制約的過程中，依據效果律的原則，只要反應已經建立

了，增強就會使他的力量加大，但是如果我們期望學習者學會的行為很難，學習者不會自動去做這些事情，我們也就無法給予增強，這種行為我們可以用哪種方式來訓練以達到使學習者學會的目的？（A）變化增強（B）行為塑造（C）厭惡制約（D）迴避學習。

（D）11.下列哪種測驗是無結構性的人格測驗？（A）MMPI（B）CPI（C）16PF（D）TAT。

（C）12.對於心理學研究方法中「實驗法」的描述，下列何者正確？（A）只能在實驗室內進行，方能獲得最有科學實驗精神的心理研究成果（B）運用觀察法比實驗法更能精確控制變項（C）實驗法透過有系統操弄控制與測量方式找出變項間關係（D）透過相關研究法推測出來的因果關係，也可以透過實驗法取得相同的研究結果。

（C）13.關於心理學的感覺（sensation）和知覺（perception）的描述，何者正確？（A）感覺是主觀的，知覺是客觀的（B）感覺是依賴視覺，知覺是依賴聽覺（C）感覺是在刺激感官接受器上發生的作用，知覺是依賴感覺訊息而產生（D）感覺是感官對刺激的接受性，知覺是感官對刺激的生理反應。

（D）14.心理學家解釋我們為何要作夢時，有的學者認為「夢是人通往潛意識之路」，有的學者反駁說「夢只是睡眠時精神網路清除無關訊息所產生的無意義噪音」，最接近這兩種對立論點的是哪兩個學派的主張？（A）精神分析學派和人本主義學派（B）人本主義學派和行為學派（C）行為學派和精神分析學派（D）認知學派和精神分析學派。

（B）15.心理學所謂的「安慰劑」（placebo）又可稱為下列何者？（A）抗鬱劑（B）寬心劑（C）止痛劑（D）鎮定劑。

（C）16.考試當中一時想不起答案，交卷後才想起來的經驗是涉及記憶階段的哪部分？（A）編碼（encoding）（B）儲存（storage）（C）提取（retrieval）（D）保留（reservation）。

（C）17.在心理治療時，有一種治療方法是要求病人去想像他所能想到最可怕的情況，例如，一個怕狗的女人被要求去想像她被一群張牙

舞爪的狗包圍著，這是什麼治療法？（A）敏感遞減法（B）嫌惡治療法（C）內爆治療法（D）行為契約法。

（A）18.因為人們在判斷別人行為時，常常會產生「基本歸因錯誤」（fundamental attribution error），所以我們較常對別人的行為做哪種歸因？（A）人格歸因（B）情境歸因（C）自我歸因（D）權威歸因。

（A）19.在解決問題的過程中，如果陷入某一個不正確的解決方法中時，此時解決的動機強弱與改變策略尋求別的解決方法有何種關係？（A）動機越強，改變策略的彈性越少（B）動機越強，改變策略的彈性越多（C）動機越弱，改變策略的彈性越少（D）動機強弱與改變策略的彈性無任何關係。

（A）20.當我們考慮好幾個不同的個案，看看能不能從這些特定的狀況中找出全體通用的法則，這個過程是下列哪種推理？（A）歸納式推理（B）演繹式推理（C）常態性推理（D）潛在性推理。

（C）21.對於擁擠感（crowding）與高密度人口的描述，下列何者正確？（A）擁擠感與高人口密度都會使人感到壓力（B）擁擠感與高人口密度都不會使人感到壓力（C）擁擠感會使人感到壓力，但高人口密度不一定會使人感到壓力（D）高人口密度會使人感到壓力，但擁擠感不一定會使人感到壓力。

（A）22.下列選項中，哪一項與認知心理研究主題的相關性最低？（A）情緒（B）語言（C）記憶（D）想像。

（C）23.一位球員初次穿某號球衣而得高分，之後也多次如此，他就相信某號球衣能帶給他好運，這種迷信行為是來自（A）頓悟學習（B）觀察學習（C）制約學習（D）類化學習。

（A）24.研究顯示A型性格的罹患心臟病的比率高於B型性格的人，A型性格的屬性為下列何者？（A）求好心切（B）隨和淡泊（C）害怕冒險（D）生活悠哉。

（C）25.下列何者是傳統智力測驗中，最不重視的項目？（A）語言能力（B）邏輯能力（C）適應能力（D）空間能力。

（B）26.「在台灣，生長於日據時代的人，要讀到高中是件不容易的事；

那個時代的人對於高中生的定位與現在正在讀高中的學生有很大的不同。」以上描述顯示，當研究者要對這兩組人進行研究時，除了要考慮他們兩組之間在年齡上的差距外，還有哪一項變數是必須考慮的？（A）種族因素（B）生活史常模（同群因素）（C）非常模人生事件（D）生理因素。

（C）27.若以「階段性／連續性」及「量／質的改變」兩層面來區分成四個向度，以下哪種發展理論是屬於「連續性且爲量的改變」向度？（A）皮亞傑的認知理論（B）佛洛依德的心理分析理論（C）班都拉的學習理論（D）馬斯洛的人文觀理論。

（C）28.下列哪個答案能說明嬰兒與父母之間建立依附（attachment）關係的情形？（A）嬰兒只能與母親建立依附關係，且最好只與母親建立依附關係（B）嬰兒只能與父親建立依附關係，且最好只與父親建立依附關係（C）嬰兒與母親父親都能建立依附關係，且最好與父母都建立依附關係（D）嬰兒與母親及父親都能建立依附關係，且最好只與母親建立依附關係。

（A）29.懷孕婦女吸食嗎啡、海洛因、可待因及古柯鹼已有毒癮，對胎兒會造成何種影響？（A）嬰兒出生後會有身心發展遲緩現象（B）嬰兒出生後不會有身心發展遲緩現象（C）母親吸食嗎啡之嬰兒有身心發展遲緩現象，但母親吸食古柯鹼之嬰兒不會有身心發展遲緩現象（D）母親吸食嗎啡之嬰兒不會有身心發展遲緩現象，但母親吸食古柯鹼之嬰兒會有身心發展遲緩現象。

（B）30.當我們用手指或奶嘴碰觸新生兒的面頰時，他會轉動頭、嘴巴張開、開始吸吮動作，請問這是哪種反射行爲？（A）達溫尼反射（B）探索反射（C）巴賓斯基反射（D）摩洛反射。

（B）31.學習雙語（bilingualism）對幼兒的認知發展造成何種影響？（A）因幼兒母語種類不同而有不同影響（B）無論幼兒母語爲何種類都沒有影響（C）無論幼兒母語爲何種類都受到負面影響（D）無論幼兒母語爲何種類都受到正面影響。

（D）32.老師問小明：「當你要去商店買東西時，要你記住三樣東西，和記住十樣東西，你認爲哪一種較簡單？」小明回答：「記住三樣

較簡單。」以上所陳述的是哪一種記憶概念？（A）再認記憶（recognition memory）（B）回想記憶（recall memory）（C）策略記憶（strategic memory）（D）中間記憶（met memory）。

（C）33.嬰兒從何時起能辨別出母親的氣味？（A）出生前（B）出生後馬上可以（C）出生後一個星期內（D）出生後四個月左右慢慢形成。

（B）34.以下有關布列茲頓（Brazelton）新生兒行為量表的敘述，何者不正確？（A）是一種神經及行為的測驗（B）施測的時間約只要十分鐘（C）用來測量新生兒對環境反應的方式（D）測量內容包括互動行為、動作行為、生理控制、及對壓力的反應等四個向度。

（A）35.嬰兒猝死症多發生於何年齡？（A）1歲以下（B）1歲至2歲間（C）2歲至3歲間（D）3歲至4歲間。

（A）36. 5歲的美美常常在幼稚園教室裡自言自語，這種行為對她的思考有何種影響？（A）可引導其行為並幫助她思考（B）會限制她行為而減少思考的機會（C）會牽制大腦使她思考停頓（D）會使她為了思考而增加攻擊行為

（B）37.嬰兒的依附行為在何時表現的最明顯？（A）心情愉快時（B）害怕疲倦時（C）吃飽睡足時（D）感覺安全時。

（B）38.幼兒在生理、情感、認知及社會的發展過程都可能出現退化行為（regression），這種現象是因何原因造成的？（A）幼兒生理發展速率過快造成的不平衡現象（B）幼兒面對威脅自主感的事件時，應付壓力的典型反應方式（C）幼兒適應能力增加時所造成的失調現象（D）幼兒發展過程中要邁向新的發展階段的過渡現象。

（D）39.在幼兒繪畫能力的發展上，三種塗鴉畫是依何種順序逐步出現？（A）控制塗鴉→命名塗鴉→隨意塗鴉（B）命名塗鴉→控制塗鴉→隨意塗鴉（C）控制塗鴉→隨意塗鴉→命名塗鴉（D）隨意塗鴉→控制塗鴉→命名塗鴉

（A）40.皮亞傑曾藉著瞭解兒童對遊戲規則的看法，將道德發展分為三階段；請排列出此三階段的正確順序（A）無規則意識階段→強迫的道德階段→合作的道德階段（B）無規則意識階段→合作的道德

附錄 歷屆試題精解

階段→強迫的道德階段（C）強迫的道德階段→合作的道德階段→無規則意識階段（D）強迫的道德階段→無規則意識階段→合作的道德階段。

（C）41.以下有關史丹佛－比奈智力測驗（Stanford-Binet test of intelligence）的敘述，何者不正確？（A）由比西測驗（Binet-simon test）修訂而來（B）測驗內容包括對空間概念的瞭解（C）適用於兒童期各個年齡層，包括嬰兒期（D）其原來的目的是找出無法受教育的兒童。

（B）42.以下何者不是懷特（Burton White）所做「哈佛學前方案」研究中的主要發現？（A）較少被限制在遊戲柵欄、小床或小房間內的孩子發展較好（B）撥放收音機或錄音帶在促進孩子語言上發展的效果，和大人們直接與孩子說話的效果一樣（C）孩子需要有回應的大人的陪伴，但大人不斷的注意卻會使孩子無意發展探索技能（D）全天候父母並不必要，重要的是指孩子相處的「質」。

（B）43.以下有關絨毛檢驗的敘述，何者不正確？（A）即CVS（B）其失敗與導致流失胎兒的危險性皆比羊膜穿刺低（C）可在懷孕頭三個月內進行（D）可用以檢驗胎兒性染色體異常。

（A）44.人類的大腦在何時發展最迅速？（A）出生前和剛出生時（B）出生後三個月時（C）一歲大時（D）青春期。

（B）45.有關角色取替能力的研究，可以分成三大類。「兒童能因對方是否玩過大富翁，來修正他解釋遊戲規則的方式」指的是以下哪一類角色取替能力？（A）知覺性（perceptual）角色取替能力（B）認知性（cognitive）角色取替能力（C）空間性（spatial）角色取替能力（D）情感性（affective）角色取替能力。

（A）46.出生一天的小嬰兒就會在睡眠中微笑，這是什麼原因造成的？（A）是一種自發行為，不是真正的社會交往形式（B）因為吃飽了感到很愉悅，覺得快樂而想笑（C）生活環境安排妥適時，嬰兒對父母的反應方式（D）是人類最早的社會化行為，有利於日後的人際溝通能力。

（A）47.如果一個孩子認為「為什麼我不喜歡聽打雷的聲音，還是會打雷

呢？」這個孩子可能幾歲？（A）3歲半（B）6歲半（C）9歲半
（D）11歲半。

（C）48.依據進化論的觀點，個體差異與物種的強盛有何關係？（A）個體
差異與物種的強盛無關（B）個體差異不利於物種的強盛（C）個
體差異有助於物種的強盛（D）個體差異與物種的強盛因文化不同
而不同。

（D）49.曾經遭受社會剝奪的兒童日後會有何種發展？（A）與其他兒童
比較，無明顯差異（B）因潛能激發，比其他兒童發展超前，且超
前情形與兒童認知能力成正比（C）終生發展落後，再也無法恢復
正常或回到原來水準（D）若是接受適當的治療過程，能恢復正
常，且恢復程度與照顧者之社經水準及教育程度成正比。

（B）50.卓克倫（Bjorklund,D.F.,1985）在有關兒童記憶的研究中指出：學
前及小學階段兒童在記憶表現上的進步應歸因於哪個原因？（A）
兒童愈來愈懂得使用記憶策略，會主動使用有意識的記憶策略（B）
兒童在做自由分類時，能有轉移標準的表現看出蘊含的組織，體
認組織效用（C）兒童在做自由分類時，能有轉移標準的表現，此
現象使兒童的階層類別架構穩定（D）兒童在分類的過程中，項目
間其它的屬性關係也很容易被引發，把注意力導向另一個方向。

91年普考保育人員第一試試題

（A）1. 佛洛依德（S. Freud）和艾力克遜（E. Erikson）對人類發展共同的看法是什麼？（A）早期經驗對個體發展非常重要（B）心理發展止於青少年期（C）性心理發展是發展的主要動力（D）自我概念是發展的核心。

（C）2. 下列那一項不受遺傳因素影響？（A）色盲（B）酒窩（C）偏見（D）美人尖。

（A）3. 下列那一項有關發展的基本觀念是正確的？（A）階段發展視認為發展是非連續的過程，每一階段都有新的行為和能力出現（B）發展從胎兒開始止於青年期（C）個體發展可分身體、智力、社會能力等，各方面的發展是獨立運作的（D）皮亞傑認為兒童是被動的個體，其發展受制於環境。

（D）4. 皮亞傑認知發展理論的形成，主要使用的研究方法是：（A）實驗法（B）測驗法（C）調查法（D）觀察法。

（A）5.「傳傳學之父」之稱者是誰？（A）孟德爾（G. Mendel）（B）高爾頓（F. Galton）（C）洛克（J. Locke）（D）達爾文（C. Darwin）。

（C）6. 個體身體組織系統在發展速率上，「先慢後快」的是那一個系統？（A）呼吸（B）神經（C）生殖（D）消化。

（D）7. 老師用糖果獎勵幼兒，這種方式是應用那個心理學派的主張？（A）精神分析學派（B）人本主義（C）認知取向（D）行為學派。

（A）8. 下列對人本主義的敘述何者是錯誤的？（A）幼兒像一張白紙需要教育（B）代表學者是馬斯洛（C）主張人有被受與自我實現的需求（D）幼兒可以自我學習。

（D）9. 嬰兒的反射動作主由大腦的那一部分所控制？（A）皮質（B）神經（C）細胞（D）髓質。

（C）10. 下列有關臍帶的敘述，何者錯誤？（A）內含一條臍靜脈，二條臍動脈（B）非常光滑，不容易打結（C）內含神經細胞（D）與胚胎腹壁相連。

（D）11.下列有關人類遺傳的敘述，何者不正確？（A）基因決定人類的遺傳特性（B）一個染色體上具有很多個基因（C）男孩的Y染色體來自父親（D）只有生殖細胞具有染色體。

（B）12.新生兒下列那一項感官能力最靈敏（A）嗅覺（B）聽覺（C）味覺（D）視覺。

（A）13.孕婦患下列那些疾病經研究證實會造成治兒傷害？1糖尿病2德國麻疹3淋病4梅毒（A）1234（B）12（C）234（D）124。

（C）14.請選出會造成胎兒智能不足的三項產前母體因素：1蛋白質攝取不足2照射X光3服用阿斯匹靈4罹患淋病5飲酒過量（A）123（B）235（C）125（D）245。

（B）15.RH因子對胎兒的危害易發生在那一種父母之血型組合？（A）父親RH陽性，母親RH陽性（B）父親RH陽性，母親RH陰性（C）父親RH陰性，母親RH陽性（D）父親RH陰性，母親RH陰性。

（A）16.下列有關阿帕嘉（Apgar）量表的敘述，何者錯誤？（A）可預測新生兒未來的健康狀況（B）可評估新生兒對子宮外的適應（C）可瞭解新生兒的反射能力（D）可測知新生兒的心肺功能。

（B）17.下列有關「尿床」的敘述何者不正確？（A）這是很常見的問題（B）這是嚴重的生理問題（C）大部分的原因是遺傳和發展延宕（D）大部分孩子都不需要幫助就可自行改善。

（D）18.胎兒、新生兒和四個月大的嬰兒都會踢，但四個月大的嬰兒的動作和前二者主要的不同之處是：（A）踢的動作較有力（B）踢的動作較快速（C）出現次數較多（D）踢的動作是有意識控制的。

（C）19.下列那一項語言的特色說明黑猩猩不算使用語言？（A）溝通品質（B）溝通手勢（C）語言創意（D）聲音的高低變化。

（B）20.對於智力與語言發展的相關性，下列敘述何者正確？（A）智力高的幼兒開始學說話的時間通常較晚（B）智力高的幼兒通常使用語言的品質較佳（C）智力高的幼兒大多使用語句較短（D）語言發展慢的幼兒通常智力較差。

（A）21.下列那一位學者主張語言習得機制（language acquisition

device）？（A）杭士基（N. Chomsky）（B）維高斯基（L. Vygotsky）（C）皮亞傑（J. Piaget）（D）布魯納（J. Bruner）。

（B）22.對語言知覺的敘述，下列何者正確？（A）「中耳聽骨」在嬰兒四個月大時，就已發育完成（B）嬰兒出生時就已聽得見（C）由雙耳到腦的神經通路（nerve pathways）是出生後才發展出來（D）嬰兒在出生時，許多通路都還沒有髓鞘化（myelinization）。

（D）23.「出現展開式的表現」是幼兒繪畫發展上那一時期的特徵？（A）塗鴉期（B）象徵期（C）前圖示期（D）圖示期。

（B）24.當一個兩歲小孩指貓為狗，是：（A）觀念不正確（B）過度類化（C）吸引成人注意（D）智力發展不足。

（D）25.根據馬斯洛（A. Maslow）對創造性（creativeness）的分類，下列敘述何者正確？（A）發明家、藝術家等人所具有的能力是屬於自我實現的創造性（B）一般人所具有的能力是屬於特殊才能的創造性（C）擁有特殊才能創造性的人，對社會而言不一定有重大貢獻（D）幼兒時期的創造力，大部分是屬於自我實現的創造性。

（C）26.一位兩歲半幼兒以一塊積木當作電話聽筒使用並說話，此例反映該幼兒下列何種能力的發展？（A）抽象性思考（B）假設性思考（C）象徵性思考（D）擴散性思考。

（A）27.下列有關智力的敘何，何者錯誤？（A）智力高者未來成就也高（B）智力可透過學習而改變（C）智力是個體適應環境的能力（D）智力是抽象思考的能力。

（D）28.能在短時間內提出許多問題解決的方法，表示下列何種能力佳？（A）細緻性（B）獨創性（C）敏感性（D）流暢力。

（A）29.將創造性分為「特殊才能的創造性」與「自我實現的創造性」兩種的學者是：（A）馬斯洛（A. Maslow）（B）皮亞傑（Jean Piaget）（C）維高斯基（Lev Vygotsky）（D）蒙特利梭（Maria Montesson）。

（D）30.根據皮亞傑的道德發展理論，兒童對於行為的判斷為非黑即白，是因下列何種思考特性所致？（A）循環反應（B）綜合思考（C）自律思考（D）自我中心。

（C）31.根據柯伯格（Kohlberg）的道德發展理論，學齡前幼兒在道德推理層次依循什麼規則？（A）取悅他人、維持次序（B）取悅他人、滿足需求（C）避免懲罰、得到獎賞（D）道德標準、社會規範。

（D）32.有關魏氏兒童智力測驗（WISC）之描述，下列敘述何者正確？（A）屬於團體智力測驗（B）僅以操作型式（performance）為其施測重要特色（C）無法診斷出資賦優異兒童（D）能診斷智能不足兒童之一般智力功能。

（A）33.依據皮亞傑的理論，個體的基模隨年齡增長而改變，其改變的機制為何？（A）平衡與失衡（B）增強與消弱（C）同化與類化（D）調適與回饋。

（B）34.幼兒大小概念的發展，下列順序何者正確？（A）最大→中間大小→最小（B）最大→最小→中間大小（C）最小→中間大小→最大（D）最小→最大→中間大小。

（D）35.有關利他行為的研究，下列何者正確？（A）兒童利他行為的型態隨時間改變而改變（B）兒童利他行為的表現是固定的（C）兒童對他人的負面情緒有相似的反應（D）兒童利他行為的表現主要受到父母的影響。

（B）36.「社會計量法」（Sociometry）是用來瞭解幼兒那一方面的發展？（A）社會認知（B）社會技巧（C）道德認知（D）道德階段。

（C）37.幼兒只能依據積木大小、形狀或顏色其中一項進行分類，為下列何種認知特徵？（A）自我中心（B）直接推理（C）集中作用（D）表徵功能。

（B）38.如何區分「工具型」的暴力和「敵意型」的暴力行為？（A）「故意型」的暴力行為多發生在攻擊者為得到他所要的而引發的攻擊；而「工具型」則否（B）「工具型」的暴力是物體導向；而「敵意型」的暴力是以人為主要對象（C）「工具型」的暴力多出現在成人；而「敵意型」的暴力則多發生在小孩（D）「工具型」的暴力主要發生在女孩子；而男孩子多表現「敵意型」的暴力。

（D）39.影響兒童語言發展的因素相當複雜，下列敘述何者正確？（A）

在托育機構生長的兒童，較在家庭養育的兒童語言發展快（B）在相同環境下，幼兒字彙發展無顯著差異（C）在過度保護環境下長大的兒童，其語言發展通常較一般兒童為佳（D）情緒表現受壓抑的兒童，可能患有口吃現象。

（B）40.下列何種智力研究取向著重智力行為的個別差異，並分析人們如何使用自己智力的過程？（A）心理計量（B）訊息處理（C）皮亞傑理論（D）發展測驗。

（D）41.下列那一個陳述是不正確的？（A）氣質多少會影響兒童的學習效果（B）每個人的氣質影響其與他人互動或行事的方式（C）每個人的氣質會影響別人對他的反應（D）每個人的氣質是決定人格的唯一因素。

（C）42.當幼兒出現攻擊別人的行為時，老師合宜的輔導的方式之一為：（A）給予處罰，以免他／她得寸進尺，無法改變其行為（B）在全班幼兒前面警告之，使他／她不敢再犯（C）透過對談與觀察，瞭解可能的原因，約定規則與處理的方式（D）置之不理，並以孤立的策略，請其他小朋友不要跟他／她玩。

（D）43.教師為一位大班女孩梳頭髮的時候說：「你的頭髮好硬啊，老是站起來」幼兒回答說：「這麼說，我的頭髮長腳啊」。這段對話反映幼兒思考的下列何種特性？（A）抽象思考（B）頓悟（C）可逆性思考（D）自我中心。

（C）44.小光在學校很喜歡以給小朋友取綽號來引起老師的注意，針對小光這種行為，王老師通常是視而不見，不制止，也不責備，請問王老師在行為的輔導上採用了行為學派觀點中的什麼策略？（A）正增強（B）抑制（C）消弱（D）懲罰。

（A）45.下列那一種不是嬰幼兒定期接種的疫苗？（A）水痘疫苗（B）B型肝炎疫苗（C）卡介苗（D）日本腦炎疫苗。

（C）46.依據皮亞傑的觀點，一歲半幼兒對於所觀察事件以心理表徵方式儲存，是因為幼兒已發展出下列何種能力？（A）抽象思考（B）嘗試錯誤（C）延宕模仿（D）物體恆存。

（D）47.下列有關幼兒學習國語的敘述何者正確？（A）學習國語的幼兒

最先學會二、三聲（B）三聲的發展早於二聲的發展（C）聲調是幼兒最晚學會發出的語音（D）大多數的幼兒在二歲半即學會全部四聲。

（B）48.運思前期兒童認爲留長髮的人是女生，改變成認爲留長髮的人可能是女生或男生，此兒童的認知改變，屬於下列何種過程？（A）同化（B）調適（C）守恆（D）轉換。

（C）49.下列何者爲語言發展異常的現象，應及早尋求診斷和療育？（A）週歲時，仍然說話含混不清（B）嘗試說話時，帶著興奮的表情（C）發音聲調太高，音質太過沙啞或尖銳（D）開始說話時，出現口吃情形。

（D）50.成人在幼兒自發性遊戲中最適合的角色是：（A）指導幼兒如何進行遊戲（B）糾正幼兒的錯誤（C）旁觀者（D）做幼兒的玩伴。

（C）51.「早期療育」是針對下列何種兒童所提供的服務？（A）文化不利兒童（B）資賦優異兒童（C）發展遲緩兒童（D）受虐兒童。

（A）52.下列那種遊戲材料的結構性最低，最適於建構性遊戲？（A）黏土（B）挖土機（C）變形金剛（D）跳棋。

（B）53.皮亞傑主張的象徵性遊戲發生在認知發展的那一階段？（A）感覺動作期（B）運思前期（C）具體運思期（D）形式運思期。

（C）54.嬰兒喜歡將湯匙從高處丟下去，撿起來又丟下去的重複活動，叫做什麼？（A）象徵性遊戲（B）單獨遊戲（C）感覺運動遊戲（D）平行遊戲。

（D）55.從幼兒的遊戲發展來看，老師如何帶領幼兒園中的團體遊戲如捉迷藏和一二三木頭人？（A）將男女分成兩隊比賽（B）鼓勵幼兒爲自己的隊伍加油以激勵求勝心（C）給勝隊頒獎（D）只要每個人都參與，不必分勝負。

（B）56.艾力克森（E. Erikson）認爲嬰幼兒出生後首先會面臨的發展危機是：（A）羞怯（B）不信任（C）自卑（D）內疚。

（A）57.根據認知發展理論，孩子瞭解「自己的性別永遠不會改變」是什麼概念的發展？（A）性別恆常（B）性別認定（C）性別差異

（D）性別配合。

（C）58.下列有關學者對佛洛依德的理論所提出的批判中，何者爲非？（A）
其理論難以做科學的驗證（B）過於強調性心衝突之觀點（C）研
究對象爲勞工階級之成年個案，而非一般兒童（D）觀點反映社會
體系的男性優越感，對於女性有所貶抑。

（B）59.英國學者包比（Bowlby）認爲依附（attachment）是一種：（A）
後天學習的結果（B）本能反應的結果（C）後天學習多於本能反
應的綜合結果（D）本能反應多於後天學習的綜合結果。

（D）60.下列有關人格發展的描述何者正確？（A）佛洛依德認爲社會因
素對人格發展有其重要影響（B）艾力克遜認爲生物與成熟二因素
在人格發展中很重要（C）佛洛依德認爲三歲的幼兒處於口腔期，
若口腔需求未得滿足會產生固著的現象（D）艾力克遜認爲母親
離開嬰兒的視線，而嬰兒沒有焦慮的反應是因其對母親建立了
「信賴」之故。

（B）61.研究發現，嬰兒出現的第一個社會性行爲是：（A）哭（B）笑
（C）焦慮（D）恐懼。

（A）62.根據認知發展理論所做的探討，幼兒的分離焦慮形成的原因是：
（A）幼兒以爲照顧者就不見了（B）幼兒不舒適時沒有照顧（C）
幼兒害怕離開熟悉的環境（D）幼兒本身缺乏安全感。

（B）63.下列有關早期嬰兒與其照顧者所建立的依附關係的陳述，何者錯
誤？（A）早期所建立的依附關係可能會影響日後的發展（B）早
期依附關係不會持續影響孩子未來的夫妻關係（C）母親就業並不
一定會對於嬰兒與母親之間的依附有不利的影響（D）嬰兒如果能
與其爸爸建立安全依附的關係，將有助於嬰兒日後社會情緒的發
展。

（C）64.大體來說，多數嬰兒何時開始會對陌生人產生焦慮或負面的反
應？（A）二、三個月時（B）四、五個月時（C）八、九個月時
（D）一歲時。

（D）65.當幼兒因害怕而不敢一個人去上廁所，老師引導的方式何者爲
佳？（A）告訴幼兒：膽子大一點，去了就知道沒什麼好怕的（B）

告訴幼兒：如果不敢去而肚子痛，不要怪老師哦（C）告訴幼兒：如果你去了，回來我就給你餅乾吃（D）告訴幼兒：說說看你害怕什麼呢？看看我們有沒有解決的方法。

（A）66.下列有關情緒的發展順序的描述，那一個是正確的？（A）幼兒認識正面情緒比負面情緒早（B）幼兒認識負面情緒比正面情緒早（C）幼兒同時認識所有情緒（D）幼兒知道害怕早於生氣。

（C）67.下列有關幼兒情緒發展的描述何者正確？（A）對於幼兒負向的情緒最好加以抑制，以免其養成習慣性（B）社會學習理論學者班度拉（Bandura）認為挫折情緒的表達和模仿沒有相關（C）幼兒害怕的情緒與其無法清楚地分辨「現實」和「假裝」有關（D）嫉妒是最早分化出來的情緒。

（C）68.兒童性別角色的發展主要是那二個因素互動影響下的結果？（A）父親和母親的教程度（B）社會階層和教育程度（C）生理因素和外在環境（D）基因和優生。

（A）69.佛洛依德（Freud）認為人格的那一部分是動機與欲望的潛在來源？（A）本我（B）自我（C）超我（D）私我。

（C）70.下列何種道德發展論點，在探討兒童對是非對錯的判斷與年齡之關係？（A）道德情感（B）道德行為（C）道德認知（D）道德規範。

（B）71.安士渥斯（Ainsworth）用什麼方式來研究嬰兒依附關係的發展？（A）需求測驗（B）陌生情境（C）安全情境（D）自然情境觀察。

（B）72.利他行為中的兩個主要決定因素是？（A）自我控制和關懷能力（B）同理心和角色取代能力（C）年齡和教育程度（D）性別和認知能力。

（A）73.創造力高的幼兒通常具有何種特徵？（A）有高度注意力（B）興趣較不廣泛（C）喜歡受約束的感覺（D）高智力。

（D）74.柯伯格（Kohlberg）所設計之兩難困境的中心概念是：（A）同情（B）愛心（C）責任（D）正義。

（B）75.兒童的思考易受知覺的影響，無法進行邏輯思考與推理，是屬於

附　錄
題　歷
精　屆
解　試

下列那一階段的思考特徵？（A）感覺動作期（sensorimotor stage）（B）運思前期（preoperational stage）（C）具體運思期（concrete operational stage）（D）形式運思期（formal operational stage）。

（C）76.兒童的實足年齡為六歲，智力測驗所測得心理年齡為六歲四個月，該兒童之智商約為下列何值？（A）120（B）110（C）105（D）94。

（B）77.下列那一位學者重視社會文化對智力發展的影響？（A）葛賽爾（Gesell）（B）維高斯基（Vygotsky）（C）皮亞傑（Piaget）（D）歌登納（Gardrier）。

（D）78.下列何者不是影響幼兒語言發展的主要因素？（A）情緒與人格（B）性別（C）社會環境（D）動作發展。

（B）79.幼兒與外界溝通方式的發展順序通常為：（A）口頭語言→肢體語言→書面語言（B）肢體語言→口頭語言→書面語言（C）口頭語言→書面語言→肢體語言（D）書面語言→口頭語言→肢體語言。

（C）80.在不同的社會情境中，能有效和適當地使用語言，此稱為：（A）語音（B）語意（C）語用（D）語法。

90年普考保育人員第一試試題

（C）1.嬰兒先能以手掌取物，再以五隻手指取物，最後能以拇指拿起小糖果，此一進程顯示了個體的哪一項發展原則？（A）由頭至尾原則（B）不對稱原則（C）分化原則（D）功能性原則。

（B）2.有關「發展」的敘述，下列何者最正確？（A）指出生至死亡（B）包含身心的變化（C）主受遺傳因素影響（D）沒有先後的順序。

（C）3.新生兒（neonate）頭長佔身長的（A）1/2（B）1/3（C）1/4（D）1/5。

（B）4.發展心理學上環境決定論的代表學者是誰？（A）葛塞爾（B）華森（C）皮亞傑（D）佛洛依德。

（D）5.下列哪一句成語與社會學習論的觀點相符？（A）因材施教（B）揠苗助長（C）小時了了（D）見賢思齊。

（C）6.下列哪一項有關發展的研究方法是正確的？（A）想知道男生是否比女生好動應使用縱貫法（B）想研究同一群體發展的變化應使用橫斷法（C）使用橫斷法的優點是快速經濟（D）想知道青年期以後智力是否逐漸減退應使用橫斷法。

（C）7.下列有關雙胞胎的觀念何者是正確的？（A）同卵雙胞胎可能是同性別也可能是不同性別（B）同性別的雙胞胎一定是同卵雙胞胎（C）同卵雙胞胎外貌、性格和能力都非常相似（D）從容貌、性別、社會行為的相似程度就可以判定是同卵還是異卵雙胞胎。

（D）8.「七坐八爬」可說明嬰兒期的發展受到下列何者的影響？（A）學習過程的影響（B）環境因素的影響（C）先天後天的影響並重（D）成熟的影響。

（A）9.下列特質和遺傳有關的是哪些？1體重2精神分裂症3內向的個性4智力。（A）1234（B）234（C）24（D）4

（C）10.有關6個月的胎兒發展，下列敘述何者正確？（A）沒有眉毛和睫毛（B）沒有性別之分（C）沒有皮下脂肪（D）不會抓握東西。

（C）11.出生前，個體發展最重要的時期是（A）受精時（B）卵子期（germinal stage）（C）胚胎期（embryonic stage）（D）胎兒期

（fetal stage）。

（A）12.下列有關胎盤的敘述，何者錯誤？（A）是由其臍帶發展而成的圓盤狀物（B）可攝取母體內的養分和水分（C）可接受胎兒排出的二氧化碳與廢物（D）是連接母體與胎兒的重要器官。

（C）13.人體的消化器官是由胚胎的哪一部分發展形成？（A）外胚層（B）中胚層（C）內胚層（D）空胚層。

（D）14.下列有關羊水的描述，何者錯誤？（A）保持一定的溫度（B）是透明的液體（C）可保護胎兒免受外力擠壓（D）可提供胎兒所需養分。

（B）15.妊娠第幾個月，經產婦可以開始感知胎動？（A）第三個月（B）第四個月（C）第五個月（D）第六個月。

（B）16.孕婦接觸放射線對胎兒可能造成不良影響，下列敘述何者不正確？（A）可能產生唐氏兒（B）對身體影響較大對心智影響較小（C）在懷孕前期接觸影響很大（D）對心智影響較大對身體影響較小。

（A）17.下列關於新生兒的感官能力哪一項是正確的？（A）會感到痛（B）偏好鹹味（C）尚不能分辨氣味（D）喜愛看較簡單的圖形。

（A）18.下列有關異卵雙生子的描述，何者錯誤？（A）遺傳天賦完全不同（B）性別可能不同（C）每人各有自己的胎盤（D）由不同的精子和卵子結合而成。

（D）19.有關嬰兒的乳齒，下列敘述何者正確？（A）有28顆（B）最早出現的是上門牙（C）無需定期檢查（D）在6個月至2歲半之間全部長出。

（D）20.為免嬰幼兒在接受大小便訓練時感到挫折，最好（A）越早開始越好（B）在1歲時開始訓練（C）等到括約肌和膀胱肌肉成熟時開始（D）由同性別的父母訓練。

（B）21.剛開始學習說話的幼兒，使用何種詞類居多？（A）動詞（B）名詞（C）形容詞（D）代名詞。

（C）22.下列有關幼兒語言發展的敘述，何者正確？（A）全語言的哲學淵源於德國教育學家杜威的主張（B）在語言獲得的理論觀點中，行

為學習的觀點即指「先天論」（C）在幼兒的語言發展過程中，句子的理解先於句子的產生（D）幼兒使用「狗」指稱所有四足動物，此為「延伸不足」的現象。

（D）23.下列哪一項遊戲活動可促進幼兒大肌肉的發展？（A）寫字（B）剪貼（C）玩黏土（D）騎三輪車。

（C）24.新生兒仰臥，頭轉向右邊，軀體也隨著轉向右側，此時右臂伸直左臂緊屈，這是哪一種反射行為？（A）摩羅（Moro）（B）追縱（rooting）（C）頸緊張（tonic-neck）（D）退縮（withdrawal）。

（D）25.嬰幼兒期動作的發展為何？（A）先會獨立站再會扶著走（B）先會坐再會翻身（C）先會爬再會扶著站（D）先會爬再會獨立站。

（A）26.決定嬰幼兒期動作發展的重要因素是（A）成熟（B）學習（C）指導（D）經驗。

（A）27.一般常用「習慣化（habituation）現象」研究嬰兒的學習能力。所謂習慣化現象是指（A）對某刺激出現逐漸習慣後就停止對該刺激反應（B）對某刺激剛開始覺得陌生不會反應，習慣後就會反應（C）對陌生刺激會用較習慣的方式反應（D）嬰兒習慣某些常現的刺激後就會喜歡這些刺激。

（C）28.下列有關創造與想像力的敘述何者正確？（A）「萬物有靈論」無法讓幼兒發揮想像力（B）說話保守的幼兒較具想像力（C）幼兒重編故事可以發揮創造力（D）多批評幼兒可以啟發其創造力。

（D）29.下列何者為輔導幼兒繪畫之最佳方式？（A）作出圖樣，讓幼兒模仿（B）提供著色圖畫本讓幼兒學習（C）挑選班上部分幼兒作品，張貼示範（D）提供多樣素材，讓幼兒主動表現創造力。

（D）30.根據皮亞傑的認知發展理論，兒童的認知能力在下列何種情況有最好的學習效果？（A）3歲之前（B）7歲之後（C）已發展出物體恆存概念時（D）處於準備學習某特定概念時。

（B）31.一個10個月大的嬰兒，愛玩電視遙控器開關，讓電視一開一關，此例反映出該嬰兒發展出下列何種概念？（A）自我中心（B）因果關係（C）物體恆存（D）單向思考。

（C）32.一個8個月大的嬰兒發現自己發出咕咕聲，會引來保母的微笑，於

是重複發出咕咕聲，此發展現象出現於下列何種感覺動作之發展分期？（A）初級循環反應（B）次級基模的協調（C）次級循環反應（D）第三級循環反應。

（C）33.老師問小傑：「假如張強比李四高，李四比王五高，誰最高？」小傑無法回答。但是小傑可以將班上同學三人，依他們身高的高矮依序排列，我們可以推測小傑之認知發展屬於下列何者？（A）感覺動作期（B）運思前期（C）具體運思期（D）形式運思期。

（B）34.下列有關智力測驗之敘述，何者有誤？（A）智力測驗得分愈高代表個體的智力愈佳（B）智力測驗得分僅代表個體與生俱來的智力（C）智力測驗得分是代表操作型定義下的智力功能（D）智力測驗得分僅代表個體在某項測驗的能力。

（D）35.下列何者是訊息處理論用來解釋「幼兒認為兩塊原來形狀及重量相同的黏土，當其中一塊形狀改變後，重量會隨著改變」的原因？（A）幼兒缺乏保留概念（B）幼兒缺乏後設認知（C）幼兒貧乏的聯想能力（D）幼兒有限的記憶容量。

（A）36.支持語言天生論者的最佳證據是（A）不論資質，幼兒都學會母語（B）不論多大年紀都可以學各種語言（C）即使腦傷，嬰兒還是可以學母語（D）語言發展階段的存在。

（B）37.小明因為奶奶有一頭白髮，因此就將所有白髮女人都稱為「奶奶」，這是屬於下列何種現象？（A）月暈效果（B）過度類化（C）自我中心（D）萬物有靈。

（C）38.幼兒社會性語言的特徵為（A）反覆語（B）獨語（C）對話（D）集體的獨語。

（B）39.幼兒繪畫之發展階段，根據羅文菲德（Lowenfeld），其先後順序為（A）塗鴉期→圖式期→象徵期→寫實期（B）塗鴉期→象徵期→圖式期→寫實期（C）寫實期→圖式期→塗鴉期→象徵期（D）象徵期→圖式期→寫實期→塗鴉期。

（A）40.如何區分工具型的暴力和敵意型的暴力行為？（A）工具型的暴力是以物體導向，而敵意型的暴力是以人為主要對象（B）工具型的暴力是以人為主要對象，而敵意型的暴力則是物體導向（C）工

具型的暴力多出現在成人，而敵意型的暴力則多發生在小孩（D）工具型的暴力主要是發生在女孩子，而男孩子多表現敵意型的暴力。

（C）41.下列何者可以用來說明為何有些孩子較會安慰同伴或幫助別人？（A）孩子家庭的社會地位與其利他行為有正相關（B）性別影響孩子利他行為的表現（C）父母行為與孩子利他行為的表現有關（D）孩子利他行為完全受到後天環境的影響。

（A）42.根據柯爾堡道德發展的觀點，處於道德成規期（conventional morality）的孩子，在道德推理上有什麼特色？（A）取悅他人，維持次序（B）依循道德標準，社會規範（C）受制外控，服從權威（D）取悅自己，滿足需求。

（B）43.根據皮亞傑道德發展理論，學齡前幼兒處於什麼時期？（A）自律階段（B）他律階段（C）主觀階段（D）無律階段。

（B）44.以下有關柯爾堡和皮亞傑道德發展理論的描述，何者正確？（A）他們都認為孩子之所以服從的原因是為了避免被處罰（B）他們都認為兒童道德的發展是由個體的認知發展水準所決定（C）他們都認為其所提出的道德發展順序會因文化而有所差異（D）皮亞傑在柯爾堡道德發展理論的基礎上做了進一步的修改。

（A）45.根據吉爾福特（J. P. Guilford）的看法，下列何種思考能力可以顯示個人的創造力？（A）發散性思考（B）收斂思考（C）集中性思考（D）反向性思考。

（D）46.下列何種活動最無法展現幼兒的創造力？（A）白日夢（B）戲劇性遊戲（C）建構性遊戲（D）拼圖遊戲。

（D）47.創造力與學業成就之相關程度為？（A）低相關（B）無相關（C）高度正相關（D）缺乏定論。

（B）48.依據皮亞傑學派的實驗研究，兒童之數量、重量、長度及質量保留概念，隨著年齡的增長而順序發展，最先及最後發展之概念為下列何者？（A）數量、長度（B）數量、重量（C）質量、數量（D）數量、質量。

（A）49.幼兒認為甜甜圈上灑的糖粉，是把糖和麵粉混合一起做成的，此

例所反映的幼兒思考特性為下列何者？（A）直覺判斷（B）缺乏保留概念（C）調適作用（D）保留作用。

（D）50.幼兒數概念的發展，下列順序何者正確？（A）唱數→序數→數數→基數（B）唱數→序數→基數→集合數（C）唱數→數數→序數→集合數（D）唱數→數數→基數→序數。

（C）51.下列何者為根據趨近發展區（zone of proximal development）概念來教導幼兒及提昇智力的方式？（A）遷移學習（B）記憶術（C）鷹架學習（D）精熟學習。

（C）52.安斯渥斯（Ainsworth）認為影響嬰兒與照顧者建立的依附關係的本質是（A）文化情境（B）嬰兒天生的氣質（C）照顧者的行為（D）托育機構。

（B）53.幼兒常常會說「不」的反抗性，喜歡自己嘗試新的事物，根據艾力克森的理論，這些發展現象是出現在八個階段中的哪一個階段？（A）第一階段（B）第二階段（C）第三階段（D）第四階段。

（D）54.王小智在睡午覺時，只要房間有一點點的聲音就會醒過來。此種反應屬於幼兒氣質中的哪一向度？（A）趨避性（B）注意廣度（C）反應強度（D）反應閾。

（A）55.王媽媽認為女孩子就是應該穿裙子，文文靜靜，男孩子就是應該勇敢堅強，不要娘娘腔。請問王媽媽的觀念反映了什麼印象？（A）性別刻板（B）性別恆常（C）性別配合（D）性別認定。

（D）56.王小明心理很忌妒陳小東畫圖畫得比他好，卻常常對老師說小東很忌妒他。這個現象是佛洛依德所提出的心理防衛機制中的哪一種？（A）壓抑（B）昇華（C）反向（D）投射。

（C）57.研究顯示父親在親子關係中扮演的角色是（A）父親會影響女兒的認知發現（B）父親會影響兒子的性別恆定發展（C）父親與年幼孩子玩的時間較多，照顧的時間較少（D）父親對孩子的影響力顯著比母親少。

（A）58.研究發現，嬰兒微笑的發展階段出現的次序為（A）自發性的微笑→社會性微笑→選擇性的社會性微笑（B）選擇性的社會性微笑

→社會性微笑→自發性的微笑（C）自發性的微笑→選擇性的社會
性微笑→社會性微笑（D）選擇性的社會性微笑→自發性的微笑
→社會性微笑。

（B）59.下列有關嬰兒情緒發展過程的敘述，何者正確？（A）情緒的辨認
先於情緒的表達（B）情緒的表達先於情緒的辨認（C）情緒的瞭
解先於情緒的表達（D）情緒的表達先於情緒的瞭解。

（C）60.依演化論的觀點來解釋幼兒與其父母間會發展依附關係，下列哪
一個原因不正確？（A）幼兒求生本能的表現（B）父母最能滿足
其幼兒的需求（C）幼兒由環境中學習與父母建立依附關係（D）
幼兒可同時與其他人建立依附關係。

（A）61.研究顯示對陌生人的焦慮反應在同卵雙胞胎間比異卵雙胞胎間相
似，主要原因是（A）焦慮反應與基因有關（B）焦慮是由家庭情
境中學習而來（C）焦慮是相同年齡幼兒的行為（D）焦慮反應與
性別有關。

（B）62.根據社會學習理論的觀點，以下描述何者正確？（A）幼兒對楷模
的認同過程，是認同其行為，並不包括認同其情緒（B）觀賞暴力
影片的兒童對攻擊楷模的認同會較不看此類影片的孩子來的強烈
（C）幼兒的攻擊性行為與傾向主要是體內荷爾蒙的關係所致（D）
幼兒的行為不論年齡，都需要不斷的得到讚許或懲罰，才能按照
社會允許的方式去做。

（B）63.對幼兒社會能力發展的描述，下列何者正確？（A）學前的手足關
係主要為競爭、負面的（B）安全依附的孩子較富同理心（C）同
儕關係是建立其他關係的基礎（D）敵意式的懲罰能改進孩子不當
的行為。

（A）64.下列哪一個陳述是正確的？（A）3歲以上幼兒已會選擇合乎自己
性別的玩具（B）2歲左右的幼兒已具有性別認同（C）性別恆常
（gender constancy）在4歲時已發展完成（D）性別角色的刻板印
象在2到3歲時已形成，不會隨年齡的增長而改變。

（C）65.安斯渥斯（Ainsworth）研究嬰兒依附（attachment）的行為，最
早在什麼地方透過自然觀察法觀察嬰兒和母親之間的互動？（A）

法國（B）德國（C）烏干達（D）印度。

（A）66.幼兒眼光不與人接觸，長時間反覆某特定動作，或被會動的物體
所吸引，據此推測該幼兒較有可能爲下列何者？（A）自閉兒童
（B）過動兒童（C）唐氏兒童（D）情緒困擾兒童。

（C）67.一般孩子最有可能在下列那一時期說出第一個有具體意義的字？
（A）出生至6個月前（B）6個月至10個月前（C）10個月至14個月
前（D）14個月至18個月。

（A）68.在嬰兒的前語言階段，語音發展可分三個時期，其先後順序爲
（A）咕咕期→呀語期→回響期（B）咕咕期→回響期→呀語期（C）
呀語期→咕咕期→回響期（D）回響期→咕咕期→呀語期。

（C）69.根據學者帕登對遊戲的分類法，如果一個孩子和其他孩子玩在一
起，會彼此交談，但是沒有一個共同的目標與具體的組織，這樣
的遊戲型態歸類爲（A）獨立遊戲（solitary play）（B）平行遊戲
（parallel play）（C）聯合遊戲（associative play）（D）合作遊戲
（cooperative play）。

（D）70.下列何者對於啟發幼兒創造思考能力沒有助益？（A）提供多樣
刺激，讓幼兒嘗試（B）指導幼兒多用感官觀察，探索各樣事物
（C）讓幼兒有表現的機會，並多鼓勵其表現（D）培養幼兒主觀
的看法，並堅持己見。

（D）71.幼兒的幻想遊戲或扮演遊戲對幼兒有幫助的項目中，下列何者不
正確？（A）表達情緒（B）增進創造力（C）增進語言的能力
（D）學習守規則。

（C）72.下列有關遊戲的陳述哪一項是最適當的？（A）遊戲中幼兒重視
的是遊戲的結果而非過程（B）幼兒的遊戲受到外在的社會規則約束
（C）幼兒主動地參與遊戲（D）幼兒沒有自由選擇權。

（B）73.下列有關資賦優異兒童的情緒描述，何者爲正確？（A）比其他同
齡兒童早熟（B）與其他同齡兒童非常相似（C）比其他同齡兒童
更需要幫助（D）比自己其他方面的發展更成熟。

（C）74.下列有關艾力克森與佛洛依德理論比較的描述何者正確？（A）艾
力克森認同佛氏對性的看法，認爲其在發展中扮演重要角色（B）

艾力克森認同佛氏對排泄訓練的看法，認為是自然功能必要的社會控制（C）艾力克森不認同佛氏的發展觀點，認為其觀點過於負面（D）艾力克森不認同佛氏對早期經驗的看法，認為後期的發展更重要。

（C）75.根據佛洛依德的理論，3至6歲的幼兒（A）處於肛門期，如果排泄訓練過於嚴苛，會產生便秘性人格（B）處於肛門期，會對同性父母產生認同（C）處於性器期，會有戀母情結和戀父情結的發展（D）處於性器期，對於性缺乏興趣。

（B）76.以下有關遊戲的描述何者正確？（A）非社會遊戲都是幼兒尚不成熟所呈現的一種遊戲型態（B）幻想式的遊戲可以幫助孩子情緒的表達（C）單人的遊戲比團體遊戲不成熟（D）認知性的遊戲價值比社會性的遊戲價值來的高而重要。

（A）77.下列有關看電視對幼兒不良影響的敘述：1減少和他人互動2模仿電視暴力，增加攻擊行為3廣告刺激購買不營養的食物4減少參加其他有益發展的活動。哪些是正確的？（A）1234（B）14（C）23（D）123。

（B）78.下列哪一個陳述是不正確的？（A）兒童虐待的個案會出現在各種階層和不同的教育背景中（B）會虐待子女的父母具有特殊的人格特質（C）沒有單一因素可以解釋虐待子女的行為（D）受虐的子女是長期受到父母語言和身體上的虐待。

（D）79.對於兒童早期「自言自語」的現象，下列敘述何者錯誤？（A）皮亞傑認為它是一種自我中心的表現（B）雨果特斯基認為它是溝通的一種特殊形式：與自己溝通（C）前述二者皆相信它可以幫助孩子統合語言和思考（D）雨果特斯基認為它受遺傳的影響。

（D）80.研究顯示下面有關語言發展的敘述何者正確？（A）成功的胎教可以提早幼兒說話的時間（B）母親常唸書可以提昇胎兒辨音能力（C）莫札特音樂可以提高幼兒說話能力（D）初生嬰兒可以辨母親的聲音。

89年普考保育人員第一試試題

（B）1.幼兒期自我概念的形成，誰的影響力最大？（A）幼兒自己（B）幼兒的父母（C）幼兒的老師（D）幼兒的兄弟姊妹。

（D）2.下列哪一種不屬於幼兒期的心理發展特徵？（A）情緒化（B）未分化（C）可塑性（D）性別化。

（A）3.下列身體的哪些部分有小肌肉的分布？（A）手指及臉面上（B）大小腿上（C）頭與頸部（D）胸腹與軀幹。

（B）4.人類身體發展最快速的兩個階段是（A）兒童期與青春期（B）嬰幼兒期與青春期（C）嬰幼兒期與兒童期（D）兒童期與壯年期。

（A）5.做過一段劇烈或興奮的運動後要有片刻的休息，目的在保護哪一種器官？（A）心臟（B）肺臟（C）肝臟（D）腎臟。

（C）6.請依先後順序排列兒童動作的發展：1抬頭2坐3翻身4爬5站6走（A）213456（B）123456（C）132456（D）312456。

（B）7.幼兒不適宜寫字是因為哪一部份尚未發展成熟？（A）大肌肉（B）小肌肉（C）腦神經（D）視力。

（A）8.人類乳齒有多少顆？（A）20顆（B）25顆（C）30顆（D）35顆。

（B）9.6歲幼兒的骨骼有多少塊？（A）200塊（B）300塊（C）400塊（D）500塊。

（A）10.出生正常的嬰兒，一般而言頭圍與胸圍的比例是（A）頭圍大於胸圍（B）頭圍小於胸圍（C）頭圍胸圍相等（D）因人而異。

（D）11.下列哪一種是提供幼兒概念形成的最理想刺激物？（A）圖片（B）模型（C）標本（D）實物。

（A）12.皮亞傑認知發展理論之形式運思期又稱為（A）反省思考期（B）嘗試錯誤期（C）擬人幻想期（D）可逆轉移期。

（B）13.皮亞傑認為人類天賦有將事物或把支離破碎的東西，予以系統地組合成嚴密的整體，這是哪一種傾向？（A）適應傾向（B）組織傾向（C）演化傾向（D）互動傾向。

（B）14.幼兒時間概念的發展，依序是（A）未來－現在－過去（B）現在－未來－過去（C）過去－現在－未來（D）過去－未來－現在。

（C）15.幼兒認識身邊周圍的空間，最好的道具是感覺，而最先與空間概念有關的感覺是下列哪一種？（A）味覺（B）聽覺（C）觸覺（D）視覺。

（A）16.下列哪一種親子或師生關係，對增進兒童人格發展最有助益？（A）民主式（B）專制式（C）放任式（D）暴力式。

（B）17.幼兒須以實際的經驗作為思考內容，下列哪一種是幼兒的思考模式？（A）象徵性（B）具體性（C）抽象性（D）摸索性。

（D）18.下列哪一種表達方式是嬰幼兒期與外界溝通的第一種方法？（A）情緒表達（B）姿勢表達（C）爆炸聲音（D）哭泣表達。

（C）19.假如兒童遭受過度的恐懼，強迫壓抑情緒表現，抑制其慾望或改變其習慣，容易有那種語言的缺陷？（A）語言遲滯（B）發音缺陷（C）口吃（D）嬰兒式語言。

（B）20.語言形式的使用，男孩多傾向哪一種形式？（A）自我中心語（B）命令語句（C）尊敬語句（D）懇求語句。

（B）21.根據葛賽爾的研究，幼兒的喃語是下列哪一種語言形式？（A）意識語言（B）遊戲語言（C）模仿語言（D）思想語言。

（A）22.根據皮亞傑的研究指出幼兒的獨語是指下列哪一種語言？（A）自我中心語言（B）社會話語言（C）情緒化語言（D）獨立性語言。

（A）23.根據愛琳（Allen）的研究，被過分保護的幼兒較會使用下列哪一種方式的語言？（A）嬰兒式（B）成人式（C）大眾式（D）粗俗式。

（B）24.幼兒語言內容的機能發展會由自我中心語言轉移到下列哪一種語言？（A）個性化語言（B）社會化語言（C）獨立性語言（D）特殊性語言。

（B）25.請指出幼兒最早使用的語彙是下列哪一詞類？（A）動詞（B）名詞（C）形容詞（D）感嘆詞。

（A）26.兒童會的字彙較少，發音較差或組聚較不完整，是下列哪一種現象？（A）語言遲滯（B）語言缺陷（C）語言失調（D）語言困難。

（D）27.斯特恩（Stern）將幼兒語言發展分為四個主要時期，其中所謂「好問期」的年齡是哪個時期？（A）1歲到1歲半（B）1歲半到2歲（C）2歲到2歲半（D）2歲半到3歲。

（D）28.請依先後順序排列幼兒情愛表現的對象：1父母2自愛3兒童（A）123（B）312（C）231（D）213。

（B）29.根據斯摩勒（Smalley）的研究指出手足間常有相互嫉妒的現象，其中表現較易互嫉的是下列哪一種關係？（A）兄弟（B）姊妹（C）姊弟（D）兄妹。

（B）30.最早研究人類先天情緒的學者是誰？（A）布瑞吉斯（B）華森（C）舍曼夫婦（D）瓊斯夫婦（Jones）。

（A）31.父母常對幼兒說：「如果你不乖警察伯伯會來抓你。」讓幼兒對警察產生懼怕的心理，這是下列哪一種心理過程所形成？（A）制約過程（B）反制約過程（C）模仿過程（D）反模仿過程。

（C）32.家庭中父母對子女若有偏愛或不公正，容易引起孩子間的情緒反應現象是（A）憤怒（B）厭惡（C）嫉妒（D）恐懼。

（C）33.當幼兒的行動受干擾，玩具或東西被搶走，在此種遊戲間的爭執情況下，最容易引發下列那一種情緒的出現？（A）恐懼（B）憂慮（C）憤怒（D）嫉妒。

（A）34.人類早期若缺乏親情之愛，則情愛發展容易停留在下列哪一個階段？（A）自戀期（B）成人愛期（C）同性愛期（D）異性戀期。

（C）35.獨生子女、寡母、遺腹子或失愛的母親，倘若對孩子過度溺愛，以致親子關係過分緊密，則孩子的情愛發展不易達到下列那一個階段？（A）自戀期（B）成人愛期（C）同性愛期（D）異性戀期。

（B）36.羅塞爾（Russell）描述家庭對兒童早期社會行為發展的影響，其中提到生活在鼓勵中的孩子會有怎樣的社會行為？（A）公正（B）自信（C）慈善（D）獨立。

（A）37.繪製社會關係圖可依人數多寡用不同方式繪製，若人數多又是男女混合的團體，可用哪一種圖形？（A）圓形（B）四邊形（C）

六邊形（D）八邊形。

（C）38.幼兒為了要獲得成人及友伴的接受與讚賞，而調整自己的行為表現，這是「行為社會化」的哪一種特徵？（A）合作遊戲（B）個性發展（C）社會認可（D）人我區別。

（C）39.同儕集團的兒童是在哪一個階段？（A）幼稚園（B）低年級（C）中年級（D）高年級。

（D）40.嬰兒「認生時期」有膽怯及怕羞的現象，它開始出現的時間在出生後幾個月左右？（A）3個月（B）4個月（C）5個月（D）6個月。

（B）41.根據維斯利芝基（Wislitzky）觀察3～6歲幼兒在自由遊戲中的友伴組成通常以多少為最多？（A）二人（B）三人（C）四人（D）五人

（C）42. 2、3歲幼兒亟欲尋求遊戲友伴，但與友伴接觸又容易發生爭執，產生對立，這是因為什麼心裡特質使然？（A）可塑性（B）模仿性（C）自我中心性（D）領袖欲。

（A）43.兒童要發展成社會人、非社會人或反社會人的決定因素是（A）學習（B）成熟（C）本能（D）遺傳。

（C）44.下列哪一項社會行為較未能增進幼兒自我意識的表現？（A）反抗（B）競爭（C）模仿（D）合作。

（A）45.人格結構包括本我、自我、超自我三部分，這是誰提出的人格發展理論？（A）佛洛依德（B）柯爾堡（C）艾力克森（D）赫洛克。

（B）46.對同樣的情境與事物，個人適應時表現並不一致的現象，這說明人格發展的哪一種特性？（A）複雜性（B）獨特性（C）持久性（D）統整性。

（C）47.人格為個人身心多種特質的綜合，有可見的，有他人不易觀察而且自己不覺知。這是人格的哪一種特質？（A）持久性（B）統整性（C）複雜性（D）獨特性。

（D）48.生理機能影響個體人格發展最顯著的部分是？（A）汗腺（B）淚腺（C）消化腺（D）內分泌腺。

附　錄
歷屆試
題精解

（C）49.如果學校老師認為女孩聽話、文靜，男孩調皮、好動，而有鼓勵女孩消極個性，批評男孩積極個性，容易造成男女性別差異，這種現象是屬於下列何種因素？（A）遺傳因素（B）智力因素（C）社會因素（D）認知因素。

（B）50.唯樂原則支配的行為動機，目的在求生物性需要的滿足與避免痛苦，是屬於下列那一種人格結構？（A）超我（B）本我（C）自我（D）本我與自我

（C）51.艾力克森的人格發展論中，「勤奮對自卑」是指那一段年齡層的特徵？（A）2到3歲（B）4到5歲（C）6到11歲（D）12歲到18歲。

（C）52.佛洛依德認為人類人格之基本結構在6歲前已形成，其發展順序是（A）肛門期－口腔期－性器期（B）性器期－肛門期－口腔期（C）口腔期－肛門期－性器期（D）性器期－口腔期－肛門期。

（D）53. 5、6歲幼兒的遊戲、興趣會偏向下列哪一種？（A）模仿性遊戲（B）感覺動作遊戲（C）幻想性遊戲（D）運動式遊戲。

（C）54.強調兒童在遊戲中可以使機體不受外界的任何約束，並從中得到快樂的「機能快樂說」，是誰的理論？（A）霍爾（Hall）（B）席勒－斯賓塞（Schiller－Spencer）（C）彪勒（Buhler）（D）格羅斯（Groos）。

（A）55.心理學家史密蘭斯基（Smilansky）發現，幼兒看電視時間過多，干擾幼兒下列哪一項遊戲表現？（A）想像性（B）規則性（C）實踐性（D）建構性。

（C）56.請依順序排列幼兒（2～6歲）遊戲行為發展的順序：1感覺動作遊戲2運動式遊戲3模仿遊戲4幻想遊戲（A）1234（B）2341（C）1324（D）4231。

（B）57.「兒童在遊戲場地所學的功課，比在教室內所學的價值要大一百倍。」這是誰說的一段話？（A）杜威（B）盧梭（C）莎士比亞（D）皮亞傑。

（B）58.幼兒把掃帚當馬騎、椅子當車子開、假裝生病、扮演爸爸媽媽的遊戲，被稱為下列哪一種遊戲？（A）實踐性（B）象徵性（C）

規則性（D）獨立性。

（A）59.下列哪位學者認為「遊戲是指在日常生活中，除了工作或直接與個體的生存有關的活動之外的活動，沒有束縛、義務、強制之內在壓力，能自由、自立、自在、自動展開的活動」？（A）杜威（B）馬斯洛（C）華生（D）席勒。

（D）60.海邊玩貝殼、海水浴，鄉村以自然空間觀察植物、種子、採集、追逐遊戲，木工場附近則以木屑、木塊為素材遊戲，目的在配合下列哪種條件？（A）經濟立場（B）教育價值（C）安全教育（D）環境利用。

（C）61.支持幼兒一再重複玩弄或操作遊戲活動的條件是（A）技能（B）知識（C）興趣（D）體力。

（D）62.皮亞傑和柯爾堡一致反對的道德教育方法是（A）同伴相互作用（B）誘發認知衝突（C）真假道德情境衝突（D）灌輸說教方式。

（B）63.幼兒對權威的敬畏，認為規則是神聖的，一定要遵守，假如踰越就是「壞孩子」，這種道德意識指的是下列哪一階段？（A）無律階段（B）他律階段（C）自律階段（D）多律階段。

（A）64.一個人有罪疚感或羞恥感，則感到焦慮不安，個人為了擺脫這種精神壓力，出現一股遵守規矩的力量，這符合下列哪種現象？（A）道德情緒（B）道德標準（C）道德行為（D）道德認知。

（B）65.幼兒行為的出現，視大人的反應，被允許的便是善的，被禁止的便是惡的概念，這種道德概念合乎下列哪一種理論？（A）結果論（B）實在論（C）片面論（D）整體論。

（A）66.柯爾堡根據橫向研究，發現不同年齡有不同的道德水準反應，將兒童道德發展做下列哪一種劃分？（A）三個水準六個階段（B）三個水準九個階段（C）四個水準八個階段（D）四個水準十二個階段。

（A）67.常說賞罰要分明，它的作用在幫助孩子對善行增強對惡行削弱，我們實施賞罰時最要注意的是什麼？（A）賞罰時間（B）賞罰場所（C）賞罰方式（D）賞罰次數。

（D）68.下列哪一種活動較不易引發幼兒創造性活動？（A）自由律動（B）

造形設計（C）戲劇扮演（D）兒歌教唱。

（A）69.最先提出創造力學說之學者是下列那一位？（A）吉爾福特（Guilford）（B）安德列斯（Andreus）（C）托倫斯（Torance）（D）格力朋（Grippen）。

（B）70.文文肚子餓了，但是沒有飯吃，「我要吃什麼呢？」文文就拿餅乾吃。這是下列那一種策略的應用？（A）可能（B）替代（C）比較（D）想像。

（C）71.小明在回答問題時，能提出別人沒想到的答案，就表示小明具備下列哪一種創造力的性質？（A）流暢性（B）變通性（C）獨創性（D）精進性。

（C）72.邁入21世紀的社會是暫時性、多樣性和新奇性、較易增加人類認知能力的壓力與負荷，因此當今之教育目標應注重下列哪一種能力的培養？（A）記憶能力（B）語言能力（C）創造能力（D）動作能力。

（A）73.幼兒時期的創造力是屬於下列哪一種？（A）自我實現的創造性（B）特殊才能的創造性（C）創新事物的創造性（D）理想實現的創造性。

（B）74.一個人能自願地遵守社會要求與規範，這合乎下列哪一種現象？（A）道德情緒（B）道德行為（C）道德認知（D）道德標準。

（C）75.生活在恐嚇環境中成長的孩子易缺乏下列那一種特質？（A）責任感（B）信任感（C）安全感（D）認同感。

（C）76.好奇心、冒險性、挑戰性及想像力是屬於下列哪一種創造力人格特質？（A）技能性（B）認知性（C）情意性（D）特殊性。

（B）77.根據史密斯（Smith）的研究，兒童語彙增加最快速的年齡是下列哪一段時間？（A）2到3歲（B）3到4歲（C）4到5歲（D）5到6歲。

（C）78.一般小孩容易摔跤是因為哪一部位特別大的關係？（A）腳大（B）肚子大（C）頭大（D）屁股大。

（B）79.下列哪一個名稱用來形容人類的左腦功能較為適切？（A）感性的腦（B）理性的腦（C）關鍵性腦（D）圖示性腦。

（C）80.媽媽抱著出生不久的嬰兒，靜靜的對著嬰兒的臉，重複做張嘴閉嘴的動作，一陣子嬰兒會張嘴閉嘴，嬰兒的這種行為稱（A）反射動作（B）模仿行為（C）共鳴行為（D）制約反應。

91年四技二專幼保類專業科目（一）試題

（D）1.有關幼兒教保之意義與重要性的敘述，下列何者正確？（A）幼兒期是個體認知學習的唯一關鍵期（B）三至六歲的幼兒，應以養護為主、教育為輔（C）狹義的幼兒教保包含家庭、學校與社會教育（D）托兒所、幼稚園是輔助與延伸家庭教保的場所。

（B）2.有關福祿貝爾（Froebel）第一種到第十種「恩物」的敘述，下列何者正確？（A）又稱「作業因物」（B）概念的引導歷程為立體→面→線→點（C）設計的原則是由抽象到具體（D）深受蒙特梭利教具設計原則的影響。

（C）3.有關皮亞傑（Piaget）認知發展論的敘述，下列何者正確？（A）皮亞傑是一位幼教實務者，創立「皮亞傑幼兒教學法」（B）認知發展是指身體動作、理解等生理與心理的發展（C）皮亞傑以臨床觀察或個別訪談方式研究兒童的認知發展（D）個體認知結構一旦達到「平衡」（Equilibration）後，就永遠不再改變。

（C）4.有關幼兒教育學者的敘述，下列何者正確？（A）康美紐斯（Comenius）反對學校教育，認為實施教育最好的場所是社會（B）盧梭（Rousseau）深受福祿貝爾（Froebel）的影響，主張以幼兒為本位的教育（C）裴斯塔洛齊（Pestalozzi）的育兒觀，深受《愛彌兒》理論與方法的啟示（D）盧梭、福祿貝爾、與蒙特梭利（Montessori）共同設計了一套適合幼兒操作的教具。

（A）5.有關我國幼兒教保現況的敘述，下列何者正確？（A）高職幼保科的應屆畢業生，不得擔任幼稚園教師（B）培育托兒所保育人員唯一的管道是技職院校的幼兒保育系（C）托兒所與幼稚園的課程均以「幼兒教育課程大綱」為標準（D）托兒所與幼稚園的立案標準完全相同。

（D）6.下列何者為我國托兒所業務的中央主管機關？（A）內政部社教司（B）內政部幼教司（C）教育部國教司（D）內政部兒童局。

（B）7.下列敘述，何者符合「兒童福利法」與「兒童福利法施行細則」的規定？（A）資賦優異的兒童不屬於持殊兒童的範圍（B）任何人

不得提供檳榔與香煙給不滿十二歲的兒童食用（C）家長外出時可由國小一年級（七歲）的兄長照顧三歲的弟弟（D）家長宜偶爾帶六歲以下的幼兒去網咖、酒吧等特種營業場所，以增長其見聞。

（C）8.下列何者屬於兒童福利構機？（A）幼稚園（B）國民小學（C）課後托育中心（D）幼兒美語補習班。

（D）9.有關美國幼兒教保概況的敘述，下列何者正確？（A）公立幼稚園全部採用蒙特梭利教學法（B）高中幼兒保育科的畢業生即可擔任幼稚園教師（C）「幼兒學校」源起於美國，並對英國的開放教育影響深鉅（D）招收五歲幼兒的幼稚園多附設於公立國民小學。

（A）10.有關一歲六個月幼兒動作發展的敘述，下列何者正確？（A）可獨自站立（B）會畫出完整的臉譜圖形（C）跳繩（D）可靈活地運用剪刀剪出三角形。

（B）11.我國幼兒，按照動作正常發展的順序，下列行為何者最早出現？（A）仿畫幾何圖形（B）會使用湯匙進食（C）扣鈕釦（D）會使用筷子夾食物。

（C）12.下列何種遊戲型態，最能培養五歲幼兒團隊合作的能力？（A）獨自遊戲（Solitary play）（B）旁觀遊戲（Onlooker play）（C）合作遊戲（Cooperative play）（D）平行遊戲（Parallel play）。

（A）13.依據「兒童福利專業人員資格要點」，某人僅具國中畢業學歷與「丙級保母技術士」證照，可擔任下列何種工作？（A）保母人員（B）助理保育人員（C）保育人員（D）所長。

（B）14.為了鼓勵五歲幼兒發展良好的社會行為，成人宜多引導幼兒發展下列何種行為？（A）平行遊戲的行為（B）遵守生活常規的行為（C）服從專制式父母的行為（D）隨性放任的行為。

（A）15.為幼兒準備餐點時，下列注意事項何者最適當？（A）食物的製備過程，宜把握「快洗、快煮、快吃」的原則（B）生食、熟食、蔬菜與肉類應在同一塊砧板上處理（C）除了辣椒以外，應避免將刺激性的食品，如薑、咖哩放入烹煮的食物中（D）為便於六歲幼兒咀嚼，食物必須處理成一公分以下的小片或小丁。

（D）16.下列何種方法最能幫助幼兒養成良好的睡眠習慣？（A）鼓勵多

與家人同床睡覺（B）睡覺前多做劇烈運動（C）睡前多吃東西（D）按時就寢、定時起床。

（A）17.有關腸病毒與猩紅熱共同點的敘述，下列何者正確？（A）爲傳染性疾病（B）使用抗生素治療有效（C）一次感染可終身免疫（D）發病症狀，僅在口腔出現水泡。

（C）18.實施三至六歲幼兒安全教育，下列何種方式最不適當？（A）培養幼兒對安全認知的概念（B）強調事前安全的預防（C）禁止與限制幼兒的行動（D）培養幼兒維護自身安全的能力。

（C）19.有關幼兒遊戲行爲的敘述，下列何者正確？（A）幻想遊戲始於出生時（B）遊戲與認知發展無關（C）遊戲可以發洩不愉快的情緒（D）玩黏土、玩拼圖與溜滑梯屬於建構遊戲。

（A）20.下列何種行爲是幼兒發燒時，最適當的處理方式？（A）多補充水分（B）多休息，無需就醫（C）用冷水洗澡，降低體溫（D）添加衣服，以便出汗退燒。

（D）21.多多摸著爸爸的大肚子說：「爸爸！你什麼時候把弟弟生出來？」爸爸說：「我不是媽媽，我肚子裡沒有弟弟，因爲吃太多漢堡才肚子大大的。」多多說：「原來不是只有要生弟弟才會肚子大，吃太多漢堡也會肚子大！」依據皮亞傑理論，上述多多的思考，屬於下列何種歷程？（A）轉移（Displacement）（B）順從（Compliance）（C）補償（Compensation）（D）適應（Adaptation）。

（C）22.有關蟯蟲的敘述，下列何者正確？（A）又名血蟲（B）爲甚少見的血管寄生蟲疾病（C）夜間有時爬出肛門口造成搔癢的感覺（D）蟯蟲的成蟲具有細鉤，會鉤住小腸黏膜，而引起小腸黏膜潰瘍。

（D）23.嬰幼兒的乳齒有多少顆？（A）26（B）24（C）22（D）20。

（B）24.有關我國托兒所現況的敘述，下列何者正確？（A）僅收托三至六歲的幼兒（B）工作人員受「勞基法」的保障（C）保育人員受「教師法」的保障（D）不得辦理臨時托育。

（B）25.何種礦物質是構成人體血紅素的主要成分？（A）碘（B）鐵（C）磷（D）鈣。

（D）26.有關創造力的培養，下列敘述何者正確？（A）鼓勵幼兒創新，不宜提供一般性知識的教學（B）鼓勵收斂性思考（C）科學活動不利於創造力的培養（D）鼓勵建構性遊戲。

（A）27.孕婦懷孕前三個月患有何種疾病，會導致胎兒心臟缺損？（A）德國麻疹（B）糖尿病（C）B型肝炎（D）急性腸胃炎。

（C or A）28.人體內的生殖細胞有多少染色體（Chromosomes）？（A）23個（B）26個（C）23對（D）46對。

（B）29.人類基因（Gene）是由下列何者所組成？（A）DPG（B）DNA（C）RAM（D）ROM。

（C）30.胎兒的神經系統是由何種胚層分化而來？（A）內胚層（B）中胚層（C）外胚層（D）大胚層。

（C）31.有關遺傳、環境、成熟、學習對個體發展的影響，下列敘述何者正確？（A）智力發展受環境因素影響較遺傳因素大（B）創造力發展受遺傳因素影響較環境因素大（C）嬰兒基本情緒發展受成熟因素影響較學習因素大（D）嬰兒生理動作發展受學習因素影響較成熟因素大。

（B）32.下列等量的營養素中，何者所提供的熱量最多？（A）蛋白質（B）脂肪（C）醣類（D）礦物質。

（B）33.依據佛洛依德（Freud）理論，當個體遭遇挫折時，常採用下列何種行為反應方式以免受焦慮之苦？（A）利社會行為（B）心理防衛（C）依戀行為（D）循環反應。

（D）34.某教育學者提出「幼兒沒有吃早餐，影響學習動機」之呼籲，下列何種理論觀點最符合此一呼籲？（A）皮亞傑（Piaget）認知發展理論（B）佛洛依德（Freud）心理分析論（C）班度拉（Bandura）社會學習理論（D）馬斯洛（Maslow）需求層級論。

（A）35.依據湯姆斯與契司（Thomas & Chess）的氣質論，下列何者可以說明幼兒喜歡嘗試各種新奇食品的行為特徵？（A）趨性強（B）反應閾低（C）堅持度高（D）反應強度強。

（C）36.有關艾力克遜（Erikson）的理論觀點，下列何者正確？（A）將人類之認知發展分為八個階段（B）發展階段之衝突未解決，會導

致病理性的後果（C）每個發展階段有其特定之發展任務（D）發展的基本動力是性本能的驅動。

（B）37.幼兒反抗行爲對於下列何種階段的發展有不可忽視的重要性？（A）信任與不信任（B）自主與懷疑（C）自動自發與內疚（D）勤奮與自卑。

（D）38.一位民國八十五年二月三日出生之兒童，在今年三月三日時接受智力測驗，測得心理年齡爲七歲又十一個月，其智商（Intelligence Quotient）是多少？（A）77（B）111（C）117（D）130。

（C）39.有關「水痘」的敘述，下列何者正確？（A）一歲以內之嬰兒爲高危險群（B）發病後即不具傳染力（C）爲濾過性病毒的傳染病（D）一種慢性傳染病。

（B）40.媽媽問：「小強，你的這片土司麵包要切成兩塊還是四塊？」小強：「切成兩塊就好了，切成四塊我會吃不完。」下列何者最能說明小強之思考特質？（A）物體恆存概念（B）缺乏保留概念（C）直接推理（D）遞移推理。

（B）41.幼兒害怕家門前的大樹，晚上會變成怪物來抓他，是下列何種認知發展階段的特徵？（A）感覺動作期（B）運思準備期（C）具體運思期（D）形式運思期。

（D）42.三至六歲幼兒的人格發展屬於下列何種性心理發展階段？（A）口腔期（B）肛門期（C）兩性期（D）性器期。

（D）43.幼兒攻擊行爲之輔導方式，下列敘述何者正確？（A）要求幼兒壓抑情緒（B）以體罰方式來禁止幼兒攻擊（C）鼓勵幼兒參與爭奪玩具遊戲，發洩挫折情緒（D）鼓勵幼兒參與體能活動，發洩過剩體力。

（D）44.個體身心特質發展速率的差異，是指下列何種發展原則？（A）連續性（B）個別性（C）方向性（D）不平衡性。

（B）45.保母每次看到狗就立刻走避，並對幼兒說「狗狗，怕怕。」後來幼兒看見狗也有害怕反應，此種現象稱爲下列何者？（A）刺激類化（B）模仿學習（C）直接經驗（D）想像。

（D）46.幼兒的繪畫表現方式易受他人影響而形成「概念畫」，是屬於下列何種繪畫發展階段？（A）塗鴉期（B）象徵期（C）前圖式期（D）圖式期。

（D）47.幼兒甲：「我會閉氣兩分鐘。」幼兒乙：「我會閉氣二十分鐘。」幼兒甲：「才怪，你現在閉氣給我看。」幼兒乙：「我現在要練習打水，沒辦法閉氣給你看。」依此情況，下列何者最不適宜作為幼兒乙內心狀況的推論？（A）說白謊（White lie）（B）創造力的表現（C）說大話吹牛（D）膽怯。

（C）48.依據華萊斯（Wallas）創造性思考論點，思考歷程的階段順序為下列何者？（A）頓悟→潛意識思考→分析經驗與問題→驗證與修正（B）分析經驗與問題→驗證與修正→頓悟→潛意識思考（C）分析經驗與問題→潛意識思考→頓悟→驗證與修正（D）潛意識思考→頓悟→分析經驗與問題→驗證與修正。

（A）49.依據斯登（Stern）的語言發展階段，下列幼兒看見狗的語言反應，何者為正確的發展順序？（A）「汪汪」→「汪汪走」→「我怕狗狗」→「狗狗為什麼愛啃骨頭？」（B）「汪汪」→「汪汪走」→「狗狗為什麼愛啃骨頭？」→「我怕狗狗」（C）「汪汪」→「我怕狗狗」→「汪汪走」→「狗狗為什麼愛啃骨頭？」（D）「汪汪走」→「汪汪」→「狗狗為什麼愛啃骨頭？」→「我怕狗狗」。

（A）50.正常嬰兒出生後，能依靠雙拳抓握，懸起身體，是屬於下列何種反射動作？（A）達爾文反射（Darwinian reflex）（B）摩羅反射（Moro reflex）（C）巴賓斯基反射（Babinski reflex）（D）游泳反射（Swimming reflex）。

90年四技二專幼保類專業科目（一）試題

（C）1.依據民國八十四年頒布的《兒童福利專業人員資格要點》，高中（職）學校幼兒保育科畢業生至托兒所可擔任下列何種職務？（A）教師（B）社工人員（C）助理保育人員（D）保育人員。

（D）2.研究者針對一群年齡相同的幼兒，自其進入托兒所至國中畢業期間，間歇地、重複地進行生長發展的觀察，這是屬於下列哪一種研究法？（A）個案研究法（B）橫斷研究法（C）測量研究法（D）縱貫研究法。

（C）3.下列有關福祿貝爾與蒙特梭利教育學說的敘述，何者最適宜？（A）福祿貝爾創設「兒童之家」，蒙特梭利創設「幼稚園」（B）蒙特梭利是福祿貝爾的精神導師（C）兩位教育學家均強調，幼兒需要實物的操作以幫助正常化的發展（D）教學上福祿貝爾重視幼兒單獨的「工作」；蒙特梭利重視團體的「遊戲」。

（B）4.下列有關我國幼兒保育發展的現況敘述，何者最正確？（A）自民國八十七年起，托兒所、幼稚園均歸屬內政部兒童局管轄（B）目前幼兒教保機構，仍以私立機構為多（C）依據托兒所設置相關法規的規定，托兒所僅收托3～6歲幼兒（D）就讀公立托兒所的幼兒得申請幼兒教育券。

（B）5.若幼兒經常發生毀壞玩具的行為，下列哪一種成人的反應，最能呼應盧梭所倡導的「消極教育」？（A）不計較幼兒的行為，立刻再為其買更多的玩具（B）暫不買玩具，讓其感受無玩具可玩的結果（C）懲罰幼兒後，立刻再買玩具（D）口頭責罵後，永不買玩具。

（A）6.下列有關幼兒教育先哲的主張，何者正確？（A）柯門紐斯（John Amos Comenius）主張泛智論（B）盧梭（Jean Jacques Rousseau）主張認知發展論（C）皮亞傑主張平民教育（D）杜威主張自然的懲罰。

（C）7.任何人剝奪或妨礙兒童接受國民教育的機會或非法移送兒童至國外就學，即違反我國政府所頒布的哪一種法令？（A）「兒童保護法」（B）「家庭暴力防制法」（C）「兒童福利法」（D）「衛生保健法」。

（B）8.下列哪一位教育家主張「教育即經驗之改造」？（A）皮亞傑（B）杜威（C）艾力克森（D）佛洛依德。

（A）9.為幼兒挑選玩具時，宜優先考慮哪三種原則？（A）安全、幼兒發展需要、幼兒的興趣（B）挑戰性、認知學習、幼兒的興趣（C）遊戲性、挑戰性、幼兒的興趣（D）遊戲性、幼兒發展需要、幼兒的成就感。

（B）10.下列有關我國教保政策發展的現況，何者有誤？（A）鼓勵私人興辦及公設民營（B）普設公立嬰幼兒教保機構（C）發放幼兒教育券（D）研議幼托整合的可行性。

（A）11.下列有關嬰幼兒教保概況的敘述，何者正確？（A）幼兒學校（infant school）招收5歲至7歲的幼兒（B）幼兒教育與保育機構均歸屬教育部管轄（C）英國是世界各國中最晚推展幼兒教育與保育的國家（D）中學畢業生即可擔任幼兒學校的教師。

（A）12.下列有關各國幼兒教保發展的趨勢，何者有誤？（A）降低教保人員的素質（B）提高教保人員的待遇與福利（C）重視幼兒教育的重要性（D）趨向普及化。

（A）13.婚前健康檢查，以預防不良遺傳，這是「五善改策」中的哪一項政策？（A）善種改策（B）善生政策（C）善養改策（D）善保政策。

（C）14.下列有關人類「發展」的敘述，何者正確？（A）發展的特性是在跳躍歷程中呈現階段現象（B）個體的發展會呈現個別差異性，無發展模式的相似性（C）個體身心的發展順序為模糊籠統化→分化→統整化（D）發展僅指個體身高、體重的改變。

（B）15.個體在出生前的胎芽期（germinal stage），有關胚囊（embryonic disk）分化的敘述，下列何者正確？（A）骨骼和肌肉由內胚層分化而成（B）感覺器官由外胚層分化而成（C）消化系統由中胚層分化而成（D）排泄系統由內胚層分化而成。

（B）16.當精細胞與卵細胞受精的瞬間，決定了下列何種情況？1遺傳的特質2性別3胎兒的數目4社會地位5學習的成效6人際關係（A）134（B）123（C）456（D）125。

（B）17.下列有同卵雙胞胎的敘述，何者正確？（A）兩個卵子分別與兩個精子受精，形成兩個個體（B）兩個胎兒具有相同的染色體與基因（C）兩個胎兒只能各自生長於兩個胎囊中（D）兩個胎兒一定分別有自己的胎盤。

（D）18.依據心理學家湯瑪斯與卻司（Thomas & Chess）的氣質論，下列何種氣質項目評估的結果，可以說明幼兒的嗅覺特別靈敏？（A）反應強度高（B）反應強度低（C）反應閾高（D）反應閾低。

（A）19.兩歲的小明畫完圖畫後，說：「這是陳阿姨。」陳阿姨說：「這哪裡是我，一團亂七八糟，真是亂畫。」小明的繪畫發展分期可能屬於下列何者？（A）象徵期（B）前圖式期（C）圖式期（D）寫實期。

（B）20.下列何者可表示人類骨骼由軟體，逐漸吸收鈣、磷及其他礦物質而變硬的過程？（A）鈣化（B）骨化（C）磷化（D）硬化。

（C）21.下列何者表示個體在適應環境時，所表現與生俱有的情緒性與社會性的獨特行為模式？（A）價值觀（B）動機（C）氣質（D）興趣。

（B）22.下列有關幼兒概念的發展，何者正確？（A）由抽象而具體（B）具有情感色彩（C）由一般到特殊（D）已形成的概念容易改變。

（A）23.下列有關挫折容忍力的敘述，何者最適宜？（A）引導幼兒適度的使用防衛機制，可增進挫折容忍力（B）挫折容忍力是與生俱來，無法學習的（C）挫折容忍力低的人較能忍受重大打擊（D）使用防衛機制，可以解決所有的問題。

（C）24.下列有關創造力與智力關係的敘述，何者最適宜？（A）智力與創造力是兩種相同的能力（B）創造力特高者，必具有特高的智力（C）智力受遺傳因素的影響較大，故可變性較小（D）創造力的發展受環境因素的影響較大，故可變性較小。

（A）25.依據帕登的論點，三個幼兒在娃娃家，交談超人如何救火，此遊戲類型可能屬於下列何者？（A）聯合遊戲（B）功能遊戲（C）規則遊戲（D）平行遊戲。

（B）26.依據佛洛依德的觀點，小傑與家人到台中旅遊，曾遭到壞人恐

嚇，事後一直不記得曾經去過台中旅遊這件事情，這種情形最可能為下列何種心理防衛方式？（A）退化作用（B）壓抑作用（C）遺忘作用（D）反向作用。

（D）27.幼兒所畫的超級市場圖畫，各類蔬菜、肉品、顧客衣著，均描繪細膩，該幼兒可能具有較佳的下列何種創造力特質？（A）獨創性（B）流暢性（C）變通性（D）精進性。

（C）28.下列有關幼兒情緒的發展，何者有誤？（A）情緒是與生俱來的（B）情緒是幼兒的一種溝通方式（C）情緒與認知發展無關（D）大部分的恐懼來自學習經驗。

（B）29.下列何種方式，對於幼兒發展數學邏輯概念最有助益？（A）練習數字符號的運算（B）練習分發點心給同組幼兒（C）教師示範數字運算方法（D）背誦心算口訣。

（D）30.依據皮亞傑理論，幼兒以物品的大小，來辨識物品的輕重，而容易打破東西，這可能是受限於下列何種認知能力？（A）類化（B）缺乏物體存概念（C）泛靈觀（D）注意集中。

（A）31.下列有關幼兒繪畫發展的輔導，何者有誤？（A）應該常以「畫得真像」的話語，回應幼兒的圖畫作品（B）幼兒的繪畫表達經驗有益於語言能力發展（C）擴充生活經驗有益於幼兒繪畫發展（D）提供幼兒多元畫材有益於幼兒繪畫發展。

（B）32.幼兒有「床下會有怪物來抓他」的憂慮，大約是從下列何種認知發展分期開始？（A）感覺動作期（B）運思準備期（C）具體運思期（D）形式運思期。

（C）33.依據艾力克森的理論，幼兒希望以幫助媽媽做家事，來獲得媽媽的肯定，該幼兒最可能處於下列何種社會發展任務分期？（A）信任對不信任（B）自主對懷疑（C）自動對內疚（D）勤奮對自卑。

（B）34.下列何者為幼兒語言的發展順序？1常說「為什麼」的問句 2會以行動回應「眼睛在哪裡」的問句 3會使用「你、我、他」的代名詞 4叫狗為「汪汪」（A）1234（B）2431（C）1324（D）1234。

（C）35.下列有關語言發展的敘述，何者正確？（A）男童的語言發展優於

女童（B）語言發展不受智力高低的影響（C）哭是嬰兒最初的發音練習（D）幼兒的雙語學習，有助於第一母語的學習。

（B）36.下列哪一種器官，屬於排泄系統？（A）大腸（B）腎臟（C）肝（D）膽。

（C）37.下列食物，何者比較適合做為幼兒點心？（A）沙其瑪（B）炸薯條（C）雞蛋布丁（D）蝦味仙。

（D）38.為顧及幼兒腸胃的健康，下列何種烹調方法最適宜？（A）煎（B）炭烤（C）炸（D）蒸。

（A）39.下列何種食物，最有益於預防維生素A的缺乏？（A）豬肝（B）高麗菜（C）海帶（D）蛤蜊。

（B）40.下列有關幼兒視力的保健，何者最適宜？（A）書本與眼睛距離保持至少40公分以上（B）平時應多吃牛奶、瘦肉、蛋、深色蔬菜（C）電視畫面高度應比眼睛高十五度（D）看電視時，周圍環境越暗越好，以避免眼睛疲勞。

（C）41.日本腦炎主要以下列何種方式傳染？（A）糞便（B）口沫（C）三斑家蚊（D）皮膚傳染。

（D）42.下列有關幼兒牙齒保健，何者最適宜？（A）齲齒的乳牙，越早拔掉越好，可促進恆齒的萌出（B）盡量少吃富含纖維的食物，以免塞牙縫（C）每一年應進行一次定期檢查（D）生病時應保持口腔內清潔。

（A）43.若有一位幼兒缺乏戶外活動，較容易導致下列哪些症狀？1肥胖 2偏食 3食慾不振 4維生素D缺乏症（A）134（B）234（C）12（D）24。

（B）44.下列有關幼兒意外傷害的處理，何者正確？（A）遇食入性中毒狀況，應立即催吐（B）流鼻血時，頭應向前傾，並放鬆頭、胸部位之衣物（C）皮膚燙傷起水泡，應立即弄破，以加速復原（D）扭傷後，應立即熱敷按摩，以消腫。

（C）45.托兒所廚房媽媽，若手上有傷口未包紮，較容易導致下列何種細菌的食物中毒？（A）沙門桿菌（B）腸炎弧菌（C）金黃葡萄球菌（D）肉毒桿菌。

（D）46.下列何者爲魚刺或細骨箝在幼兒喉嚨內時，最適宜的處理方式？
（A）喝醋（B）吞飯（C）催吐（D）就醫。

（B）47.下列食品中，何者爲「鈣」最好的來源？（A）四季豆（B）小魚
乾（C）豆漿（D）柳丁。

（C）48.下列何種維生素，最適合加速傷口癒合及骨折復原？（A）維生素
A（B）維生素B（C）維生素C（D）維生素D。

（B）49.依據馬斯洛的觀點，提供幼兒固定作息及秩序的環境，最能夠滿
足下列何種需求？（A）生理（B）安全（C）愛和隸屬（D）自
我實現。

（D）50.幼兒患有「角膜炎」時，下列何種處理方式最適宜？（A）以冷
水沖洗眼睛，避免病毒擴散（B）用眼罩蓋住眼睛（C）無需就
醫，可自然痊癒（D）以溫水擦拭，去除分泌物。

89年四技二專幼保類專業科目（一）試題

（D）1.關於幼兒「發展」一詞的意義，下列敘述何者正確？（A）發展的速度是連續且一致的（B）發展受環境影響而不受學習的影響（C）發展是由特殊反應到一般反應（D）發展具有共同規律，但也存有個別差異。

（C）2.下列關於雙生子的敘述何者正確？（A）雙生子的基因一定相同（B）異卵雙生子性別一定差異（C）同卵雙生子性別一定相同（D）同卵雙生子有各自的胎盤和臍帶。

（B）3.下列關於身體發展的敘述，何者正確？1新生兒的腦重量增長速度先快後慢 2心臟重量佔體重的比例逐漸下降 3骨骼中礦物質所佔的比例逐漸增加 4骨化始於胎兒期，終於青春期（A）124（B）123（C）234（D）134。

（A）4.下列哪一種因素最可能導致胎兒體重過輕或早產？（A）孕婦吸煙、喝酒（B）孕婦受放射線的影響（C）孕婦感染德國麻疹（D）孕婦年齡太大。

（D）5.下列關於嬰幼兒動作發展的敘述，何者正確？（A）新生兒所有的反射動作都會持續到1歲以後才會消失（B）動作發展的順序是爬、坐、站、走（C）由局部的特殊活動發展到整體的全身活動（D）具有個別差異，也有性別差異。

（B）6.下列有關嬰兒依戀發展的敘述，何者正確？1依戀是企圖與其照顧者保持親密的身體接觸與情感依賴 2嬰兒對人有選擇反應的階段始於3個月大 3心理學家將依戀分為迴避、安全、順從三種依戀 4安全的依戀有助於兒童建立對周圍人的信任感（A）123（B）124（C）134（D）1234。

（B）7.關於影響幼兒語言發展的因素，下列何者正確？（A）幼兒開始說話時間的早晚和智力無關（B）語言上的性別差異，在幼兒期較顯著（C）語句的結構隨年齡的增長而更加簡單完整（D）親子關係不會影響幼兒語言的發展。

（B）8.有關幼兒語言發展的敘述，下列何者正確？1幼兒以「媽媽抱」來表達整句話的意思是電報語言期的表現 2把狗稱做「汪汪」是單字句時期的特徵 3代名詞的使用先於名詞 4喜歡發問是複句期的特徵（A）123（B）124（C）134（D）1234。

（A）9.運思預備期的兒童，在認知上的特徵是（A）憑直覺思考、推理（B）具有可逆性思考能力（C）脫離自我中心的語言方式（D）物體恆存概念開始發展。

（B）10.若一個剛滿5歲的小孩，測得其心理年齡為4歲6個月，則其智商是多少？（A）85（B）90（C）110（D）115。

（B）11.在創造力發展的特性中，能在短時間表達出許多觀念或構想是指（A）敏覺性（B）流暢性（C）變通性（D）獨創性。

（A）12.幼兒遊戲有1聯合遊戲 2規則遊戲 3練習遊戲 4平行遊戲 5旁觀遊戲，依其發展的順序應為（A）35412（B）34521（C）35241（D）32541。

（A）13.父母或教師輔導幼兒遊戲的方法，下列何者錯誤？（A）應隨時指導幼兒正確的玩法（B）和幼兒打成一片，一起遊戲（C）鼓勵幼兒多與同伴遊戲（D）遊戲需適合幼兒的能力，以維持幼兒對遊戲的興趣。

（C）14.艾力克森認為3～6歲時，是哪一種人格特質發展的關鍵期？（A）信任與不信任（B）自主與羞恥（C）主動與內疚（D）勤奮與自卑。

（C）15.甲童沒有將玩具歸位而被老師指責時，卻說乙童也沒有把玩具歸位，此種反應屬於下列何者防衛機轉？（A）反向作用（B）代替作用（C）合理化作用（D）投射作用。

（B）16.有關皮亞傑和柯爾堡對道德發展的論點，下列敘述何者錯誤？1兩人皆認為人類在同樣的年齡達到相同的道德水準 2兩人皆認為文化會影響個人的道德發展 3兩人皆認為認知發展的水準會影響道德發展 4兩人皆認為道德發展是先由他律而後自律（A）13（B）12（C）24（D）23。

（A）17.下列關於幼兒保育研究法的敘述，何者錯誤？（A）「日記描述法」

可對幼兒的行為做詳細記錄並量化（B）「個案研究法」是彙集各種研究法的方法（C）「橫斷」研究法可在短時間內蒐集不同年齡的發展資料（D）「實驗法」是在控制的情境下，來觀察一變項的變化。

（D）18.下列敘述何者正確？（A）柯門鈕斯畢生致力於教育貧困而被譽為「孤兒之父」（B）斐斯塔洛齊著有《大教育學》一書，強調實物教學（C）杜威的教育思想重視感官教育，並主張採用自我教育與個別化教育方式，以適應兒童的個別差異（D）福祿貝爾特別重視幼兒遊戲與玩具。

（D）19.容易在夏季流行的小兒傳染性疾病為：1腸炎 2玫瑰疹 3日本腦炎 4小兒麻痺（A）13（B）23（C）14（D）34。

（B）20.下列關於新生兒的生理發展特徵，何者有誤？（A）肺活量小，呼吸快而急促（B）血壓高，心跳快（C）骨骼內所含膠質較多，易彎曲變形（D）腸的蠕動慢，消化力弱。

（B）21.下列有關各國幼兒保育概況的敘述，何者錯誤？（A）英國對5歲幼兒的教育列為義務教育（B）美國在60年代推展的「提前開始方案」，主要是針對資優兒童的教育過程（C）我國在清朝末期設立的蒙養院，其保育教材的編寫多承襲日本（D）日本管轄保育所的行政機關，在中央為厚生省。

（D）22.下列關於幼兒保育的內容，何者正確？1點心的供應時間最好距正餐時間1小時 2以固定食量的方式較能讓幼兒吸收足夠的營養 3每天最好有上、下午各一次的戶外活動時間 4用餐時讓幼兒自己拿餐具盛取，可訓練幼兒手眼協調及平衡能力（A）13（B）23（C）14（D）34。

（C）23.下列對嬰幼兒消化系統發展的敘述，何者正確？（A）初生兒的胃近乎圓形且位置呈垂直狀（B）初生兒的胃容量小、消化慢，宜採用少量少餐的進食方式（C）嬰兒出現吐奶現象是因賁門、幽門未發育完全（D）2歲左右開始有流涎現象。

（D）24.有助紅血球的形成，防止惡性貧血發生的維生素是（A）維生素B2（B）維生素B6（C）維生素C（D）葉酸。

（D）25.根據中央健保局編制的《兒童健康手冊》，正常嬰兒在滿1歲時，應已完成哪些疫苗的初次接種？1日本腦炎疫苗 2德國麻疹疫苗 3白喉百日咳破傷風混合疫苗 4小兒麻痺口服疫苗（A）13（B）14（C）23（D）34。

（A）26.下列有關幼兒園所實施幼兒健康觀察的敘述，何者錯誤？（A）應利用每天早晨入園到升旗前的時段（B）教師本身應以身作則，表現良好的健康習慣（C）利用家庭訪視，瞭解幼兒居家衛生習慣（D）有助於對幼兒異常狀況的早期發現。

（A）27.下列關於幼兒意外事件的處理，何者錯誤？（A）處理閉合性創傷，不宜用冷敷，以免腫脹擴大（B）處理灼燙傷最有效的方法是以冷水輕沖傷處（C）處理開放性骨折須先控制出血並固定傷肢（D）處理幼兒鼻出血時，應讓幼兒頭部前傾並捏住鼻子用口呼吸。

（D）28.下列對於過動兒的輔導，何者不適當？（A）對他說話時音量放低（B）請他做事時，不可同時交代幾件事（C）做功課時，避免視聽方面的刺激（D）選擇活動量相近的兒童為伴。

（D）29.下列關於新生兒動作發展的敘述，何者正確？（A）達爾文反射動作又稱驚嚇反射動作，此一能力在出生2個月後左右消失（B）行走反射動作是扶助嬰兒腋下，使其光腳碰觸平地，嬰兒會作出像是良好走路的動作，這反射動作將於出生6個月後消失（C）摩羅反射又稱握抓反射作用，這動作將於出生8個月後消失（D）游泳反射指將新生兒臉向下放於水中，他會自動閉氣，作出良好的游泳動作，這反射動作將於出生6個月後消失。

（A）30.下列關於情緒發展的描述，何者錯誤？（A）嬰兒基本情緒如恐懼、愉快、憤怒等表達多半是學習來的（B）3個月大的嬰兒就會有憤怒情緒，且年紀愈大，憤怒維持的時間愈長（C）嫉妒是憤怒、愛與恐懼的情緒結合，在18個月大時即發展出來（D）認生期的特徵是害羞，約在6個月至1歲左右出現。

（A）31.下列對於幼兒期的反抗行為描述，何者有誤？（A）反抗期始於3歲（B）反抗的高峰是在3～6歲間（C）多數正常的孩子都經歷過

反抗期（D）面對反抗期的孩子，父母應允孩子表達，並善用競賽方式來引導孩子。

（D）32.以下何者屬建構性遊戲？1騎木馬 2玩積木 3開玩具店 4玩沙 5玩黏土（A）135（B）234（C）124（D）245。

（D）33.培養孩子的創造力時，父母應（A）在孩子活動時多給予指導（B）重視結果勝於過程（C）鼓勵孩子多背誦故事（D）接納孩子新的嘗試。

（A）34.下列對於小便訓練的描述，何者錯誤？（A）大便訓練比小便訓練更困難（B）小便訓練男孩比女孩進步的慢（C）幼兒的膀胱能存尿2小時以上不尿濕尿片，就可以考慮開始訓練（D）晚間應盡量避免喝大量的水。

（C）35.強調父母要能提供子女良好的行為規範，以潛移默化的方式，引導幼兒社會及道德發展，是哪一學派的論點？（A）人文主義論（B）精神分析論（C）社會學習論（D）行為學派。

（B）36.下列關於幼兒消化與吸收的敘述，何者正確？1維生素幾乎不受消化酵素的作用就能被吸收 2水分多由大腸吸收，少量由胃吸收 3礦物質多由胃吸收 4維生素多由小腸吸收（A）123（B）124（C）134（D）234。

（D）37.針對某位行為偏差的幼兒，有系統地收集其生理、心理各種評估以及家庭環境與其成長史等資料，以進行診斷與輔導的方法是（A）縱貫法（B）橫斷法（C）實驗法（D）個案研究法。

（C）38.下列處理小兒肥胖症的方法，何者錯誤？（A）飲食控制是最基本的減重方法（B）運動必須是規律性的持之以恆（C）對於超重過多的小孩應必須採低熱量飲食（D）預防小兒肥胖的方法首在訓練母親有正確的幼兒飲食觀念，並鼓勵母乳哺餵。

（D）39.下列關於幼兒乳齒發育的描述，何者正確？（A）乳齒於出生前即開始發育（B）乳齒約於出生後6～12個月開始長牙（C）乳齒約在2.5～3歲時全部長好（D）全部的乳齒共含門齒6顆，犬齒4顆及臼齒8顆。

（A）40.下列關於幼兒發音的描述，何者正確？1多數孩子成長過程發音會

漸漸正確，無需特殊協助，然而到了6、7歲仍不能正確發音時，即需協助 2發音不正確可能是孩子聽力有問題 3發音不正確可能是發音肌肉發育遲緩 4當孩子發音不正確時，老師與父母應常告訴他「再從頭說一次」，使孩子可以經常練習正確發音（A）123（B）124（C）134（D）1234。

（C）41.下列對兒童的燒燙傷與處理的敘述，何者正確？1第二度（級）燒燙傷，傷害表皮及真皮，會紅腫起水泡 2水泡應用消毒過的針刺破，以利復原 3急迫時可用牙膏塗抹傷處，以避免感染 4.15%體表面受到第二度（級）燙傷時，就有生命的危險（A）123（B）234（C）14（D）23。

（B）42.下列關於孩子破壞行為的描述，何者錯誤？（A）挫折感是導致破壞行為的重要原因（B）懲罰可以有效制止破壞行為再度發生（C）惡意破壞以表示抗議是最難處理的（D）要分析瞭解破壞行為發生的原因再作處理。

（B）43.行政院衛生署對於營養素建議的攝取量，下列何者正確？1四歲以下1300大卡 2四～七歲男孩1700大卡 3四～七歲女孩為1800大卡 4熱量之攝取尚應考慮身高與體重因素（A）123（B）124（C）134（D）234。

（C）44.下列關於幼兒的保育原則，何者正確？1應於餐後15分鐘內刷牙 2C.P.R的基本順序是恢復呼吸、疏通呼吸道及心肺外部壓迫 3燒燙傷第三度（級）是最嚴重的，也是最疼痛的 4燒燙傷的三B處理原則是停止繼續燒傷、維持呼吸、檢查傷勢（A）123（B）234（C）14（D）23。

（D）45.下列關於幼兒異物入耳的處理方法，何者錯誤？（A）單腳頓跳（B）滴油入耳，使異物隨油流出（C）豆子入耳，可滴入酒精使豆子變小之後取出（D）可以由母親用嘴吸出。

（C）46.下列關於幼兒生理發展特質的敘述，何者錯誤？（A）出生至6個月大時，嬰兒生病的機會較小（B）6歲前幼兒的發展是一生最快速的階段（C）幼兒肌肉構造水份較多，約有55%為水份（D）幼兒血管粗，心臟小，心跳較快。

（B）47.下列對啓發式教學活動及其效果的描述，何者爲錯誤？（A）能維持幼兒學習的動機（B）在多人的團體教學中亦可發揮效果（C）有助於學習遷移（D）能學習到思考及解決問題的方法。

（C）48.下列對馬斯洛所提之「需求層次論」的描述，何者正確？（A）需求層次愈高，普遍性愈大（B）需求層次愈高，彈性愈小（C）層次愈高，個別差異愈大（D）是屬於精神分析學派的觀點。

（D）49.「兒童福利法」所規範之兒童年齡是（A）3歲以下（B）6歲以下（C）9歲以下（D）12歲以下。

（B）50.發現幼兒受虐時，應立即向主管機關報告，不得超過（A）12小時（B）24小時（C）48小時（D）72小時。

兒童發展與輔導

編 著 者☞ 劉明德 林大巧

審　　定☞ 張素貞 劉美足

出 版 者☞ 揚智文化事業股份有限公司

發 行 人☞ 葉忠賢

總 編 輯☞ 林新倫

地　　址☞ 台北市新生南路三段 88 號 5 樓之 6

電　　話☞ (02)23660309

傳　　真☞ (02)23660310

郵政帳號☞ 19735365　戶名：葉忠賢

登 記 證☞ 局版北市業字第 1117 號

印　　刷☞ 鼎易印刷事業股份有限公司

法律顧問☞ 北辰著作權事務所　蕭雄淋律師

初版一刷☞ 2003 年 6 月

定　　價☞ 新台幣 350 元

ISBN ☞ 957-818-501-4

網　　址☞ http://www.ycrc.com.tw

E-mail ☞ book@ycrc.com.tw

國家圖書館出版品預行編目資料

兒童發展與輔導 / 劉明德，林大巧編著 . -- 初
版 . -- 臺北市：揚智文化，2003 [民 92]
　面；　公分

　ISBN　957-818-501-4（平裝）

1 . 兒童發展　2.輔導（教育）

523.12　　　　　　　　　　　　　92004692